# Turismo e Alimentação

## ANÁLISES INTRODUTÓRIAS


**Gabriela Scuta Fagliari**

*Bacharel em Turismo pela Escola de Comunicações e Artes (ECA)
da Universidade de São Paulo (USP)
Especialista em Planejamento e Marketing Turístico pelo
Serviço Nacional de Aprendizagem Comercial (Senac)*




ROCA

ISBN: 85-7241-572-6



**CIP-BRASIL. CATALOGAÇÃO-NA-FONTE**
**SINDICATO NACIONAL DOS EDITORES DE LIVROS, RJ.**

F139t

Fagliari, Gabriela Scuta
Turismo e alimentação : análises introdutórias / Gabriela Scuta Fagliari. – São Paulo : Roca, 2005

Apêndice
Inclui bibliografia
ISBN 85-7241-572-6

1. Turismo – Administração. 2. Serviços de alimentação – Administração. 3. Administração de hotéis. 4. Restaurantes, bares, etc. – Administração. I. Título.

05-0690 CDD 338.4791
CDU 338.49

2005



EDITORA ROCA LTDA.
Rua Dr. Cesário Mota Jr., 73
CEP 01221-020 – São Paulo – SP
Tel.: (11) 3331-4478 – Fax: (11) 3331-8653
E-mail: vendas@editoraroca.com.br - www.editoraroca.com.br

Impresso no Brasil
*Printed in Brazil*

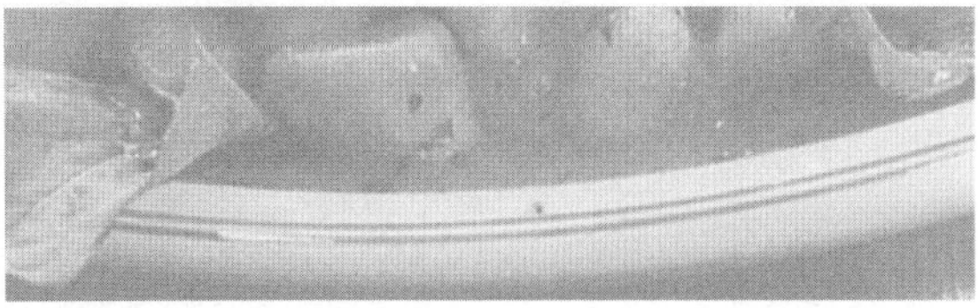

*Agradeço ao Prof. Dr. Mário Jorge Pires e ao Prof. Dr. Américo Pellegrini Filho, por me descortinarem as relações entre turismo e cultura e pelo incentivo dado durante todo o desenvolvimento desta obra.*

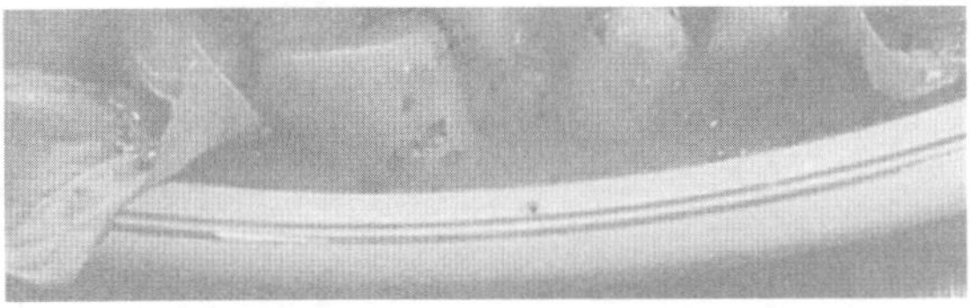

*Dedico esta obra*
*Ao meu pai, por ter me iniciado na arte da pesquisa científica; à minha mãe, por ter me iniciado na arte da culinária e da gastronomia e a ambos, pelo apoio incondicional em todas as minhas escolhas.*
*Ao Danilo e ao Diogo, pelo apoio e incentivo em todos os momentos.*
*Ao Glauber, pelo amor, compreensão e paciência em nossas infindáveis discussões.*

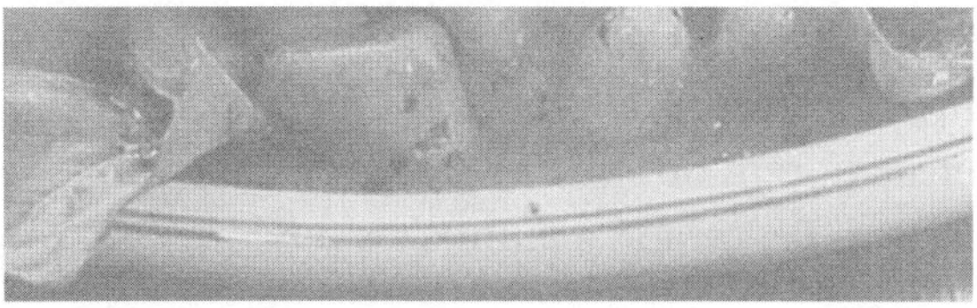

# PREFÁCIO

Gastronomia não é simplesmente o ato de se alimentar – todos nós sabemos. É, ao contrário, um ritual de interação entre os homens. O sentar-se à mesa ou em qualquer outro equipamento de alimentação inclui um procedimento quase religioso: é o comungar junto ao próximo. Parte integrante de todas as culturas, não há como isolá-lo dos movimentos espaciais que os homens realizam. Se turismo é sair do seu mundo para entrar no mundo do outro, um dos caminhos mais prazerosos é o da gastronomia.

A presente obra trata exatamente disso: o ritual que é realizado de diversas maneiras em diferentes destinos. Assim surgiram as capitais mundiais da gastronomia, tendo Paris como cidade *hors concours*. De forma abrangente, mas com propriedade, a autora mostra-se como pesquisadora invulgar ao tratar de temática tão importante. Assim, são tratados assuntos cruciais como os destinos tradicionais da gastronomia no mundo, incluindo-se os roteiros organizados. Do mesmo modo, a cozinha brasileira ganha especial destaque, uma vez que nosso caldeirão cultural inclui um patrimônio gastronômico formado pelas heranças indígena, portuguesa, negra e imigrante.

Se a matéria-prima da obra foi tratada em todas as suas nuances, a autora coroa o seu trabalho com aqueles componentes necessários à sobrevivência e difusão da gastronomia. Assim, trata dos eventos, mercados, feiras e lojas, bem como das publicações especializadas, dos órgãos gestores e das formas de promoção dos elementos gastronômicos no Brasil.

Tenho certeza que *Turismo e Alimentação: Análises Introdutórias* é uma obra que em muito contribuirá para as áreas de estudo em turismo, hotelaria e gastronomia. É uma obra densa, porém de leitura agradável, característica essencial até mesmo como um livro destinado a alunos e a qualquer pessoa culta, *gourmet* ou não.

Bom apetite!

PROF. DR. MÁRIO JORGE PIRES

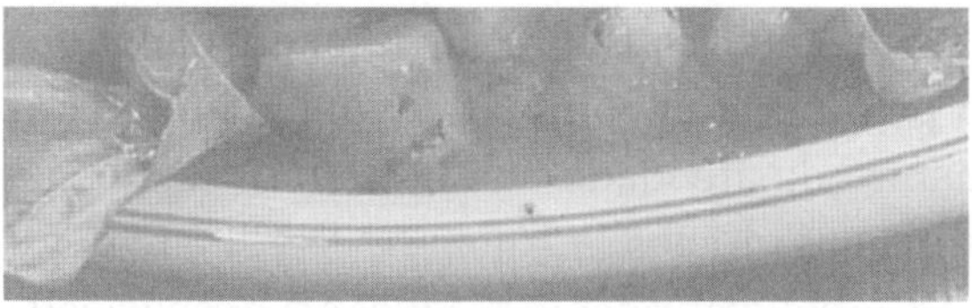

# INTRODUÇÃO

A alimentação e o turismo são dois elementos que caminham lado a lado. O alimento é um dos elementos essenciais da experiência turística, podendo tanto satisfazer necessidades biológicas quanto ser visto como um atrativo pelos turistas.

As escassas pesquisas realizadas sobre as relações entre esses temas evidenciam os papéis da alimentação na atividade turística. Por um lado, todo turista precisa alimentar-se durante as viagens, já que essa é uma necessidade biológica do ser humano. Percebe-se que os viajantes despendem cerca de um quarto de seu gasto total com o consumo desses elementos. Além disso, os elementos gastronômicos apresentam potencial de atratividade para os visitantes, existindo, inclusive, atrativos de cunho gastronômico bem desenvolvidos em todo o mundo.

O desenvolvimento de tais atrativos gera muitos benefícios – econômicos, sociais e culturais – tanto para órgãos públicos gestores quanto para iniciativa privada e comunidades receptoras. Apesar de ser parte integral das necessidades dos turistas, até há pouco tempo as relações entre esses dois temas passavam despercebidas como elemento passível de estudo.

Nesse sentido, essa publicação vem fornecer um panorama das relações existentes entre alimentação e turismo. Contextualiza o uso de elementos gastronômicos pelo turismo no Brasil e no mundo, enfocando países do mundo e regiões do Brasil que fazem uso de tais elementos de forma mais expressiva. Esta publicação tem por objetivo justamente traçar um panorama geral do uso da alimentação pelo turismo como atrativo, tentando contextualizar esses elementos dentro da atividade turística e mostrando sua importância para as viagens e para os turistas.

A importância da alimentação no cotidiano dos indivíduos e sua capacidade de prover viajantes com diversos elementos evidenciam a relevância desse tema. Aliado a isso, a facilidade de desenvolvimento desses elementos em atrativos e os possíveis benefícios que eles podem trazer às localidades turísticas justificam o surgimento desse tema nos estudos acadêmicos de turismo.

A idéia dessa publicação surgiu de um estudo exploratório acadêmico realizado como requisito parcial para a conclusão do curso de bacharelado em Turismo na Escola de Comunicações e Artes (ECA) da Universidade de São Paulo (USP). A pesquisa teve como intuito compilar e analisar informações abrangentes sobre o tema, tornando-se ponto de partida para o desenvolvimento de pesquisas mais detalhistas e aprofundadas.

A publicação é composta de sete capítulos. O Capítulo 1 trata da evolução da alimentação ao longo do tempo e de seu papel para a sociedade pós-moderna. Versa, ainda, sobre a importância da alimentação nas viagens e no turismo, sob dois enfoques: os turistas e o mercado do turismo. O Capítulo 2 contextualiza o uso dos elementos gastronômicos nos diversos segmentos do turismo por meio de uma breve explicação da tendência de segmentação da atividade turística. Então, destrincha o uso dos elementos gastronômicos como oferta diferencial principal e a utilização desses elementos de forma complementar em alguns segmentos principais, como o turismo cultural.

Na seqüência, o Capítulo 3 embasa, teoricamente, os elementos gastronômicos passíveis de utilização pelo turismo. Analisa quais elementos têm potencial de se tornarem atrativos, suas estratégias de desenvolvimento e formas de organização, dentre outros.

O Capítulo 4 aborda o uso dos elementos gastronômicos pelo turismo no mundo. Nesse momento, são relacionados os países reconhecidos por desenvolverem esse tipo de atrativo de maneira mais ampla, classificando-os como tradicionais e emergentes. Analisam-se, ainda, os elementos promovidos por cada um desses países e o nível de desenvolvimento geral destes nessa área.

O Capítulo 5 contextualiza o patrimônio gastronômico brasileiro, a fim de introduzir o tema do capítulo posterior. Nessa parte, faz-se uma breve análise histórica do desenvolvimento da cozinha brasileira desde o descobrimento do Brasil, culminando com a análise do patrimônio gastronômico brasileiro na atualidade. O conhecimento desse patrimônio permite que se analise com mais propriedade o potencial de desenvolvimento de atrativos gastronômicos no país. Em seguida, o Capítulo 6 trata do uso de elementos gastronômicos pelo turismo no Brasil, abordando tanto as regiões e destinos que trabalham esses elementos como atrativos de forma mais consistente, como o uso dado a cada um dos elementos gastronômicos pelo turismo no Brasil.

Por fim, o Capítulo 7, denominado "Perspectivas e Sugestões", finaliza a publicação com considerações sobre os dados compilados nos capítulos anteriores, fornecendo um panorama da tendência de desenvolvimento dos atrativos gastronômicos especificamente no Brasil, enfocando a situação desses elementos no país e suas perspectivas e formas de uso turístico.

Como se percebe pelo conteúdo dos capítulos, a publicação trata do tema proposto de forma bastante abrangente e com pouco detalhamento. A idéia é fornecer um panorama geral das relações entre turismo e alimentação, introduzindo o tema para empreendedores e gestores, planejadores e para a própria Academia do turismo. Constitui-se em um estudo preliminar, que fornece bases para o desenvolvimento de pesquisas posteriores mais detalhadas.

Vale ressaltar que, em nenhum momento, teve-se a pretensão de abordar exaustivamente qualquer dos aspectos tratados no livro. Mesmo porque as dificuldades encontradas durante o desenvolvimento da pesquisa – pouco estudo do tema, falta de material bibliográfico e de sistematização dos dados – não permitiriam que os itens fossem abordados à exaustão. Entretanto, uma pesquisa exploratória é sempre a melhor forma de descortinar relações e problemáticas mais específicas de um tema. Assim, fica aqui o desejo de que essa publicação seja seguida por diversos outros estudos que consigam demonstrar todo o potencial e as possibilidades do aproveitamento conjunto do turismo e da alimentação.

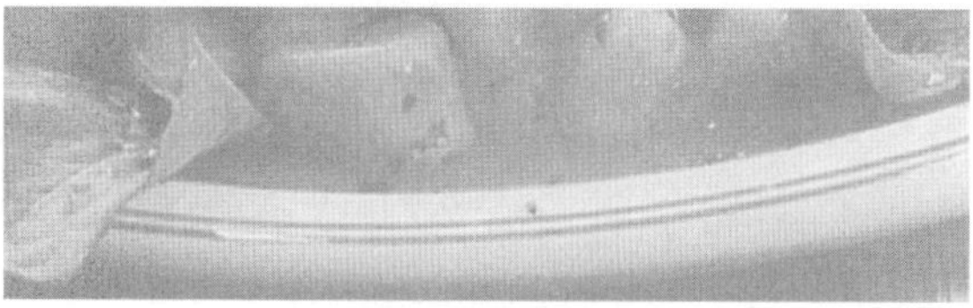

# ÍNDICE

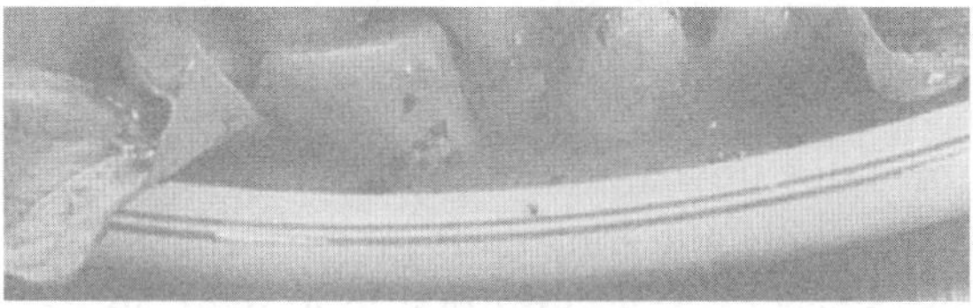

# Capítulo 1

# ALIMENTAÇÃO E TURISMO

## ALIMENTAÇÃO ATRAVÉS DOS TEMPOS

A alimentação sempre teve papel fundamental na vida e na evolução humana. Nesse sentido, Franco[1] afirma que "o início das civilizações está intimamente relacionado com a procura dos alimentos, com os rituais e costumes de seu cultivo e preparação, e com o prazer de comer".

A história da humanidade tem estreita relação com a história da alimentação, a qual é marcada pela troca de alimentos e pela migração de plantas e de animais de um local para outro do globo, dentre outros aspectos. Assim, ao longo do tempo, o papel da alimentação na vida dos homens foi se alterando e, concomitantemente, se ampliando.

Nos primórdios da civilização, alimentar-se consistia apenas em satisfazer uma necessidade biológica. Em seguida, a comida passou a ter seu significado ligado a elementos como opulência, religiosidade, festejos e outros. Alimentos específicos eram consumidos em determinados rituais religiosos ou por classes sociais diferenciadas, como forma de oferenda, no primeiro caso, e de *status* social, no segundo. Por fim, o ato de alimentar-se passou a ter uma conotação de prazer e satisfação. É a confluência desses fatores que interessa para o estudo das relações entre alimentação e turismo.

Apesar do conhecimento da mudança de significado simbólico pela qual a alimentação passou, não é possível precisar com datas o momento em

85-7241-572-6

que o alimento deixou de ser uma simples necessidade humana para adquirir outras conotações. Tais alterações podem ser verificadas por meio de passagens históricas e costumes dos povos, porém, de maneira indireta. Os grandes banquetes promovidos pela alta sociedade grega, por exemplo, mostram como a alimentação se associa nesse momento à diversão e ao prazer do povo.

Foi a mudança no significado simbólico da alimentação, de simples necessidade para prazer, que levou ao aparecimento de termos como "gastronomia" e "culinária". Para compreender o surgimento destes, é necessário conhecer a diferença entre seus termos percussores: "fome" e "apetite". "Fome" pode ser definida como "[...] a carência biológica de alimento que se manifesta em ciclos regulares". "Apetite", por sua vez, "[...] é fundamentalmente um estado mental, uma sensação que tem muito mais de psicológico do que de fisiológico"[1].

Não há como afirmar o momento exato em que essa diferenciação passou a ocorrer. Entretanto, em meados do século XIX, já era feita uma distinção clara e, pode-se dizer, moderna, entre fome e apetite[2]. E mesmo antes dessa época é possível identificar papéis diversos da alimentação. Fatos históricos mostram que gregos e romanos já preparavam banquetes com o intuito de fazer "uma festa para os sentidos". Ou seja, nesse momento, já havia certa diferenciação entre o comer para satisfazer uma necessidade biológica e o comer como forma de prazer. É importante ter em mente que só a partir do momento em que essa distinção ficou clara é que foi possível avançar nas definições, até alcançar a da gastronomia.

A gastronomia e a culinária passaram a existir justamente graças à existência de um apetite que levava as pessoas a se alimentarem por outro motivo que não especificamente a fome.

Acredita-se que a palavra gastronomia advenha de vocábulos gregos: "gaster" significa "ventre, estômago", "nome" significa "lei" e "-ia" é o sufixo que transforma a palavra em substantivo. Originalmente, essa palavra poderia ser traduzida como "estudo das leis do estômago"[1]. Posteriormente, por volta de 1623, surgiu a versão francesa do vocábulo, "gastronomie", mostrando uma evolução do conceito original grego para "preceitos de comer e beber bem, além de arte de preparar os alimentos para deles obter o máximo de satisfação"[1]. Se, originalmente, o vocábulo se voltava mais ao estudo das leis do estômago, o termo francês, instituído no século XIV, já dava grande importância à satisfação e ao prazer.

85-7241-572-6

Esse conceito chega a se ampliar e até mesmo a se especializar com o passar do tempo. Dois séculos após o surgimento do vocábulo francês, no final da década de 1840, propôs-se uma definição mais ampla, que considerava a gastronomia "[...] o conhecimento racional de tudo o que diz respeito ao homem quando se alimenta"[2].

Apesar de alguns conceitos, inclusive contemporâneos, como o de Philippi e Colucci[3], apresentarem um caráter mais técnico, definindo gastronomia como a arte de cozinhar proporcionando prazer – o que se aproxima do conceito de culinária mais amplamente aceito –, pode-se afirmar que a linha seguida por grande parte dos estudiosos é basicamente uma especialização da definição francesa de 1623. Ou seja, considera-se gastronomia os conhecimentos relacionados à arte culinária ou ao prazer de apreciar alimentos.

Em alguns casos, especifica-se ainda mais a definição, tratando a gastronomia como todo conhecimento e prazer proveniente de preparações de alta culinária. No entanto, acredita-se que essa especificação estreite muito o significado da palavra. Se o principal pressuposto para a palavra gastronomia é o prazer, então como considerar apenas o conhecimento ou o prazer tido na degustação de pratos de cozinhas sofisticadas, de elite? E como classificar o prazer de degustar pratos de culinárias tradicionais muitas vezes provenientes de classes sociais menos abastadas? Se há prazer em conhecer esse tipo de culinária e em degustar tais preparações, então ainda deveria ser gastronomia. Nesta publicação, trabalha-se o conceito mais amplo de gastronomia: o prazer de degustar e conhecer elementos da arte culinária.

Já a arte culinária, em princípio, esteve relacionada com a dietética e com a importância da alimentação para a saúde. No decorrer dos séculos XVII e XVIII, entretanto, o conceito foi colocado lado a lado com as belas artes, como dança, pintura e escultura[4].

Não há muita divergência com relação ao significado dessa palavra. A definição moderna de culinária, de acordo com o dicionário Houaiss, considera o termo como arte e técnica de cozinhar, ou conjunto de pratos e especialidades de uma localidade, região ou país[5].

Nesta publicação, considera-se gastronomia o termo mais amplo, englobando a culinária. Entretanto, não se deve esquecer que a palavra alimentação é ainda mais ampla, englobando também o comer por necessidade fisiológica.

Para compreender ainda melhor a diferenciação entre os termos e, conseqüentemente, a evolução da alimentação ao longo do tempo, é necessário entender os hábitos alimentares da comunidade a ser estudada. Mas, o que

85-7241-572-6

são hábitos alimentares? De acordo com Franco[1], consistem em um conjunto de regras e maneiras que orientam um indivíduo ou um grupo na preparação e no consumo de alimentos comuns, definidos pela cultura da sociedade na qual estão inseridos.

Cada povo possui uma culinária permeada por hábitos alimentares distintos, os quais refletem muitos aspectos da sociedade, como características geográficas, climáticas, socioeconômicas e culturais. Considerando as características específicas de sua sociedade, o homem faz adaptações ao meio em que se insere, e é assim que nascem as cozinhas típicas, as quais são moldadas por costumes, tradições, crenças e hábitos de seu povo.

A evolução dos hábitos alimentares de uma sociedade é fruto da importação e assimilação de novos ingredientes, a qual pode ocorrer por vários motivos, como mudanças climáticas, períodos de guerra e aculturação, dentre outros, mostrando a ocorrência de transformações na sociedade[1].

A alimentação é um elemento cultural do cotidiano das pessoas e, por isso, está fortemente enraizada em suas vidas. Ela pode, inclusive, ser considerada o elemento mais persistente no processo de aculturação dos povos. De acordo com Heck e Beluzzo[6], é uma forma de memória coletiva que resiste ao impacto do tempo com mais força que as demais.

Todos esses fatores explicam a grande diferença entre a alimentação ao redor do mundo e o motivo pelo qual esse elemento é tão importante para a cultura e, também, para a atividade turística em cada localidade, região ou país.

Como dito anteriormente, a culinária e os hábitos gastronômicos dos povos se alteraram com o passar do tempo. Se, por um lado, as técnicas culinárias evoluíram e os produtos disponíveis mudaram, por outro, os gostos e as exigências dos consumidores também.

Atualmente, culinária e gastronomia vêm descortinando para si diversas possibilidades de inserção na sociedade, em campos que até há pouco tempo não lhe eram comuns. Isso se deve, em parte, ao papel atribuído pela sociedade moderna ao ato de alimentar-se.

## Alimentação na Sociedade Pós-moderna

A importância e a presença da alimentação na vida das pessoas pode ser bem percebida ao considerar que vivendo "[...] cerca de 70 anos, quem consagra mais ou menos duas horas diárias ao ato de comer passará aproximadamente seis anos comendo", ou seja, quase um décimo de sua vida[1]. Levando em consideração o número e a diversidade de atividades que compõem nosso cotidiano, podemos afirmar que a alimentação é um elemento muito importante na vida das pessoas. Além de ser estritamente necessária à sobrevivência humana, é uma atividade para a qual as pessoas despendem um tempo considerável.

Alimentar-se é um ato natural ao ser humano, um processo consciente e voluntário necessário à sua sobrevivência. Esse era, originalmente, o motivo principal que levava as pessoas a se alimentarem. Entretanto, desde o início, o ato de alimentar-se foi ajustado a diferentes normas, de acordo com a cultura do grupo em que estava inserido. Assim, a alimentação sempre implicou tanto processos nutritivos quanto um marco cultural e social[7].

Em princípio, os alimentos não eram abundantes e tampouco apresentavam grande diversidade em uma mesma região. Posteriormente, com o início do sedentarismo e da agricultura, os agrupamentos populacionais passaram a produzir excedentes de gêneros alimentícios, os quais passaram a ser comercializados ou estocados. O comércio, por sua vez, fez com que houvesse troca de gêneros alimentícios, de modo que elementos até então desconhecidos por certos agrupamentos começassem a ser utilizados na produção culinária.

Essas mudanças no modo de vida das populações trouxeram algumas alterações em seus hábitos alimentares – no que comiam e na forma como viam a alimentação. A conotação de mera sobrevivência começa a dividir espaço com outros significados como, por exemplo, *status* social. Os gêneros consumidos passam a ser vistos como *status* social da família. O homem descobre que a alimentação pode ser um ato prazeroso, em vez de meramente necessário.

A alimentação passou a congregar uma série de significações e a maior parte delas persiste até os dias de hoje. É por isso, por exemplo, que nem todos os gêneros comestíveis são consumidos, necessariamente, em todas as sociedades. Com a possibilidade de escolher entre gêneros produzidos *in loco* ou não e levando em conta o fator "prazer", passa-se a escolher o que produzir, comprar e comer. Essas escolhas criam normas dentro da sociedade que diferenciam "[...] o elegante e o vulgar, o bom e o mau, o comestível e o não comestível"[7].

Está também relacionada à nova conotação do alimento como "fonte de prazer" a incorporação, pelas comunidades, de gêneros alimentícios que não são produzidos na região que habitam. Isso provém, dentre outros, do desejo das pessoas não se verem mais limitadas ao consumo de uma variedade menor de gêneros alimentícios e também de incorporar à cozinha elementos que realcem ou mudem o sabor de seus pratos[7].

85-7241-572-6

É muito forte o caráter simbólico adquirido pelo alimento, que se manifesta de diversas formas. É nítida, em praticamente todas as sociedades, a existência de gêneros alimentícios que se desenvolvem bem no local. Estes, muitas vezes, são recobertos de todo um simbolismo por aquela comunidade, tornando-se produtos-chave da alimentação local. Esse é o caso, por exemplo, da cultura do milho nas áreas rurais brasileiras ou em diversos países latino-americanos, como Peru e México[7]. O milho deixa de ser apenas um gênero alimentício comum para se tornar, praticamente, um elemento de "reverência" para aquele povo.

Ainda no que tange ao simbolismo da alimentação, deve-se considerar a relação dos alimentos com a religião. Cada religião cria dogmas que se estendem à alimentação dos fiéis, obrigando-os a utilizar ou a privar-se de determinados produtos durante certas épocas do ano, por exemplo[7]. Além disso, a alimentação pode estar relacionada a rituais, como celebrações ou oferendas. Isso é muito comum, por exemplo, nas religiões africanas.

Com relação às celebrações, religiosas ou não, vale ressaltar que os alimentos adquirem características particulares nesses momentos, seja em cerimônias pessoais (casamentos, batizados, etc.) ou coletivas (Natal, Ramadã, etc.). "Nessas ocasiões consomem-se alimentos que raras vezes estão presentes durante o restante do ano"[7], como é o caso do panetone no Natal.

Na sociedade contemporânea, o ato de comer pode apresentar diferentes conotações. A opção por um ou outro alimento ou a escolha por um ou outro restaurante pode ter vários significados, dependendo de diversos fatores, tais como a sociedade em que a pessoa está inserida, seu nível de desenvolvimento, sua situação financeira e suas crenças religiosas. A alimentação pode, por exemplo, manifestar situações de poder, competência, prestígio, dependência, entre outras[7].

Essa mudança de paradigmas pode ser confirmada na citação de Algranti[8]:

> *Movidas pelo apetite ou pela curiosidade para provar novos alimentos, as pessoas, já não é de hoje, vêm se tornando maiores apreciadoras do bem comer, deixando pouco espaço para refeições estereotipadas e pouco criativas.*

Um caráter muito forte da alimentação, que vem se acentuando nas últimas décadas, é aquele de mantenedor de relações sociais. "Comer é um ato que raramente se faz em solidão"; em geral, é um ato social em que um grupo de pessoas se reúne em torno de uma mesa[7].

85-7241-572-6

Apesar desse caráter social sempre ter existido, as pessoas hoje dão ainda mais ênfase à união entre comida e encontro social com parentes, amigos ou mesmo negócios. A alimentação passou a ser uma ótima forma de compartilhar a vivência entre grupos. Sobre isso, afirma Schlüter[7]:

> *As conversas de café, às quais habitantes de Buenos Aires são tão propensos, as longas sobremesas de familiares e amigos, as reuniões familiares aos domingos, o churrasco ou as reuniões acompanhadas pelo mate, etc., cumprem uma função de comunicação entre grupos semelhantes.*

Principalmente para as sociedades desenvolvidas, em que o cotidiano é atribulado e o tempo disponível para manutenção das relações sociais é cada vez menor, a alimentação apresenta-se como forma de sanar dois problemas: ao mesmo tempo em que as pessoas satisfazem uma necessidade biológica, têm condições de manter suas relações sociais.

Atualmente, o consumo de certos alimentos continua acontecendo como forma de provar ou conquistar *status* social. Junto a essa conquista veio o modismo. Esses dois fatores são tão latentes no âmbito da alimentação que a forma de se alimentar é considerada um dos elementos de diferenciação entre classes sociais. Um restaurante pode entrar na moda, por exemplo, porque artistas de televisão costumam freqüentá-lo. Uma pessoa pode provar sua condição social oferecendo um jantar com ingredientes considerados requintados, como caviar e *foie gras*. Apesar de nem sempre apreciar esse tipo de alimento, a pessoa vê em seu consumo uma forma de se aproximar de um círculo social mais privilegiado. Da mesma forma, quando alimentos ou restaurantes originalmente "exclusivos" da elite se disseminam para camadas mais populares da sociedade, os círculos sociais privilegiados tratam de assimilar outras novidades, imprimindo dinamismo à moda e aos hábitos alimentares, da mesma forma que com roupas e viagens[1].

O estilo de vida nas áreas urbanas também gerou uma nova função para a alimentação. As pessoas passaram a ter um estilo de vida bastante estressante, seja pelo caos dos grandes centros urbanos, por excesso ou falta de trabalho ou por outro fator qualquer. Por isso, sentem crescente necessidade de reduzir as tensões vividas no dia-a-dia e melhorar sua sociabilização. Nesse contexto, o momento da alimentação passou a ser visto como válvula de escape para muitas pessoas, adquirindo grande importância como forma de lazer e entretenimento.

85-7241-572-6

Assim, pode-se dizer que as duas características mais relevantes da alimentação para a sociedade moderna são, certamente, o prazer e a sociabilização. Em grande parte, são essas duas premissas que levam aos demais significados da alimentação para o mundo contemporâneo.

Muitas pessoas fazem da refeição um momento de descanso, lazer e sociabilização. Em muitos casos procuram, por exemplo, um restaurante que alie algum elemento de entretenimento ao seu serviço, de modo a servir como local de lazer e alimentação, simultaneamente.

A alimentação também passou a ter papel mais abrangente na sociedade contemporânea durante as viagens, o que pode ser considerado uma conseqüência das alterações nas funções da alimentação para cada indivíduo. Apesar de, em geral, ser considerada apenas oferta técnica, é interessante notar a importância atribuída a ela pelos turistas. É muito comum ouvir comentários referentes a determinado prato consumido enquanto a pessoa estava viajando. Ou então, sobre todos os gêneros alimentícios típicos de cada localidade, que os turistas geralmente adquirem em quantidade. Muitas vezes, a alimentação durante a viagem tem tanta importância que acaba se constituindo em um dos fatores principais para indicar o sucesso ou fracasso da jornada.

Ou seja, os momentos relacionados com o ato de se alimentar ficam marcados na memória dos turistas. São fatos e frases corriqueiros que acabam passando despercebidos para o próprio turista, mas que mostram a grande importância que as pessoas dão, mesmo que de forma inconsciente, à alimentação durante suas viagens. Extrapola, e muito, o fato de comer simplesmente para matar a fome. Comer passa a ter um significado completamente diferente. E são essas diferenciações no ato de comer durante as viagens que levam à possibilidade de trabalhar um tipo de atrativo, e mesmo de segmento do turismo, voltado para os elementos gastronômicos.

# Importância da Alimentação em Viagens e Turismo

## Alimentação e Turistas

A alimentação tem um importante papel nas viagens, tanto como oferta técnica quanto como atrativo turístico. É necessário que os profissionais envolvidos nessa área compreendam as relações existentes entre esses ele-

85-7241-572-6

mentos, pois só assim é possível utilizá-los da maneira correta. Para compreender a relevância da alimentação para o turismo é necessário, inicialmente, entender sua importância para os turistas. Apesar das pesquisas sobre esse assunto não serem numerosas, pode-se perceber, pelos dados existentes, o papel e a importância atribuídos à alimentação pelos turistas.

De acordo com Defert[9], o ato de comer durante uma viagem é tão importante para grande parte dos visitantes quanto o conforto do transporte ou as comodidades do alojamento. Handszuh[10], por sua vez, afirma que a qualidade da viagem de um turista, sua saúde mental e física e sua habilidade em se adaptar ao destino e aproveitar sua estada dependem, em parte, do que e de como ele se alimenta.

Polàcek[11] relata que, ao viajar, uma das principais motivações de um turista, além da necessidade de descanso e relaxamento, é o desejo de escapar da rotina diária em relação ao ambiente, atividade e alimentação cotidianos. Nesse sentido, o autor acredita que se deva considerar a função motivadora da gastronomia nas viagens de turismo e lazer, já que ela possibilita experiências diferentes aos turistas.

A importância da alimentação durante as viagens pode ser tamanha a ponto de ter papel fundamental na tomada de decisão de algumas pessoas, conforme mencionado por Polàcek[11]:

> *[...] a escolha de atrações naturais e equipamentos de recreação nos destinos turísticos é parcialmente influenciada (algumas vezes intencionalmente e algumas inconscientemente) pela satisfação com a alimentação.*

Assim, percebe-se que a alimentação pode ter diversos papéis para um turista durante sua viagem. Para algumas pessoas, a alimentação continua tendo meramente papel funcional e os atrativos relacionados a ela são vistos apenas como oferta técnica. Para outras pessoas, no entanto, a alimentação passa a ter função muito mais experimental do que funcional quando é parte de uma viagem. Mesmo a refeição mais básica pode ser guardada na memória para sempre, adquirindo caráter mais atrativo[12].

Graças à variedade de elementos gastronômicos passíveis de utilização pelo turismo, ao analisar a atividade turística, é preciso fazê-lo atentamente e de maneira holística, considerando todos os itens que possam se relacionar com tais elementos e seu consumo. Assim, o gasto com compras, *souvenirs*

85-7241-572-6

e similares, por exemplo, pode constituir despesas com elementos gastronômicos. É importante relevar, entretanto, a dificuldade de obter dados desagregados, que mostrem os gastos com cada item da classificação "compras", por exemplo.

Em pesquisa realizada em Veneto, na Itália, no período de maio de 1994 a abril de 1995, constatou-se que 21% do gasto total dos turistas referiam-se a alimentos e bebidas. Além disso, 15% da despesa diziam respeito a compras diversas e porcentagem similar ao entretenimento e à visita a atrativos[13]. Nessa pesquisa, não é possível precisar em que medida elementos gastronômicos estão inseridos nos itens compras, entretenimento e visita a atrativos. Esse tipo de pesquisa não é adequado para calcular exatamente quanto é gerado pelos elementos relacionados à alimentação; entretanto, é muito útil para conhecer os hábitos de gasto dos turistas e, dessa forma, planejar melhor os atrativos e elementos de oferta técnica de cunho gastronômico a serem desenvolvidos.

De qualquer forma, pelos estudos existentes, já se verifica que os gastos com alimentação, especificamente, situam-se em torno de 25% do gasto total da viagem, independentemente de ser na forma de oferta técnica ou atrativo – diferenciação esta que ainda não possui embasamento acadêmico. Na pesquisa de Manente *et al.*[13], esse gasto foi de 21%, aproximadamente. Já um estudo realizado por Cai[14] mostra que os gastos com alimentação constituem cerca de 28% do gasto total dos turistas com a viagem.

A alimentação, apesar de tão relevante, ainda é vista pelos turistas, em muitos casos, apenas como elemento de oferta técnica, sem que se perceba sua importância como atrativo turístico. De qualquer forma, os resultados das poucas pesquisas realizadas, unidos às diferentes significações da alimentação para a sociedade moderna, mostram que ela pode ter ampla variedade de significações ao se unir ao turismo.

Atualmente, constata-se que alguns desses significados são percebidos por parte dos turistas. Goeldner *et al.*[15] relatam que o turista considera a alimentação e os momentos em que sai para comer como aspectos importantes de suas férias e, em geral, gosta de experimentar pratos da culinária típica dos locais que visita.

De acordo com o autor, ao viajar, parte da diversão dos turistas consiste em experimentar pratos locais, ou seja, a alimentação em alguns momentos é percebida como um atrativo da viagem. Sobre isso, Caballero[16] afirma que associar determinado prato ao país que se visita e ao momento vivido pode

85-7241-572-6

constituir uma das melhores experiências de uma viagem. O prato pode até ser reproduzido em outros locais e momentos; entretanto, jamais substituirá a experiência de ser degustado como seria durante a viagem.

Pode haver momentos, durante as férias, nos quais o principal objetivo é a alimentação, o ato de comer. Para isso, os turistas procuram locais onde a refeição será uma experiência prazerosa e diferente. O tipo de local escolhido nesses casos depende, entre outros, do perfil psicográfico do turista e de suas condições socioeconômicas. Por isso, ao trabalhar elementos gastronômicos, é necessário conhecer o perfil do turista real ou do visitante potencial da localidade.

Nesse contexto, o modo como alimentos e bebidas são preparados e apresentados também é fundamental para o êxito de um atrativo turístico de cunho gastronômico. Entre as melhores lembranças do turista pode estar a experiência de comer bem em um local particularmente atrativo ou diferente. Percebe-se, assim, que a busca por experiências gastronômicas e a satisfação que elas podem trazer ajudam a criar – mesmo que de forma indireta – impressões favoráveis ou desfavoráveis da viagem como um todo[11].

Mas qual o papel que os visitantes do Brasil – tanto nacionais quanto internacionais – atribuem à alimentação? É questionável a validade dos dados das pesquisas apresentadas anteriormente se pensarmos nos turistas nacionais e mesmo latino-americanos, já que as pesquisas tratam de um panorama europeu, bastante diferente do observado na América Latina. De qualquer forma, os dados apresentados nas pesquisas supracitadas podem ser transpostos para o tipo de comportamento dos turistas estrangeiros americanos e europeus no Brasil.

O "Estudo sobre Turismo Doméstico Brasileiro", desenvolvido pela Embratur (Instituto Brasileiro de Turismo) (2003) em 2001, fornece alguns dados preliminares sobre os hábitos de consumo do turista brasileiro em viagens domésticas. De acordo com a pesquisa, os turistas brasileiros têm uma despesa em torno de 29% do total despendido com a viagem com alimentação e 8% com compras variadas. Apesar do viajante brasileiro não gastar tanto quanto o estrangeiro em compras, as despesas com alimentação são, proporcionalmente, bastante semelhantes. Entretanto, deve-se considerar que o gasto total do brasileiro em viagens domésticas é inferior aos gastos médios de viajantes de países desenvolvidos, como alemães, norte-americanos ou franceses, por exemplo.

Levando em consideração a relevância da alimentação para os turistas durante suas viagens, assim como as diferentes conotações que ela pode ad-

85-7241-572-6

quirir nesses momentos e a propensão de gasto dos viajantes com tais elementos, nota-se a possibilidade de diversas formas de exploração dos elementos gastronômicos pelo mercado do turismo, as quais devem ser feitas utilizando as pesquisas prévias necessárias.

## Alimentação e Mercado do Turismo

De maneira geral, pode-se afirmar que a alimentação vem sendo crescentemente utilizada como atrativo turístico. Mas, por que esse tipo de turismo seria tão importante e passível de estudo em um momento no qual a variedade de atrativos turísticos é tamanha?

A atratividade e a importância que a alimentação vem adquirindo para os turistas é um fator determinante para justificar o desenvolvimento do uso turístico de elementos gastronômicos. Em estudo realizado na Alemanha em 1985 e publicado no livro *Círculo de Estudos sobre Turismo*[17], procurou-se identificar as principais motivações e o comportamento dos turistas durante as viagens. Uma das questões dizia respeito aos motivos que haviam levado a pessoa a realizar uma viagem durante suas férias regulares. Cada entrevistado poderia apresentar mais de um motivo; dentre as principais respostas, 35% dos entrevistados citaram o item "para comer bem". Na mesma pesquisa, perguntou-se aos turistas que atividades haviam realizado em suas férias. Cerca de 43% das pessoas responderam "comer especialidades locais".

Outra pesquisa, realizada pela *Travel Weekly, European Travel Comission and Tourism Industries* e *U. S. Departament of Commerce* (*apud* Goeldner *et al.*[15]), confirma a importância das atividades relacionadas à alimentação para os turistas. Nessa pesquisa, os turistas foram questionados sobre as atividades que mais gostavam de praticar em suas viagens. Dentre os 23 itens citados, "jantar em restaurantes" foi o primeiro colocado, apontado por 86,2% dos entrevistados.

Uma pesquisa realizada junto a turistas alemães, em 1979, também considerou as atividades realizadas por turistas em férias. O item "jantar especialidades locais" foi respondido por mais de 25% dos entrevistados, mostrando maior importância que itens como "nadar", "tomar banho de sol" e "fazer compras"[18].

A importância desses elementos é tamanha que, durante o congresso da Unesco (Organização das Nações Unidas para a Educação, a Ciência e a Cultura) sobre turismo cultural na América Latina e no Caribe, realizado em Cuba,

85-7241-572-6

foi elaborado um documento-base que define as receitas culinárias como um bem tão valioso quanto um monumento para a sociedade e, conseqüentemente, para o turismo[7].

Percebe-se que a importância da alimentação como parte do desenvolvimento turístico, contribuindo para a economia dos destinos turísticos, é destacada por diversos autores. O grande trunfo da alimentação como elemento componente do turismo está no fato de ser utilizada nos mais diversos momentos da viagem, e de formas diferentes. Em alguns momentos, pode ser mera necessidade biológica, constituindo-se como oferta técnica. Em outros, pode ser um atrativo turístico interessante. Ainda, a alimentação pode ser vista apenas como elemento da cultura local.

Não obstante, o uso da alimentação pelos turistas transcende o tipo de viagem que se está realizando. Independentemente do destino ser voltado à gastronomia, à cultura, ao meio ambiente natural ou a outro elemento, os turistas sempre demandarão estabelecimentos de alimentação e sempre poderão ser atraídos pela culinária. De qualquer forma, os alimentos e bebidas constituem importante fonte de receita para o turismo.

Essa presença constante no cotidiano e na tomada de decisão dos turistas faz com que os atrativos gastronômicos sejam mais fáceis de serem desenvolvidos do que alguns outros tipos de atrativos. Os elementos gastronômicos já possuem um público que os utiliza de maneira contínua, porém, muitas vezes sem ter consciência da atratividade que a alimentação possui, justamente por ser um elemento tão comum ao cotidiano das pessoas.

Além disso, deve-se levar em consideração o fato de que o alimento, por ser um elemento cultural, é visto como forma de criar uma identidade regional da localidade turística. É considerado, em diversos casos, uma forma muito mais efetiva de criar tal identidade do que o uso de outros elementos, como animais, símbolos, etc.[19].

A gastronomia, ainda, pode constituir um chamariz para os turistas e acabar até mesmo por valorizar os atrativos principais da localidade, diferenciando a oferta turística como um todo. Se um turista vai optar por um destino de turismo histórico-cultural, por exemplo, há mais chances de ele escolher aquele que lhe ofereça algumas incursões ou *tours* gastronômicos como atrativo complementar aos bens históricos que vai visitar do que aqueles destinos que não oferecem outras possibilidades de atrativos além dos bens históricos.

Em geral, os elementos gastronômicos utilizados pelo turismo fazem parte do cotidiano da população. São pratos tradicionais do local e/ou da população

85-7241-572-6

que ali reside ou algum produto ou ingrediente produzido na localidade. Isso facilita o desenvolvimento de atrativos, pois já há mão-de-obra qualificada e conhecimento do elemento cultural que se pretende tornar atrativo por parte da comunidade local. É também mais fácil inserir a população na produção e comercialização de tais atrativos, gerando renda à localidade. Mesmo no caso de atrativos que não utilizam elementos gastronômicos da cultura local, como restaurantes de cozinhas regionais internacionais, é normal o uso de mão-de-obra local nos estabelecimentos, de forma que a inserção da comunidade local continua sendo facilitada.

Assim, conforme cita Azambuja[20], o uso de elementos gastronômicos pelo turismo e a instituição do turismo gastronômico como segmento da atividade turística de uma localidade propiciam o desenvolvimento de diversos negócios do ramo da alimentação, como produção de alimentos, estabelecimento de restaurantes e bares e incremento de locais de produção. Esse desenvolvimento é responsável pela geração de postos de trabalho e de renda para as comunidades, melhorando sua qualidade de vida.

Os elementos gastronômicos, assim como outros elementos do turismo cultural, apresentam muitas características que vão ao encontro de tendências mundiais para a atividade turística. O ITPF (*International Tourism Policy Forum*) realizou um estudo com 90 especialistas em turismo na tentativa de identificar as principais forças que nortearão o futuro do turismo. Esse estudo ressaltou a importância da diversidade cultural. Os especialistas acreditam que, apesar da tendência de homogeneização no mundo, há pressões a favor de manter as diferenças culturais nessa sociedade global[15].

Tais diferenças culturais podem ser preservadas pela manutenção do turismo cultural e de seus atrativos, dentre os quais, os elementos gastronômicos. Nesse sentido, a gastronomia tem a capacidade de ajudar a resgatar antigas tradições que estão prestes a desaparecer[7]. Se os elementos culturais puderem ser trabalhados como atrativos sem perder suas características originais, estarão auxiliando na preservação e difusão das culturas tradicionais.

Um estudo realizado pela OMT (Organização Mundial do Turismo) colocou a diversidade cultural como uma nova realidade do turismo contemporâneo, juntamente com a realização de eventos e atividades culturais que sejam economicamente viáveis e possam ser preservadas pelo turismo. O estudo afirma, ainda, que o aumento da aceitação de outras culturas ampliará sobremaneira as instalações, os eventos e os atrativos com potencial turístico, já que haverá menor restrição em visitá-las e maior reconhecimento de seu valor[15].

85-7241-572-6

O estudo da OMT coloca a hipótese de uma mudança de valores que poderá ser benéfica para o turismo gastronômico, já que valoriza o turismo de interesse especial – o qual congrega esse segmento – com o intuito de fortalecer e enriquecer o significado da experiência de viagem para os turistas.

O desenvolvimento de elementos gastronômicos em atrativos turísticos também poderá servir como elemento de integração entre turistas e comunidade local. Ao consumir um produto do turismo gastronômico, o viajante estará inevitavelmente entrando em contato com a cultural local e o modo de vida da população. Assim, a gastronomia é um dos modos mais fáceis de fazer com que os turistas não apenas observem a cultura, mas também interajam e se sintam parte da comunidade, se colocando no lugar do anfitrião.

Ao utilizar a culinária tradicional local, o turismo gastronômico pode funcionar, para pessoas de fora, como forma de conhecer novas culturas e hábitos. Já para a região que a produz, pode constituir uma maneira de reapropriação ou levar ao ressurgimento de elementos culturais esquecidos, funcionando como um elemento de valorização cultural[21]. A esse respeito, diz Lima[21]:

> *As especialidades [culinárias] locais [...] delimitam espaços culturais e sociais, independentemente de limites geográficos, como sinais distintivos de suas representações e diversidade. Mapas gastronômicos podem ser delineados a partir da culinária regional mediante suas especialidades. É nesse contexto que o turismo se torna prática fundamental na divulgação e valorização das cozinhas locais.*

Como prática revitalizadora de elementos culturais, há consenso de que o turismo utiliza os elementos gastronômicos como oferta diferencial complementar. Em alguns casos, tais elementos chegam a ser utilizados como oferta principal, agregando outros atrativos com caráter complementar. Entretanto, poucas são as localidades que possuem sua potencialidade gastronômica bem definida e organizada, além de um público potencial específico, para se classificarem como destinos turísticos de cunho exclusivamente gastronômico e terem êxito apenas com isso.

Analisando esses fatores de forma conjunta, conclui-se que os atrativos gastronômicos constituem-se em uma tipologia de atrativos bastante promissora para a atividade turística. Suas características vêm ao encontro do que gestores e planejadores desejam para o "turismo pós-moderno" e também do que visitantes contemporâneos tendem a procurar.

85-7241-572-6

Apesar da relação entre turismo e gastronomia ser tão forte e perceptível, em muitos casos não se dá o devido crédito a ela. É muito comum, por exemplo, fazer da alimentação apenas um componente secundário do "cardápio turístico", mal utilizado e pouco valorizado por gestores e planejadores[22,23]. Mesmo no meio científico, o qual deve ser predecessor de novas tendências e discussões, esse assunto ainda é pouco estudado. Uma análise da literatura de turismo congregada pelo Centro de Documentação da OMT revelou haver um número reduzido de publicações, em nível mundial, que abordam a relação entre alimentação e turismo, fato esse que dificulta a implantação de iniciativas em tais áreas.

Turismo e alimentação podem e devem caminhar lado a lado. Esse aproveitamento de elementos gastronômicos de diferentes localidades turísticas pode ser feito de forma vantajosa para todas as partes envolvidas: turistas, gestores, planejadores e comunidade. Ao mesmo tempo em que se trabalha a questão de valorização da cultura, por meio de valorização de culinárias tradicionais e da criação de novos empregos, também se disponibiliza oferta maior e diferenciada de atrativos turísticos para os visitantes.

## Referências Bibliográficas


1. FRANCO, A. *De Caçador a Gourmet.* São Paulo: SENAC, 2001.
2. SAVARIN, B. *A Fisiologia do Gosto.* Rio de Janeiro: Salamandra, 1848 (impressão 1989).
3. PHILIPPI, S. T.; COLUCCI, A. C. A. São Paulo. In: FISBERG, M. et al. *Um, Dois, Feijão com Arroz: a alimentação no Brasil de norte a sul.* São Paulo: Atheneu, 2002.
4. FLANDRIN, J. L. Da dietética à gastronomia, ou a libertação da gula. In: FLANDRIN, J. L.; MONTANARI, M. (orgs.). *História da Alimentação.* São Paulo: Estação Liberdade, 1998.
5. HOUAISS, A.; VILLAR, M. S. *Dicionário Houaiss da Língua Portuguesa.* Rio de Janeiro: Objetiva, 2001.
6. HECK, M.; BELUZZO, R. *Cozinha dos Imigrantes: memórias e receitas.* São Paulo: DBA Melhoramentos, 1999.
7. SCHLÜTER, R. G. *Gastronomia e Turismo.* São Paulo: Aleph, 2003.
8. ALGRANTI, M. *Pequeno Dicionário da Gula.* Rio de Janeiro: Record, 2000.
9. DEFERT, P. Tourisme et gastronomie. *Revue de Tourisme – Revista da Association Internationale d'Experts Scientifiques du Tourisme (AIEST)*, St. Gallen, v. 42, n. 3, p. 7-8, 1987.
10. HANDSZUH, H. F. Food and the Quality of Tourism. In: OMT. *Food Safety and Tourism.* OMT: 1991.


85-7241-572-6

11. POLÀCEK, M. Eating habits of Czechoslovak population and gastronomy as a tourism motivation. *Revue de Tourisme – Revista da Association Internationale d'Experts Scientifiques du Tourisme (AIEST)*, St. Gallen, v. 41, n. 4, p. 22-25, 1986.
12. MITCHELL, R.; HALL, C. M. Consuming tourists: food tourism consumer behavior. In: HALL, C. M. et al. (orgs.). *Food Tourism around the World: development, management and markets.* Oxford: Butterworth-Heinemann, 2003.
13. MANENTE, M. et al. *Tourism Demand Segmentation and Consumption Behavior: an economic analysis. Revue de Tourisme – Revista da Association Internationale d'Experts Scientifiques du Tourisme (AIEST)*, St. Gallen, v. 51, n. 3, p. 53-62, 1996.
14. CAI, L. A. *Analyzing household food expenditure patterns on trips and vacations: a Tobit Model. Journal of Hospitality and Tourism Research – The Professional Journal of the Council on Hotel, Restaurant and Institutional Education*, Londres, v. 22, n. 4, p. 338-358, 1998.
15. GOELDNER, C. R. et al. *Tourism: Principles, Practices, Philosophies.* 8th ed. New York: John Wiley and Sons, 2000.
16. CABALLERO, M. C. Turismo cultural y gastronomía: algunas reflexiones. In: LACANAU, G. C; NORRILD, J. A. (orgs.). *Gastronomía y Turismo: cultura al plato.* Buenos Aires: CIET, 2003.
17. KRIPPENDORF, J. *Sociologia do Turismo.* São Paulo: Aleph, 2000.
18. BAPTISTA, M. *Turismo: competitividade sustentável.* São Paulo: Verbo, 1997.
19. HALL, C. M.; SHARPLES, L. The consumption of experiences or the experience of consumption? An introduction to the tourism of taste. In: HALL, C. M. et al. (orgs.). *Food tourism around the world: development, management and markets.* Oxford: Butterworth-Heinemann, 2003.
20. AZAMBUJA, M. A gastronomia como produto turístico. In: CASTROGIOVANNI, A. C. (org.). *Turismo Urbano.* São Paulo: Contexto, 2000.
21. LIMA, C. *Tachos e Panelas: historiografia da alimentação brasileira.* 2. ed. Recife: Editora do Autor, 1999.
22. MOULIN, C. Gastronomy and tourism: must every tourist wish be our command? *Revue de Tourisme – Revista da Association Internationale d'Experts Scientifiques du Tourisme (AIEST)*, St. Gallen, v. 55, n. 1, p. 19-24, 2000.
23. NIED, K. et al. The role of food service in tourist satisfaction. *International Journal of Hospitality Management*, USA, v. 19, n. 4, p. 375-384, Dec. 2000.


85-7241-572-6

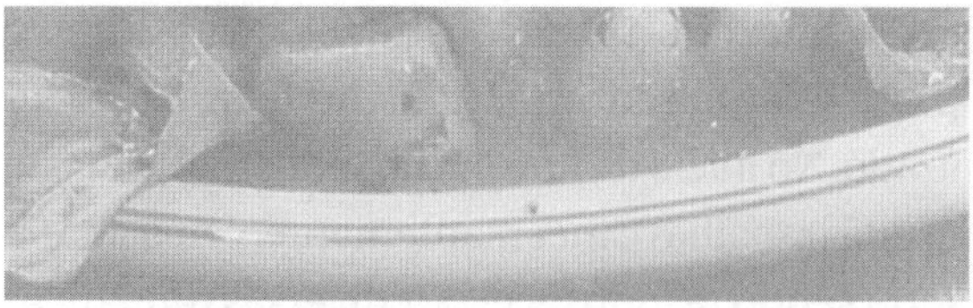

Capítulo 2

# SEGMENTAÇÃO DO TURISMO E ALIMENTAÇÃO

## TURISMO E SEGMENTAÇÃO

### Mudanças de Paradigmas no Turismo

O ato de viajar, deslocar-se, é tão antigo quanto a própria humanidade. "[...] Desde suas origens, o homem se viu impulsionado a deslocar-se por diferentes razões: caça, religião, comércio, guerra, lazer, etc."[1]. Com relação às viagens motivadas pelo lazer, especificamente, os primeiros registros de sua existência são encontrados nas civilizações grega e romana, as quais já viajavam com intuito de encontrar um equilíbrio entre trabalho e lazer.

No século XVII, na Europa, desenvolvem-se dois tipos específicos de viagem, o *grand tour* e o termalismo. O primeiro consistia em uma longa viagem para centros culturais da Europa realizada por jovens da elite local, após o término do estudo superior. Já o termalismo – após ter o poder curativo da água comprovado – se disseminou pela Europa, também como destino da elite. Apesar de haver uma discussão infindável com relação ao fato dessas viagens já se constituírem ou não em viagens turísticas, é inegável sua importância na evolução e na história das viagens e do turismo.

85-7241-572-6

A Revolução Industrial surge modificando as relações da sociedade. Cresce a população assalariada, que passa a ter horários de trabalho fixos e receber remuneração pelo trabalho realizado. No início da Revolução Industrial, a massa da classe operária propriamente dita trabalhava incessantemente, cerca de 16h diárias. Essa mesma massa acabou sendo responsável por diversas mudanças na sociedade, envolvendo tanto sua classe social como as demais.

Assim, surge uma classe média e alta com condições e necessidade de viajar. O grande crescimento dos centros urbanos, a tensão e a monotonia do trabalho industrial e o desejo de separar tempo de trabalho de tempo de lazer fazem com que essas pessoas busquem tranqüilidade e repouso em outras localidades. Dessa forma, cresce a busca por destinos litorâneos e rurais, ocasionando o crescimento e a popularização das estações de veraneio. Na mesma época, a introdução da energia a vapor favoreceu o desenvolvimento do transporte ferroviário, o qual diminuiu significativamente o tempo de viagem e aumentou a capacidade de transporte, sendo também responsável pelo incremento da demanda turística. Apesar de todas essas mudanças, o número de turistas nesse período ainda era bem pequeno.

Essas condições caracterizaram o estopim da atividade turística, em nível mundial. É a partir delas que o turismo se desenvolveu em uma atividade "moderna". Desde o início da Revolução Industrial até a Segunda Guerra Mundial, tem-se o que é denominado "turismo moderno". Nesse período, tiveram início as viagens organizadas, com o surgimento das primeiras operadoras de turismo. É justamente esse tipo de organização que caracteriza tal período do turismo.

Nessa época, em especial após a Primeira Guerra Mundial, o turismo doméstico, e também internacional, começou a se consolidar em alguns países da Europa Ocidental, sobretudo na Inglaterra, Itália e França.

Entretanto, somente após a Segunda Guerra Mundial ocorreram mudanças mais profundas nos paradigmas da atividade turística. Considera-se que tais alterações transformaram o turismo, tornando-o um fenômeno de massa. Os progressos ocorridos no período imediatamente posterior ao conflito firmaram as bases para o enorme crescimento que o turismo doméstico e internacional viria a apresentar a partir da década de 1950. Foram vários os fatores que levaram à disseminação das viagens, tais como: maior uso de automóveis, aumento da renda das famílias, avanços tecnológicos no setor da aviação, férias remuneradas para os trabalhadores, aumento do tempo livre da população nos países industrializados e desenvolvimento das comunicações[1].

85-7241-572-6

Youell[2] e vários outros autores consideram um desses fatores particularmente importante para o desenvolvimento do turismo de massa: os avanços na tecnologia aeronáutica, os quais levaram a um crescimento da indústria de transporte aéreo comercial e a um conseqüente estímulo às viagens aéreas. Além disso, os pacotes de viagem internacionais tiveram grande incremento, pois se tornaram mais viáveis com a diminuição do tempo de viagem e a facilidade proporcionada pela aviação.

Nesse panorama de grande demanda e poucas operadoras, a saída encontrada foi o desenvolvimento de pacotes de viagem. Esse tipo de organização, com pacotes iguais para centenas de pessoas, permitia que um número muito maior de viajantes fosse atendido prontamente pelas operadoras de turismo. Foram eles os principais responsáveis pela padronização da oferta turística, a qual se tornou e ainda é a base de organização de viagens de turismo.

Os dados estatísticos disponíveis mostram que, a partir desse período, o crescimento do turismo, tanto internacional quanto doméstico, foi expressivo. A entrada de turistas internacionais, em nível mundial, por exemplo, passou de 25 milhões, em 1950[1], para 688,6 milhões em 2001[3].

Graças ao seu significativo crescimento, o turismo passou a ser considerado uma atividade econômica relevante para a sociedade. O turismo é uma atividade que apresenta condições de aumentar o consumo e a conseqüente produção de bens, serviços e empregos, fator que leva a um incremento na oferta de postos de trabalho, gerando, ao menos teoricamente, melhoria nas condições de vida das populações envolvidas. Além disso, diversos organismos internacionais vêm apostando no turismo como forma de promover relações culturais e cooperação entre os povos.

A importância atribuída ao turismo pode ser claramente percebida no significado econômico que essa atividade tem para o mundo moderno. De acordo com dados da OMT (Organização Mundial do Turismo)[4], essa atividade movimentou cerca de US$ 472 bilhões no ano de 2001. Mesmo com os problemas enfrentados pelos ataques terroristas aos Estados Unidos, a atividade continuou com taxa de crescimento positiva.

No Brasil, a situação não é muito diferente. Apesar de o país ainda não dar a devida importância para a organização e o desenvolvimento do turismo, ocupando apenas o 29º lugar no *ranking* mundial de países receptores de turistas, tem na atividade uma importante fonte de receita. A receita gerada pelo turismo receptivo internacional no Brasil é de cerca de R$ 3,2 bilhões[3], correspondendo a 4,7% do PIB (Produto Interno Bruto) brasileiro[5].

85-7241-572-6

A relevância do turismo, das férias e das viagens como fenômeno social em uma sociedade pode ser imensa, a ponto de se sobrepor a atividades historicamente tradicionais. A importância da atividade não se restringe apenas ao campo econômico, mas também aos campos social e cultural. Hoje, turismo e viagem são palavras presentes no vocabulário de grande parte da população, importância adquirida em função de mudanças históricas.

Se, em seus primórdios, o turismo era exclusividade de uma elite e, na década de 1950, despontou como atividade de massas, é perfeitamente previsível que as mudanças continuassem a ocorrer, em especial com o rápido desenvolvimento da sociedade pós-moderna.

Andrade[6] cita algumas dessas mudanças, as quais se dividem entre aquelas já visíveis desde as últimas décadas e aquelas que ainda vêm despontando:

- A sociedade contemporânea exige, cada vez mais, os direitos de ir e vir.
- Os meios de comunicação e a cultura de massa estimulam o desejo de viajar e conhecer coisas novas.
- A vida moderna e urbana incrementa o volume de pessoas com recursos financeiros disponíveis para viajar. Além disso, o desgaste e o estresse causado por esse estilo de vida atuam como fator favorável às viagens, levando as pessoas a procurarem oportunidades de fugir de seu cotidiano como forma de suprir algumas necessidades físicas e psicológicas. A viagem passa a ser vista como uma maneira de o indivíduo encontrar paz e tranqüilidade.
- As vias de acesso apresentam condições cada vez melhores e o número e tipos de destinos turísticos também vêm apresentando grande incremento.
- O aumento na expectativa de vida da população e as conquistas trabalhistas (aposentadoria e férias remuneradas) propiciam incremento do tempo disponível das pessoas para o desenvolvimento de atividades como o lazer e as viagens.
- A variedade cultural dos povos propicia tipos diversos de intercâmbio, agradando a vários gostos e desejos.

Em virtude dessas características, o turismo vem adquirindo, nas últimas décadas, caráter um pouco diferenciado daquele do turismo de massa original. Para um grupo de turistas, a viagem turística ideal não consiste mais na compra de pacotes turísticos padronizados e inflexíveis, tão comuns no mercado. Tampouco está em visitar destinos muito populares e procurados. A percepção das viagens mudou para essas pessoas.

Isso, conseqüentemente, provocou mudanças na percepção que empresários e planejadores do setor têm do turismo. Com relação à estruturação da atividade turística, hoje não é mais suficiente vender apenas viagens padronizadas, pois uma parcela dos turistas aprecia destinos diferenciados e viagens personalizadas. Essa necessidade vem levando ao surgimento de novos produtos, que atendam os diversos grupos de interesse do mercado turístico.

Assim, pode-se dizer que o turismo está tornando-se um fenômeno mundial com grande diferenciação entre seus ambientes e tipos de turistas[7]. E, por isso mesmo, com novos objetivos, como o desenvolvimento de produtos de maior qualidade, voltados para turistas mais "experientes" e informados. Molina[8] caracteriza essa demanda da seguinte forma:

- Demanda bem-informada, complexa, exigente, mutante em relação à forma como decide e se comporta durante suas viagens.
- Demanda cada vez mais interessada em um turismo ativo, no qual assume papel de protagonista.
- Demanda consciente da importância da relação preço-qualidade e, portanto, do valor das férias.

A existência de uma demanda mais experiente e exigente justifica o aumento do número de destinos, principalmente nos casos em que a localidade é estruturada de forma diferenciada do padrão. Por isso, o turismo passa a ter seu caráter de atividade segmentada mais explícito.

Molina[8] chama viagens com essas características diferenciadas de "turismo pós-industrial", caracterizando-as pela diferenciação dos produtos e serviços, pela "desmassificação" dos mercados e pela personalização dos serviços.

Não se deve considerar, entretanto, que o turismo de massa em seu formato original esteja em desuso. Ele continua sendo consumido por uma considerável parcela dos turistas, pois, conforme cita Molina[8], "para cada um deles [tipo de turismo] existem mercados demandantes e capacidades empresariais para aproveitá-los [...]". No entanto, foi necessário investir nesse novo conceito de viagem, que é uma tendência latente no turismo mundial.

85-7241-572-6

Em razão dessa multiplicidade de fatores e das alterações que vêm novamente ocorrendo nos paradigmas do turismo é necessário, antes de trabalhar qualquer dos segmentos turísticos, conhecer não apenas as novas tendências da atividade, mas também as expectativas e motivações dos consumidores em relação a ela.

## Mudanças Comportamentais dos Consumidores no Turismo

O crescente desenvolvimento do turismo vem abrindo um amplo leque de possibilidades para os viajantes. As mudanças de paradigmas da atividade, que foram ocasionadas pela demanda e, simultaneamente, a alteraram, resultaram em maior diferenciação na atividade turística. Isso faz com que o processo decisório para a realização de uma viagem se torne mais complexo e sujeito a maior número de variáveis. Ao mesmo tempo, essas inúmeras oportunidades vêm possibilitando ao turista moderno condições de escolher produtos que satisfaçam mais plenamente suas expectativas.

A Academia e o *trade* turístico conhecem relativamente bem as características dos turistas do século XX, já que foi esse o momento em que os estudos de motivação dos consumidores do turismo começaram a ser realizados. Entretanto, ainda não é claro o perfil do turista do século XXI, proveniente de um momento em que ocorreram significativas e rápidas alterações na atividade turística.

Sendo assim, pergunta-se: quem é esse turista a quem denominamos "turista pós-moderno" ou "turista pós-industrial"? O que ele busca? Essas duas questões são freqüentemente repetidas por estudiosos e pessoas ligadas ao mercado do turismo. Ambas são questões essenciais, para que o planejamento e o desenvolvimento de produtos turísticos se adéqüe às necessidades de tal demanda.

As mudanças no perfil e no comportamento do turista, após o desenvolvimento do turismo de massa, apenas se fizeram perceber nitidamente nas últimas décadas do século XX. Entretanto, desde meados da década de 1970, algumas alterações já eram latentes. A própria transformação do turismo em atividade de massa incitou a algumas alterações relevantes, as quais não podem ser desconsideradas ao analisar as características do turista da pós-modernidade.

Ao se tornar atividade de massa, o turismo adquiriu novas conotações, em detrimento daquelas que tinha antes. A massificação da atividade turística

85-7241-572-6

causou a diminuição do gasto médio dos turistas, pois parte relevante dos viajantes era proveniente de classes sociais de menor poder aquisitivo. A duração das viagens também diminui, assim como o período de estada em cada localidade.

"Viajar" foi adquirindo novas conotações para a sociedade. O turista moderno, de acordo com Krippendorf[9], passou a apresentar uma necessidade de viajar "[...] criada pela sociedade e marcada pelo cotidiano". As pessoas passaram a viajar porque não se sentiam mais à vontade onde se encontravam, tanto nos locais de trabalho quanto em suas residências.

A viagem começou a ser vista como necessária à manutenção da saúde, principalmente mental, das pessoas. Passou a ser percebida como item essencial em momentos de estresse ou após um longo e cansativo ano de trabalho.

A prática do turismo passou a ter, inconscientemente, a conotação de um bem essencial para a vida das pessoas, conferindo *status* social para quem o praticava. Hoje, não viajar é como não possuir um carro, uma casa ou um computador. Isso levou, dentre outros, a um certo modismo em termos de destinos turísticos, o qual é sempre ditado pelas classes dominantes, como em outras áreas de consumo. Se o simples fato de viajar confere *status*, viajar para os mesmos destinos de celebridades confere *status* ainda maior para o turista. Hospedar-se no mesmo hotel em que determinado ator se hospedou, por exemplo, demonstra o poder e a classe social da pessoa.

O modismo é acentuado demasiadamente pela mídia. As matérias publicadas em revistas da moda ou a aparição de um destino em um programa de televisão faz com que este entre para o rol de "destinos da moda".

A necessidade de fuga do cotidiano, aliada à facilidade de viajar, à variedade de opções de destinos turísticos e ao intenso trabalho da mídia, vem levando um grande contingente de pessoas a se deslocarem pelo mundo afora. Entretanto, em razão da diversidade de motivações, nível cultural e financeiro, as pessoas viajam de formas diferentes, com objetivos específicos.

Apesar de algumas características básicas do comportamento dos turistas poderem ser identificadas com clareza, outras não podem ser "previstas". Em muitos casos, tal imprevisibilidade está intimamente relacionada a características individuais e facilmente mutáveis dos indivíduos. As motivações que levam alguém a viajar são fatores subjetivos, relacionados às necessidades e características pessoais de cada viajante, que produzem nele a necessidade de se deslocar para outros locais diferentes daqueles de seu cotidiano. Podem ser as mais diversas e mudar de acordo com a sociedade

85-7241-572-6

em que a pessoa está inserida, com suas características pessoais e seus desejos e necessidades momentâneos. Um bom exemplo de como a motivação se altera está na necessidade genérica de viajar, a qual se apresenta diversas vezes ao longo da vida de um indivíduo, mas nem sempre da mesma maneira, podendo mudar conforme a ocasião e alterando também o tipo de turismo que ela deseja praticar.

As motivações para viajar sempre existiram, desde os primórdios do turismo. Aliás, foi apenas por ter uma motivação que o homem pré-histórico começou a se deslocar de um lugar para outro. Os romanos, por exemplo, tinham por motivação fugir do calor das cidades, e por isso se dirigiam aos balneários. Antigamente, entretanto, os produtos turísticos existentes eram poucos e sem muita variedade; assim, na maioria das vezes, não havia um produto que se direcionasse a uma motivação específica do viajante. Atualmente, a grande importância atribuída à satisfação do turista, o enorme contingente de pessoas que fazem turismo e a gama de produtos disponíveis no mercado tornam muito mais explícitas as diferentes motivações e necessidades desses viajantes.

Essa variedade de motivações, características e objetivos específicos faz surgir grupos de turistas com características similares. Por isso, é muito difícil classificar o turista "pós-moderno" como um grupo único. Esse tipo de turista pode compreender subgrupos bastante diversos. Atualmente, trabalhar com a atividade turística requer o conhecimento de tais subgrupos. É isso que leva estudiosos a analisar os anseios e tentar traçar o perfil dos turistas, baseando-se em experimentos ou em observação direta.

Assim, algumas características genéricas sobre o comportamento dos turistas da atualidade podem ser traçadas. Urry[10], por exemplo, acredita que os turistas têm uma visão muito clara sobre o que é ordinário e o que é extraordinário. Entretanto, o significado da palavra extraordinário se modifica de acordo com o tipo de turista. Pode ser a estada em um hotel de luxo, a visita a uma localidade popular ou a uma cidade totalmente desconhecida. De forma geral, os turistas buscam, em suas férias, vivenciar prazeres diferentes daqueles que experimentam em seu cotidiano.

Os turistas estão se tornando cada vez mais conscientes e exigentes em relação a suas viagens, com motivações e anseios mais específicos. Essas características têm levado diversos grupos de turistas a fugir de viagens comuns e padronizadas. Esses viajantes procuram, em alguns casos, aspectos não familiares de elementos que julgavam previamente familiares. Isso pode ser

85-7241-572-6

exemplificado, por exemplo, na visita a museus da cultura local, cujo conteúdo difere daqueles que estão acostumados a ver em seu local de origem ou que já viram em outros destinos. Além disso, procuram vivenciar aspectos comuns da vida social das comunidades tradicionais que visitam, como festas tradicionais, ou então participar da realização de tarefas ou atividades familiares em um local diferente, como alimentação ou compras nos mesmos lugares que a população local o faz[10].

Esse tipo de turista, ao contrário do turista padrão dos primórdios do turismo de massa, em geral não visita um local sem motivos e objetivos bem definidos. Ao contrário, possui objetivos previamente estabelecidos e, por isso, busca viajar para uma localidade onde possa escolher atividades e experiências que se adéqüem ao seu perfil psicológico e motivacional.

Apesar de a atividade turística ainda ser feita, em grande parte, por turistas de massa convencionais, esses turistas “pós-modernos” vêm conquistando espaço na demanda por produtos turísticos. Por serem mais experientes e informados, tais visitantes criaram, no mercado turístico, a necessidade de oferecer produtos mais variados e específicos, direcionados a um nicho de mercado.

Nos dias atuais, é normal que o turista opte por produtos turísticos capazes de satisfazer seus desejos, de acordo com sua motivação e com os tipos de atividades que deseja realizar. Suas exigências também são marcantes. Determinados grupos, por exemplo, não querem viajar com pacotes-padrão e sim com roteiros turísticos desenvolvidos de forma personalizada. Por isso, uma tendência atual em termos de desenvolvimento turístico está na segmentação do mercado, de forma a atender a um público específico de maneira mais completa e, mais ainda, na disseminação dos pacotes *forfait*.

Assim, ao se discutir turismo atualmente, é importante compreender o comportamento da demanda turística como um todo, porém, sem deixar de lado as peculiaridades específicas de cada tipo de turista. Nesse panorama, a segmentação vem adquirindo crescente importância no desenvolvimento da atividade turística.

## Segmentação da Atividade Turística

De acordo com o Dicionário Houaiss[11], segmentação consiste na “divisão do mercado em grupos de indivíduos com características, necessidades e modos de atuação semelhantes, segundo seu perfil financeiro, psicológico, etc.”.

85-7241-572-6

A segmentação na área do turismo considera a demanda turística heterogênea, acreditando na concentração de esforços por parte de uma empresa, ou mesmo de um destino, em determinados produtos e nichos de mercado. Ao segmentar o mercado, são identificados grupos de compradores com interesses relativamente homogêneos, dentro de um universo heterogêneo. Assim, cada segmento de mercado será formado por um grupo com interesses e características específicas similares.

A segmentação de mercados é uma tendência latente na atividade turística. Em razão do grande contingente de viajantes e de suas especificidades, tornou-se praticamente inviável trabalhar com produtos turísticos genéricos. Além disso, cada tipo de turista apresenta anseios diferentes e grande parte deles busca alguma originalidade ou diferenciação no produto adquirido, em contraposição ao modo como o turismo de massa era vendido até alguns anos atrás com tanto sucesso. Um estudo realizado pelo ITPF (*International Tourism Policy Forum*) com especialistas em turismo de todo o mundo confirma esse fato, concluindo que as características da atividade serão cada vez mais transformadas pela crescente variedade de estilos de vida[7].

De acordo com Moraes[12], a concorrência cada vez maior entre diferentes destinos e/ou produtos turísticos fez com que cada um deles buscasse seus diferenciais, pois perceberam que já não poderiam abraçar todo o mercado do turismo e que a opção mais vantajosa, nesse contexto, era optar por um ou por alguns poucos segmentos específicos da atividade turística, desenvolvendo seus atrativos nesse sentido.

Estudiosos de turismo passaram, então, a segmentar o mercado do turismo. Dentre as diversas possibilidades de segmentação, trabalha-se nesta publicação com a segmentação de acordo com motivo de viagem que, segundo Beni[13], "[...] é o principal meio disponível para se segmentar o mercado".

Alguns autores trabalham essa motivação de forma abrangente. Youell[2], por exemplo, diz que os diferentes motivos de viagem culminam na seguinte categorização: turismo de lazer, turismo de negócios e turismo de visita a amigos e parentes. De acordo com o autor, o turismo de lazer é o tipo mais comum, podendo ser subdividido em: férias, saúde e boa forma física, esporte, religião, instrução e cultura.

Já outros estudiosos, como Beni[13], destrincham mais tais segmentos. O autor delimita os seguintes segmentos: turismo de descanso ou férias; de negócios e compras; desportivo; ecológico; rural; de aventura; religioso; cul-

85-7241-572-6

tural; científico; gastronômico; estudantil; de congressos, convenções, encontros e similares; familiar e de amigos; de saúde ou médico-terapêutico.

As tipologias de segmentação de acordo com motivo de viagem são as mais variadas. Cada estudioso do turismo possui sua própria tipologia, não havendo consenso sobre a mais adequada. Reconhece-se, de forma geral, que três tipos de turismo encabeçam tais segmentos: turismo de lazer, turismo de negócios e turismo de visita a amigos e parentes. Diversos segmentos se desenvolvem a partir dessas categorias iniciais e o turismo de lazer congrega a quase-totalidade de segmentos.

Nesta publicação, é importante compreender esse papel da segmentação, assim como conhecer as bases que levam à segmentação por motivo de viagem, já que, a partir de agora, tratar-se-á das formas pelas quais um elemento cultural específico pode se inserir na segmentação por motivo de viagem – a alimentação.

## Alimentação nos Segmentos Turísticos

Os segmentos do turismo relacionados ao motivo de viagem têm por base, em muitos casos, os tipos específicos de atrativos que os compõem. A alimentação é, inegavelmente, um elemento do patrimônio cultural dos povos, afirmação esta que vem adquirindo força com a importância atribuída atualmente aos bens culturais intangíveis. Assim, para compreender o posicionamento da alimentação na segmentação do turismo, é preciso compreender qual seu posicionamento em termos de recurso de uso turístico.

A visão predominante que relaciona ambos os aspectos – alimentação e turismo – caracteriza a alimentação apenas como oferta técnica dentro da atividade turística. Essa percepção trabalha com o pressuposto de que os turistas usam equipamentos de alimentação e outros elementos do gênero única e exclusivamente porque têm fome, ou seja, devem atender a uma necessidade fisiológica de seu organismo. Outros estudiosos, entretanto, vêem esse recurso de forma mais ampla, considerando sua importante atuação como elemento cultural de um destino e as possibilidade de seu uso como atrativo turístico. Percebe-se, por meio de pesquisas, que a alimentação tem potencial para extrapolar o estereotipado *status* de oferta técnica pura e simples, dada a importância – mesmo que inconsciente – que os turistas atribuem a tal elemento.

85-7241-572-6

É importante notar que a alimentação pode ter diversas formas de utilização, transcendendo os demais recursos de uso turístico. Isso acontece porque esse elemento está obrigatoriamente inserido em todos os segmentos do turismo, assim como em todos os destinos turísticos, justamente por atender a uma necessidade básica do visitante e por fazer parte do cotidiano das comunidades receptoras.

Dessa forma, atualmente os elementos gastronômicos devem ser analisados levando em consideração não apenas seu papel usual como oferta técnica, mas também todo potencial que possuem para se constituírem em oferta diferencial complementar ou principal. Na maioria dos casos, esses elementos atingem caráter complementar, já que existe certa dificuldade em congregar elementos gastronômicos suficientemente coesos e numerosos para constituir a oferta diferencial principal de uma localidade turística. Além disso, se, enquanto oferta complementar, esses atrativos têm público-alvo bastante amplo, como oferta principal lidam com um grupo bastante restrito e seleto de visitantes.

Como oferta diferencial complementar, os elementos gastronômicos podem estar inseridos na maioria dos segmentos da atividade turística. Entretanto, alguns segmentos trabalham com esse tipo de atrativo de maneira mais específica, como é o caso do turismo rural, do turismo cultural e do turismo industrial, analisados com mais detalhes na seqüência. Quando tratados de forma diferencial principal, por sua vez, os elementos gastronômicos constituem a oferta de um segmento denominado turismo gastronômico, o qual é analisado a seguir.

## Gastronomia como Elemento Principal: Turismo Gastronômico

O turismo gastronômico é um segmento bastante polêmico da atividade turística. Para muitos estudiosos, é difícil compreender a importância que alimentos e bebidas podem ter para os viajantes. Mais ainda: é controversa a percepção de diversos pesquisadores com relação à existência do turismo gastronômico como segmento específico do turismo.

Nesta publicação, o termo turismo gastronômico é utilizado em casos específicos, sob dois enfoques diferentes. Para a demanda turística, consiste em toda viagem na qual a motivação principal está no prazer em degustar alimentos e bebidas e conhecer elementos gastronômicos de uma localidade.

85-7241-572-6

Para a oferta turística, o turismo gastronômico caracteriza-se pela oferta e promoção de elementos gastronômicos como atrativos turísticos principais do destino. A situação ideal não requereria enfoques diferenciados para oferta e demanda, já que ambos os elementos deveriam se complementar. Entretanto, por ser um segmento bastante novo, percebe-se que nem sempre a localidade promovida como destino de turismo gastronômico é vista como tal pelos turistas, e vice-versa. Por isso, há a necessidade de considerar os dois aspectos.

Mas, será que o turismo gastronômico é uma tendência nova da atividade turística ou esse segmento já possui antecedentes históricos? Os primeiros relatos acerca da promoção de elementos gastronômicos como atrativos turísticos datam da segunda metade do século XIX. De acordo com Csergo[14], depois do aperfeiçoamento da malha ferroviária européia, que levou ao incremento das viagens de lazer, começaram a surgir os guias turísticos, os quais mostraram novas percepções de determinadas regiões. Foram esses guias que divulgaram as particularidades das cozinhas tradicionais e acabaram trabalhando-as como ponto de interesse turístico e parte integrante do patrimônio de cada localidade. O mais interessante é que, já nessa época, a culinária era considerada, por alguns guias, como um atrativo tão relevante quanto um mirante ou um bem arquitetônico.

O autor relata que, ainda no final do século XIX, o guia *Voyage em France*, de Ardouin-Dumazet, vai ainda mais longe, colocando também em destaque as tradições industriais ou agrícolas de cada localidade, relacionando-as com a alimentação e o turismo. Ou seja, amplia ainda mais a oferta de atrativos com essa conotação[14].

Na década de 1920, a chegada do turismo automotivo foi responsável por um incremento ainda maior no uso das cozinhas regionais no turismo, as quais passaram a ser percebidas e valorizadas como parte da "economia turística". O surgimento dos automóveis favoreceu a descoberta das cozinhas tradicionais, assim como a associação do turismo com a gastronomia, pois o turismo automotivo fugia dos pacotes padronizados, podendo se ater a atrativos mais peculiares. Pitte[15] exemplifica esse fato dizendo que "para tornar atraente a longa viagem na rodovia nacional 7, entre Paris e a Cote d'Azur, os parisienses afortunados acostumaram-se a fazer etapas de descoberta e prazer gastronômico". Franco[16] afirma que a visita a um castelo, uma catedral ou um museu se tornou mais fácil e passou a ser comumente combinada com a descoberta de elementos da gastronomia regional, já que os turistas tinham maior mobilidade.

85-7241-572-6

Na mesma década, mais especificamente na edição de 1920, o Guia *Michelin* insere as primeiras recomendações gastronômicas em um guia, enfocando sobretudo os restaurantes; antes, restaurantes e outros equipamentos eram apenas citados, sem haver recomendações específicas sobre cada um deles. Este viria a ser o mais renomado guia de restaurantes do mundo. No mesmo período, os *Guides Bleus*, também da Michelin, passam a chamar atenção para as especialidades culinárias das localidades do itinerário. Surgem, então, seções específicas sobre pratos típicos de cada localidade, assim como relações das especialidades gastronômicas e dos principais vinhos de cada região. No início dos anos 1930, páginas completas são dedicadas à apresentação das especialidades culinárias de regiões turísticas[14].

Nessa época, a referência à culinária continua sendo colocada no mesmo patamar de monumentos históricos e arquitetônicos, paisagens naturais e outros atrativos anteriormente consolidados como turísticos[14]. Isso demonstra que a amplitude dos elementos gastronômicos como atrativos turísticos nessa época é considerável e bastante relevante para o turismo.

O primeiro guia de turismo completamente voltado para elementos gastronômicos surgiu ainda em princípios da década de 1920. Foi escrito por Marcel Rouff e Curnonsky e denominado *Tour de France gastronomique*. Em 24 volumes, os autores fizeram um inventário de todas as riquezas culinárias da França. A partir de então, mais precisamente entre 1930 e 1950, os guias gastronômicos turísticos se multiplicaram, aumentando sobremaneira o número de rotas, circuitos e excursões com esse enfoque, principalmente na França, que pode ser considerada o berço do turismo gastronômico mundial.

A partir do final da Segunda Guerra Mundial, com as grandes mudanças que favoreceram a prática do turismo, começam a surgir em outros locais da Europa guias de viagem que enfatizavam a gastronomia dentre seus atrativos. Nessas publicações, "além de considerações gastronômicas propriamente ditas, [descreviam-se] os restaurantes, sua decoração, ambiente e o estilo da cozinha de seus *chefs*"[16]. Assim, outros países além da França passam a dar grande importância à relação de oferta diferencial existente entre gastronomia e turismo.

Entretanto, o desenvolvimento do turismo gastronômico ocorreu efetivamente apenas em alguns países da Europa e, depois, em alguns destinos turísticos emergentes, como Estados Unidos e Austrália. Diferente do ecoturismo ou do turismo de sol e praia, não foi um segmento do turismo que se disseminou por todo o mundo após a Segunda Guerra Mundial. Ao contrário,

85-7241-572-6

restringiu-se a alguns poucos países. Nestes, tanto a oferta quanto a demanda mostram-se bastante restritas e específicas, na maioria das vezes. A demanda proveniente de países que não oferecem esse tipo de atrativo em âmbito nacional, por sua vez, é ainda mais restrita. De qualquer forma, foi se consolidando contínua e lentamente como um segmento (ou, pela percepção de alguns estudiosos, subsegmento) específico da atividade turística.

Assim, já na década de 1970, há registro de uma classificação conceitual em que o turismo gastronômico é considerado um segmento da atividade turística. Arrillaga[17] o classifica como um segmento específico, distinguindo-o, inclusive, do turismo cultural. O autor afirma que, embora a demanda para esse tipo de turismo ainda fosse restrita àquela época, havia pessoas que viajavam impulsionadas pelos atrativos gastronômicos de países ou cidades.

Entretanto, os estudiosos, em sua maioria, não consideram o turismo gastronômico um segmento isolado dentro da segmentação da atividade turística. Ao contrário, normalmente o relacionam a um segmento mais amplo. Para Dodd e Bigotte[18], por exemplo, o turismo gastronômico pode ser considerado um segmento do turismo industrial ou do turismo de interesse especial. Weiler e Hall (1992 *apud* Dodd e Bigotte[18]) consideram haver uma relação com o turismo de interesse especial, pois "[...] a motivação e a tomada de decisão do viajante são determinadas primeiramente pelo interesse em um *hobby* ou tópico em particular", no caso, a gastronomia ou a culinária, especificamente. Em muitos casos, ainda, o turismo gastronômico é considerado um subsegmento do turismo cultural, justamente por se considerar a alimentação um elemento cultural.

Seja qual for seu posicionamento na segmentação do turismo, o turismo gastronômico vem apresentando importância crescente no mercado turístico. De acordo com o grupo Euronics (2002), italiano, o turismo gastronômico teve um grande *boom* nos últimos anos. Em nível mundial, estima-se que esse tipo de turismo tenha movimentado cerca de 2,5 milhões de turistas apenas no ano de 1997[19].

Esse segmento do turismo é denominado pela BITEG (*Borsa Italiana de Turismo Enogastronomico*) como o "turismo do terceiro milênio" porque suas características vão ao encontro das tendências mundiais do turismo. O estudioso e gastrônomo espanhol Carlos Llorca, por sua vez, acredita que a gastronomia deve se converter no terceiro grande pilar do turismo, depois do entorno natural e das instalações, porém, ultrapassando a condição de oferta técnica[20]. A Unesco (Organização das Nações Unidas para a Educação,

85-7241-572-6

a Ciência e a Cultura)[21] também acredita na potencialidade desse tipo de atividade, indicando "o uso do turismo para promover a herança gastronômica e a arte do entretenimento".

Essas afirmações se confirmam nas estatísticas de alguns destinos. Na Espanha, por exemplo, o maior exemplo de destino de cunho gastronômico é a Galícia. Cerca de 27,5% dos turistas que se dirigem a essa região o fazem com tal motivação. Na Austrália, estima-se que, em média, 10% dos turistas internacionais visitem atrativos relacionados ao enoturismo, como vinícolas[22].

Assim, percebe-se que, apesar de ser um segmento pouco estudado e com pequena visibilidade, o turismo gastronômico pode ser uma realidade econômica socialmente interessante e viável como segmento do turismo a ser desenvolvido para destinos que possuam potencial latente nesse sentido. Entretanto, é um segmento do turismo que demanda maturidade empresarial e iniciativa por parte dos órgãos governamentais de turismo do país[23]; ou seja, é necessário que o setor de turismo esteja bem estruturado para que possa dar subsídios ao desenvolvimento do segmento.

## Gastronomia como Elemento Complementar

### *Turismo Rural*

Há um grupo de estudiosos que define o turismo gastronômico como um segmento do turismo rural. Para compreender o porquê de tal classificação, é necessário entender o conceito de turismo rural.

Apesar de todas as divergências acerca da definição de turismo rural, é consenso que esse segmento do turismo tem como principal recurso a vida no campo, remetendo a um estilo de vida bucólico e à moda antiga. Por isso, esse tipo de turismo cria uma série de fantasias no imaginário dos turistas. Muitas vezes, os visitantes que o escolhem procuram encontrar no destino visitado e nas atividades desenvolvidas algum tipo de relação com seus antepassados, com a sua própria história. Em outros casos, procuram fazer uma volta no tempo, praticando e observando atividades feitas à moda antiga. Ainda, podem estar em busca da tranqüilidade e da rusticidade da vida no campo.

Nesse panorama, o cotidiano da vida rural costuma ter grande importância para os visitantes de áreas rurais. Por esse motivo, o aspecto cultural é tão importante para esse tipo de turismo e, nele, a expectativa está no tipo de construção utilizada pelos moradores, nas técnicas produtivas, nos costumes e tradições e,

85-7241-572-6

ainda, na culinária local. Assim, é inegável o papel fundamental não apenas dos momentos de alimentação, mas de todo o processo que o envolve.

Com relação à alimentação propriamente dita, tem-se a imagem de que tudo é feito na própria propriedade rural. O pão feito no forno à lenha, o café colhido, torrado e moído no local, o leite tirado da vaca. A alimentação sempre foi um dos aspectos primordiais da vida no campo e continua sendo vista como tal pelos turistas. Une-se a isso o fato de que, hoje em dia, é pitoresco para grande parte dos habitantes de centros urbanos, sobretudo os mais jovens, conhecer processos de plantação e criação, além de preparação de alimentos. Não é comum para esses turistas urbanos a idéia de tirar leite da vaca, usar fogão a lenha, plantar verduras ou fazer doces em tachos de cobre.

Apesar de nem sempre a dinâmica ser a mesma, já que a evolução também chegou em grande parte da área rural, é esse tipo de resgate que grande parte dos turistas de centros urbanos busca. Eles ainda mantêm a imagem "original" da vida no campo em seu imaginário.

Nesse resgate, os momentos relacionados com a alimentação são os mais esperados, tanto aqueles em que se come propriamente como aqueles que antecedem ou sucedem as refeições. Assim, a área rural é um ambiente riquíssimo para explorar elementos gastronômicos.

Por essas características do turismo rural, é mais fácil aproveitar os elementos como culinária tradicional, locais de produção agrícola e produtos típicos. Os locais de produção são, em muitos casos, inerentes à realidade da propriedade rural, ou seja, a necessidade de alterações no cotidiano dos moradores e de investimento para modificações para permitir a visitação turística tende a ser menor.

Diversos pratos e produtos típicos, por sua vez, costumam ser produzidos para a alimentação cotidiana daquela propriedade. Pratos e produtos tradicionais específicos de datas comemorativas, apesar de não serem produzidos rotineiramente, são especialidades das cozinheiras da roça.

Os gêneros alimentícios provenientes dos locais de produção podem ser utilizados nos pratos e refeições servidos aos visitantes e, ainda, ser vendidos separadamente, assim como alguns produtos preparados no local para os turistas.

Há, ainda, outro fator que acentua a facilidade de venda desses produtos. Atualmente, percebe-se uma forte tendência, sobretudo por parte da população dos grandes centros, de comprar produtos artesanais, com menor manipulação industrial, menos agrotóxicos, etc. Os produtos cultivados e produzidos nas propriedades abertas à visitação são, dessa forma, facilmente vendáveis.

85-7241-572-6

Além de toda essa potencialidade, as propriedades rurais se inserem de forma complementar ou principal às rotas gastronômicas. Grande parte das rotas se desenvolve em ambientes rurais e utiliza as propriedades onde há processos produtivos ou produtos representativos de seus objetivos como atrativos turísticos. Assim, percebe-se que o turismo rural possui grande potencial de aproveitamento de elementos gastronômicos.

## *Turismo Industrial*

O turismo industrial é um segmento pouco estudado do turismo. Considera-se turismo industrial toda viagem em que o objetivo primordial está na visitação a processos industriais de quaisquer áreas. Desde processos industriais para fabricação de automóveis até processos industriais para fabricação de sapatos podem ser inseridos nesse segmento do turismo. Os processos industriais visitados podem, ainda, ser processos em funcionamento ou de cunho histórico. O turismo industrial se realiza, na maior parte das vezes, em núcleos urbanos.

De acordo com Dodd e Bigotte[18], a alimentação pode se inserir no segmento do turismo industrial, pois dentre seus atrativos estão incluídos os locais de produção industrial de gêneros alimentícios. Esse é o caso das fábricas de chocolate do sul do país, amplamente visitadas por turistas. Visitas guiadas e educativas, além de degustação de produtos, podem ser inseridas no atrativo oferecido.

Apesar de existirem destinos conhecidos por seus processos industriais, aproveitando-os como oferta diferencial principal, em geral, os atrativos de turismo industrial são utilizados como complementares a uma oferta principal. Na realidade, o próprio turismo industrial possui mais características de subsegmento que de segmento principal da atividade turística. De qualquer forma, sua presença junto aos atrativos gastronômicos é nítida, e por isso o turismo industrial deve ser considerado com especial atenção ao tratar do uso de elementos gastronômicos pelo turismo.

## *Turismo Cultural*

O turismo cultural é um segmento da atividade turística que possui diversas facetas. Os conceitos utilizados para defini-lo são bastante variados, podendo ser mais ou menos abrangentes.

85-7241-572-6

De maneira bem ampla, pode-se considerar que o turismo cultural é todo aquele em que o principal atrativo não é a natureza, e sim algum aspecto da cultura local[24]. Goeldner *et al.*[7] também tratam esse segmento de forma específica, afirmando que o turismo cultural engloba todos os aspectos da viagem nos quais os turistas aprendem sobre os modos de vida e de pensar da comunidade local.

Já Smith (*apud* Goeldner *et al.*[7]) propõe uma classificação um pouco mais restrita, na qual o turismo cultural consiste em viajar para experimentar e, em alguns casos, participar de algum modo de vida diferente que se embasa na memória humana. Os locais pitorescos são as principais atrações para esse tipo de turista, com realização de atividades que incluem refeições em ambientes rústicos, festivais locais, apresentações de danças folclóricas e artesanato. Ou seja, esse conceito se retém na experiência e na participação do turista junto à comunidade.

A maior parte das conceituações de turismo cultural de autores contemporâneos engloba tanto bens tangíveis quanto intangíveis. Esse é um panorama recente, que teve início em 1997, com a introdução, pela Unesco, do conceito de patrimônio intangível, definido pela entidade como o "[...] conjunto de formas de cultura tradicional e popular ou folclórica, ou seja, as obras coletivas que emanam de uma cultura e se baseiam na tradição"[25]. Estão inseridos nesse conceito elementos como: danças, festas, artes culinárias e farmacopéia, dentre outros.

Por essas características atribuídas ao turismo cultural, predomina a linha de pensamento que considera o turismo gastronômico um segmento do turismo cultural. Isso porque existe certo consenso quanto a considerar todos os elementos ligados à alimentação de um povo como elemento cultural. Além disso, é uma classificação mais abrangente e que dá margem à utilização de uma variedade maior de elementos gastronômicos como atrativos turísticos.

Nesse panorama, Schlüter[25] acredita que a gastronomia está adquirindo crescente importância como produto do turismo cultural. Os motivos principais para isso estão no fato de que as pessoas vêm buscando prazer pela alimentação, assim como vêm procurando as raízes culturais dos locais visitados por meio da gastronomia.

Pela amplitude de sua conceituação, diversos elementos de cunho gastronômico podem ser, e são, utilizados no âmbito do turismo cultural. Desde restaurantes e bares com diferencial atrativo, passando por lojas, mercados e

85-7241-572-6

produtos típicos, até produtos mais sofisticados, como rotas gastronômicas e locais de produção, são trabalhados no âmbito do turismo cultural.

Em geral, tais elementos são utilizados de forma complementar a outros elementos de cunho cultural, como bens históricos arquitetônicos, que possuem maior apelo junto aos visitantes.

Ao se tratar do turismo cultural e de seu público-padrão, os elementos gastronômicos podem passar por algumas dificuldades em sua consolidação. Restaurantes e produtos tradicionais, por exemplo, podem sofrer certa restrição por parte desses visitantes que, apesar de terem interesse em conhecer a cultura alheia, muitas vezes são mais seletivos com relação aos padrões de higiene e apresentação dos alimentos, muitas vezes inadequados em se tratando de produtos tradicionais. Por outro lado, é um público que estará disposto a experimentar os produtos e pratos típicos do local contanto que sejam servidos de forma adequada. Assim, se existe a necessidade de melhor estruturação para vender tais atrativos, existe maior chance de que estes prosperem junto aos turistas culturais.

## Referências Bibliográficas


1. ORGANIZAÇÃO MUNDIAL DO TURISMO (OMT). *Introdução ao Turismo.* São Paulo: Roca, 2001.
2. YOUELL, R. *Turismo: uma introdução.* São Paulo: Contexto, 2002.
3. EMBRATUR. *Anuário Estatístico Embratur 2002.* Brasil: 2002.
4. ORGANIZAÇÃO MUNDIAL DO TURISMO (OMT). Disponível em: http://www.world-tourism.org. Acesso em: 30/set./2002.
5. EMBRATUR. *Conta Satélite do Turismo: Brasil: 1999.* Brasil: 2002.
6. ANDRADE, J. V. de. *Turismo: fundamentos e dimensões.* 3. ed. São Paulo: Ática, 1997.
7. GOELDNER, C. R. et al. *Tourism: principles, practices, philosophies.* 8th ed. New York: John Wiley and Sons, 2000.
8. MOLINA, S. *O Pós-turismo.* São Paulo: Aleph, 2003.
9. KRIPPENDORF, J. *Sociologia do Turismo.* São Paulo: Aleph, 2000.
10. URRY, J. *O Olhar do Turista: lazer e viagens nas sociedades contemporâneas.* São Paulo: Studio Nobel, 1990.
11. HOUAISS, A.; VILLAR, M. de S. *Dicionário Houaiss da Língua Portuguesa.* Rio de Janeiro: Objetiva, 2001.
12. MORAES, C. C. A. Turismo segmentação de mercado: um estudo introdutório. In: ANSARAH, M. G. R. (org.). *Turismo: segmentação de mercado.* São Paulo: Futura, 2000.


85-7241-572-6

13. BENI, M. C. *Análise Estrutural do Turismo*. 2. ed. São Paulo: SENAC, 1998.
14. CSERGO, J. A emergência das cozinhas regionais. In: FLANDRIN, J. L.; MONTANARI, M. (orgs.). *História da Alimentação*. São Paulo: Estação Liberdade, 1998.
15. PITTE, J. R. Nascimento e expansão dos restaurantes. In: FLANDRIN, J. L.; MONTANARI, M. (orgs.). *História da Alimentação*. São Paulo: Estação Liberdade, 1998.
16. FRANCO, A. *De Caçador a Gourmet*. São Paulo: SENAC, 2001.
17. ARRILLAGA, J. I. *Introdução ao Estudo do Turismo*. Rio de Janeiro: Rio, 1976.
18. DODD, T.; BIGOTTE, V. Perceptual differences among visitor groups to wineries. *Journal of Travel Research – Travel and Tourism Research Association*, Boulder, Colorado, v. 35, n. 3, p. 46-50, 1997.
19. BITEG. *BITEG 2000: il turismo enogastronomico sará il turismo del terzo millennio*. Disponível em: http://www.palacongressi.it/biteg/. Acesso em: 28/ago./2001.
20. LLORCA, C. El turismo gastronómico está en alza. In: *Patronato de Turismo de la Costa Blanca*, Espanha, 23/sep./2002. Disponível em: http://www.costablanca.org/eng/boletin/boletin006.htm. Acesso em: 24/set./2002.
21. UNESCO. *Cultural Tourism*. Disponível em: http://www.unesco.org/culture/development/highlights/decade/tourism/html_eng/action.htm. Acesso em: 28/ago./2001.
22. CHARTERS, S.; ALI-KNIGHT, J. Who is the wine tourist? *Tourism Management*, New Zealand, v. 23, n. 3, p. 311-319, june/2002.
23. BERNIER, E. T. Del turista que se alimente al turista que busca comida. Reflexiones sobre las relaciones entre la gastronomía y el turismo. LACANAU, G. C.; NORRILD, J. A (orgs.). *Gastronomía y Turismo: cultura al plato*. Buenos Aires: CIET, 2003.
24. BARRETO, M. *Turismo e Legado Cultural: as possibilidades do planejamento*. Campinas: Papirus, 2000.
25. SCHLÜTER, R. G. *Gastronomia e Turismo*. São Paulo: Aleph, 2003.

85-7241-572-6

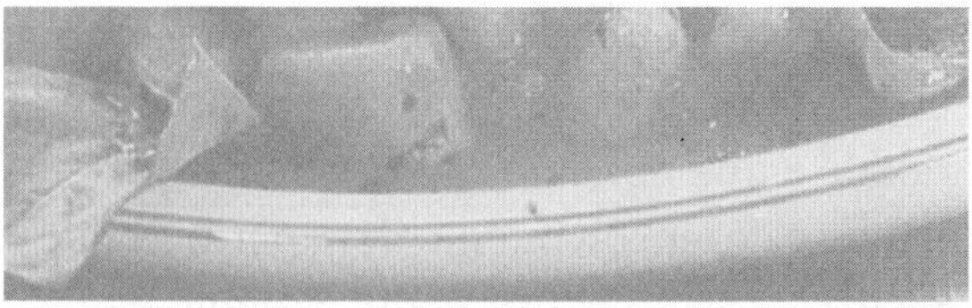

Capítulo 3

# USO DE ELEMENTOS GASTRONÔMICOS NO TURISMO

O turista procura sempre conhecer aquilo que lhe é peculiar, diferente de seu cotidiano. Assim, o valor de um atrativo turístico aumenta quanto maior sua peculiaridade. Para os elementos gastronômicos vale a mesma regra: quanto maior seu caráter diferencial, mais interessante será aos olhos do turista. Krippendorf[1] confirma tal afirmação, dizendo que

> *[...] a teoria nos ensina que os produtos mais bem-sucedidos no mercado são aqueles que apresentam uma característica única, [...] enfim, aqueles que se distinguem dos outros. No mercado internacional do turismo, em que todas as ofertas são formuladas da mesma maneira, uma singularidade assim se torna cada vez mais necessária.*

Para desenvolver atrativos turísticos de cunho cultural, é necessário que cada localidade saiba "reconhecer e identificar o que possui de mais interessante, mais característico, mais susceptível de despertar a curiosidade e o interesse de determinados segmentos de mercado [...]", em termos de recursos culturais[2]. O desenvolvimento desses atrativos deve ser feito de forma inteligente e criativa, de modo que as particularidades dos recursos culturais se destaquem, já que são estas que atraem os turistas[3].

85-7241-572-6

Nesse contexto, o grande desafio para gestores e empreendedores no que tange ao desenvolvimento de atrativos culturais está em encontrar recursos que possuam alguma peculiaridade e que possam, assim, atrair os turistas por seu caráter único. Entretanto, esse desenvolvimento deve permitir que o modo de produção do recurso não seja significativamente alterado e que a população tenha participação efetiva em todo o processo.

Por fazer parte da gama de elementos culturais de uma localidade, as formas de aproveitamento turístico de recursos gastronômicos devem ser discutidas tendo por base o panorama apresentado, com suas potencialidades e restrições.

Ao pensar no desenvolvimento de atrativos gastronômicos, deve-se levar em consideração, primeiramente, o fato de a alimentação ser um elemento intrínseco a qualquer tipo de viagem. Algumas vezes, essa característica acaba, por si só, se transformando em um atrativo. Isso acontece com os cruzeiros marítimos, em que se acabou dando tamanha importância à alimentação a bordo que hoje a comida é um dos maiores chamarizes dos navios.

Assim, os recursos gastronômicos devem, mais que qualquer outro tipo de atrativo, fazer uso de seus diferenciais para se desenvolverem como atrativos turísticos. O diferencial de um recurso gastronômico irá se alterar de acordo com o tipo de localidade em questão e o público recebido naquele local. Muitas localidades vão aproveitar-se de suas raízes, tradições e expressão cultural traduzidas na culinária e, assim, serão capazes de oferecer um atrativo interessante[4]. Por outro lado, para algumas localidades o diferencial pode não estar no que lhe é tradicional.

Existem algumas situações que podem facilitar ou dificultar o desenvolvimento dos recursos gastronômicos. Há, por exemplo, o costume de se estabelecer um gênero alimentício, ou mais, como emblemático de uma localidade. Por um lado, isso origina uma marca, uma forma de identificação da localidade junto aos turistas. Por outro, restringe o espaço para disseminação de outros produtos importantes para a localidade.

O desconhecido é outro fator que pode atuar a favor ou contra um atrativo gastronômico. Alguns grupos de turistas consideram o desconhecido justamente o atrativo da viagem. Entretanto, há muitos grupos que temem o consumo desse tipo de alimento. Uma forma de driblar essa segunda situação é inserindo os produtos que se deseja promover no destino como atrativo nos mercados emissores antes de serem divulgados como atrativos turísticos. Isso aconteceu – consciente ou inconscientemente – com o açaí e o

85-7241-572-6

cupuaçu, no Brasil. Antes frutas desconhecidas, porém típicas em seus locais de origem, foram inseridas nos mercados emissores de turistas domésticos brasileiros, ganhando reconhecimento nacional e provocando a curiosidade das pessoas.

Deve-se considerar, ainda, o fator repugnância. Mais do que medo do desconhecido ou visibilidade apenas do estereotipado, alguns gêneros alimentícios ou preparações causam a repugnância dos visitantes, em geral por uma questão cultural. Por exemplo, o consumo de *escargot*, na França, não é visto com bons olhos por turistas brasileiros, que não têm o hábito de consumir caramujos.

Todos esses elementos devem ser levados em consideração ao tentar desenvolver um atrativo gastronômico. Uma das principais discussões, entretanto, está no tipo de culinária mais adequado ao desenvolvimento desses atrativos. Essa discussão é notável ao pensar no desenvolvimento de bares, restaurantes e produtos para venda.

Antes de iniciar a discussão, é necessário conhecer algumas denominações estabelecidas para esta publicação. Denomina-se *culinária tradicional local* aquela representativa de uma localidade. Já *culinária tradicional regional* é considerada a culinária representativa de regiões do país. A *culinária tradicional internacional*, por sua vez, refere-se à culinária representativa da cozinha de outros povos ou países. Além disso, existe a culinária internacional, aceita e produzida da mesma forma em todo o mundo. Poderia ser considerada, basicamente, uma culinária globalizada.

A principal dúvida sobre o tipo de culinária a ser utilizado diz respeito aos pontos negativos e positivos de utilizar exclusivamente a culinária típica do local ou de utilizar também (ou somente) outros tipos de culinária. Não há como definir um modo considerado mais correto de utilização. Este depende muito do público de cada localidade turística, assim como dos equipamentos existentes. No caso de São Paulo e de outras grandes metrópoles mundiais, é comum a existência de restaurantes de cozinhas regionais internacionais que se tornam atrativos para uma demanda de turistas regionais provenientes de localidades menores, onde a variedade de equipamentos de alimentação não é tão grande, assim como turistas internacionais e de negócios que visitam a cidade.

De qualquer forma, a cozinha mais utilizada para aproveitamento turístico é aquela que trabalha com as culinárias tradicionais locais, uma vez que estas garantem características peculiares àquela cultura para o atrativo e também

85-7241-572-6

chamam atenção mais facilmente. Além disso, no mundo globalizado em que a atividade se insere hoje, preza-se muito o uso de elementos étnicos, peculiares àquela cultura. Entretanto, para trabalhar esse tipo de cozinha, deve-se tomar cuidado para não produzir uma cultura única e específica para o turista. Embora a cozinha tradicional local seja um insumo turístico importante, seu aproveitamento será eficiente a partir do momento em que ela for utilizada da forma como é praticada pela comunidade receptora, em seu cotidiano[5].

É importante considerar, ainda, que a discussão sobre o tipo de culinária a ser promovido será diferente não apenas de uma localidade para outra, mas também de um tipo de elemento cultural para outro. Ou seja, para uma mesma localidade, pode ser mais interessante desenvolver a culinária tradicional internacional nos restaurantes, porém mantendo a produção de produtos culinários típicos para serem vendidos em lojas de *souvenirs*.

A forma de organização para desenvolver os atrativos gastronômicos é muito importante. Nesse panorama, as parcerias apresentam grande importância, seja qual for o elemento a ser trabalhado. Por ser uma área em que os atrativos, isoladamente, não apresentam tanta força, é sempre interessante trabalhar com mais atrativos – de mesmo cunho ou não – para reforçar o atrativo gastronômico. Além disso, em alguns casos, o próprio atrativo vai exigir que diversos atores trabalhem em conjunto, como acontece com as rotas gastronômicas. As parcerias podem abranger os mais diferentes atores. A associação *Niagara Wine Route*, por exemplo, trabalha com diferentes parceiros no programa *Elegant Traditions*: produtores rurais, teatros e outros atrativos histórico-culturais, proprietários de estabelecimentos de hospedagem, entre outros. Toda essa parceria é feita para incrementar seu produto de cunho gastronômico[6].

Em termos promocionais, especificamente, as operadoras de turismo têm se mostrado parceiras bastante interessantes para o desenvolvimento do turismo gastronômico. As operadoras com interesses no desenvolvimento de roteiros gastronômicos ou mesmo na oferta de um atrativo de cunho gastronômico em seu pacote incluem, por meio de parcerias, atrativos gastronômicos[6].

Os elementos gastronômicos passíveis de utilização turística são diversos. Apesar de, em um primeiro momento, parecer óbvio que atrativos gastronômicos são sinônimos de bares e restaurantes, um estudo mais aprofundado mostra a diversidade de elementos que podem ser utilizados. Além de bares, restaurantes, cafés e similares, também são considerados atrativos gastronômicos os locais de produção, pratos e preparações tradicionais, festas e festivais, roteiros eno-gastronômicos, escolas de gastronomia, lojas e mercados de gêneros alimentícios, entre outros. Esses elementos gastronômicos geralmente fazem parte do cotidiano da população. Em muitos casos, formam verdadeiros cenários gastronômicos, os quais "[...] podem ser tanto privados (refeitórios nos centros urbanos e cozinhas no campo), como públicos (restaurantes, cafés, bares, etc.)"[7].

## Bares e Restaurantes

Os restaurantes e bares fazem parte do cotidiano da população e, conseqüentemente, do turista durante sua viagem. Por essa conotação de elemento do cotidiano, esses estabelecimentos costumam ser utilizados como oferta técnica.

Por esse motivo, o trabalho necessário para transformar esse tipo de estabelecimento em atrativo deve ser mais intenso. É necessário nele encontrar peculiaridades realmente interessantes para que os turistas, e mesmo a população local, deixem de vê-lo unicamente como oferta técnica ou elemento de uso cotidiano. Por outro lado, deve-se levar em consideração que muitos desses estabelecimentos são percebidos, inconscientemente, como atrativos por seus usuários. Assim, é possível trabalhá-los de forma que se tornem atrativos bem-sucedidos.

Em alguns casos, esse trabalho é mais fácil e o fator atrativo está no próprio alimento servido no estabelecimento. Assim, em algumas localidades, essa comida adquire reputação tão alta junto aos turistas que estes chegam a escolher a localidade a ser visitada, em parte, por causa da comida que encontrarão nos restaurantes locais[8]. De acordo com o autor, o alto padrão dos restaurantes franceses, mais especificamente daqueles de cozinha francesa, por exemplo, é uma das razões pelas quais a França é tão conceituada em termos de destino turístico.

Além da comida, diversos outros fatores podem tornar um estabelecimento de alimentação atrativo. Uma pessoa famosa, história interessante, serviço diferente ou alguma outra peculiaridade pode transformar um simples estabelecimento de alimentação em atrativo turístico.

Há diversas especificidades que podem ter esse papel. As casas de chá de Punta del Este, por exemplo, são famosas simplesmente por estarem localizadas em uma cidade na qual geralmente não se encontrariam casas de chá. Uma delas, entretanto, possui ainda outra especificidade: é o único local onde se produz *blueberry* no país, fruta rara na América Latina.

85-7241-572-6

Em alguns casos, os estabelecimentos, individualmente, não apresentam caráter atrativo. Entretanto, em conjunto, formam um pólo gastronômico que chama a atenção de turistas. Esses casos acontecem principalmente em grandes metrópoles, que, por sua própria formação histórica, acabam congregando maior diversidade e quantidade de estabelecimentos. Em geral, esses estabelecimentos servem como atrativo gastronômico, sobretudo para turistas regionais, de cidades menores, onde a variedade de estabelecimentos é pequena; funcionam também como chamariz para uma gama ampla de visitantes, como turistas internacionais. Algumas metrópoles destacam-se, mundialmente, pela grande quantidade de bares e restaurantes que congregam. Isso ocorre, por exemplo, com São Paulo e Nova York. Esta última possui cerca de 17 mil restaurantes, representativos de diversas cozinhas e movimentos gastronômicos. Alguns se destacam pelo cardápio, outros pelo *chef* e outros pela fama do proprietário.

A conotação dos estabelecimentos perante a sociedade também influencia seu desenvolvimento como atrativo turístico. Restaurantes e bares de hotéis de alta categoria (luxo), por exemplo, acabam funcionando como locais propícios a encontros sociais da elite, já que as pessoas dessa classe sabem que podem encontrar outras do mesmo nível socioeconômico no local. Bares em diferentes locais das cidades também funcionam como locais de sociabilização de grupos específicos. A conotação não precisa, necessariamente, estar ligada ao nível socioeconômico das pessoas. Um *pub*, uma taberna ou um bar são vistos como cenários para a socialização centrada em uma bebida[7].

A localização de um estabelecimento é um elemento simples que pode criar atratividade em um estabelecimento de alimentação. No momento de sua construção, nem sempre se pensa na localização visando a um público de turistas. Em outros, isso já acaba sendo uma premissa. De qualquer forma, é um elemento a ser considerado ao planejar bares, restaurantes ou estabelecimentos similares para se tornarem atrativos. Em Forte Nassau, no Caribe, por exemplo, o bar e restaurante *Willemstad* localiza-se no ponto mais alto da cidade, instalado nas ruínas de um forte de 1792. Além de ser detentor de uma das melhores vistas da localidade, tem um ar diferente em função das ruínas históricas que o cercam.

Outra estratégia bastante simples é o uso da marca estereotipada do local. Em algumas localidades, já existe um estereótipo formado com relação ao tipo de culinária servida, o tipo de produto vendido e, em alguns casos, o

85-7241-572-6

tipo de estabelecimento de alimentação predominante ou mais tradicional. Nesses casos, pode ser interessante utilizar esse estereótipo para criar uma "marca" para a localidade. A Grã-Bretanha, por exemplo, ficou conhecida como a terra dos *pubs*. Esse tipo de estabelecimento tornou-se um ícone da região, caracterizando-a e disseminando seu modelo pelo mundo. Em Bruxelas, as *brasseries* se tornaram o ícone local. A cidade de Budapeste, por sua vez, é conhecida como a "cidade dos cafés" e tira proveito disso, divulgando esse tipo de estabelecimento com o uso concomitante de outra estratégia simples – a especialização. Em virtude da grande quantidade de cafés da cidade, esses estabelecimentos se especializaram quanto ao tipo de produto vendido, agregando atratividade ao conjunto.

A tematização também é uma estratégia comumente utilizada por estabelecimentos de alimentação. O nível de complexidade com que é trabalhada é bastante variado. Há desde estabelecimentos com tematização simples, acompanhando alguma característica predominante do local, até bares ou restaurantes que tenham na tematização a principal forma de atração de visitantes. A decoração do estabelecimento é muito importante para passar a sensação e o clima que se deseja ao visitante. O restaurante *Russian Tea Room*, em Nova York, por exemplo, foi construído com o intuito de ser um "parque temático da alimentação". Por isso, sua decoração remete, exaustivamente, às épocas dos czares russos, tendo a alimentação como complemento a todo o *show*. O bar *Pharmacy*, em Londres, também utilizou essa estratégia de forma complexa. Como o próprio nome diz, o bar parece uma farmácia, com caixas de remédio, paredes brancas, móveis e utensílios que remetem a uma farmácia. Já o restaurante *Locos por el Futbol*, em Buenos Aires, usou a tematização de maneira simples, mas nem por isso menos interessante. O estabelecimento tem como tema principal o futebol e, assim, optou por colocar cinco telões que passam jogos de futebol 24h por dia. Assim, os fãs do esporte podem sair para se divertir com família e amigos sem ter que deixar de assistir a jogos. Com esse simples diferencial, atinge uma gama de fãs do esporte para seu estabelecimento.

A tematização pode, ainda, ser agregada a outros elementos, como a representatividade regional. Nesse caso, decoração, música e cardápio seguem uma cozinha tradicional. Esse tipo de estratégia consegue atrair, inclusive, os turistas da região representada, que procuram o estabelecimento com o intuito de verificar a veracidade do que nele é promovido ou mesmo para saborear pratos típicos de sua culinária. Um caso famoso é o restau-

85-7241-572-6

rante-bar Favela Chic, em Paris, que hoje conta inclusive com uma filial no Brasil. O estabelecimento tem decoração, música e comidas típicas brasileiras, sendo freqüentado por parisienses (população local), turistas de variadas origens e brasileiros (população do local a que se remete). Além disso, o estabelecimento funciona como um elemento de divulgação do Brasil na França.

Ainda dentro da tematização, vale mencionar a questão dos restaurantes giratórios. Apesar de não ser tematizado em termos de decoração, todos os restaurantes desse grupo possuem como tema comum o fato de serem giratórios. Há mais de 200 restaurantes desse tipo espalhados por todo o mundo, a grande maioria localizada em cidades turísticas. Tornaram-se atrativos turísticos importantes, sendo promovidos em todos os folhetos turísticos das localidades e agregados aos pacotes organizados. Alguns estudiosos questionam, entretanto, a real atratividade desse tipo de estabelecimento, já que chega a ser desconfortável comer em um restaurante em movimento. Em um primeiro momento, atraiu visitantes por ser considerado um símbolo de progresso e prosperidade; então, passou a ser procurado pela vista panorâmica oferecida. De qualquer forma, são atrativos bem-sucedidos, havendo, inclusive, turistas que se deslocam apenas para ir a esses estabelecimentos[9].

A multiplicidade de funções é outra estratégia que, além de atrativa, pode ser bastante cômoda para os visitantes. Um restaurante que também possui espaço de bar, pista de dança, palco para música ao vivo, charutaria, enfim, outros "microestabelecimentos" em seu interior, tem capacidade de atrair um público mais variado e, além disso, ser atrativo para o mesmo público em diferentes momentos e situações. Em Basel, Suíça, o restaurante *Devil's Court* é promovido como um atrativo justamente por ser uma combinação de hotel, teatro, restaurante, café, bar e adega. Além disso, o estabelecimento agrega um diferencial histórico, por estar localizado em meio a prédios dos séculos XIV a XIX.

A propósito, diversos elementos relacionados à história podem ser utilizados como atrativos para estabelecimentos. Em primeiro lugar, histórias propriamente ditas, ou seja, passagens, contos. O fato de conseguir contar uma história sobre um estabelecimento ou sobre um de seus pratos aguça a curiosidade de muitos visitantes. Em São Paulo, por exemplo, o restaurante *Ponto Chic* atingiu notoriedade graças a uma história. Um dos lanches servidos pelo estabelecimento, o bauru – hoje muito popular em todo o país – nasceu ali, nos balcões do restaurante. A disseminação dessa história, primeiramente entre os estudantes da Faculdade de Direito do Largo de São Francisco, tornou o estabelecimento um atrativo.

85-7241-572-6

O caráter histórico ainda pode ser abordado utilizando as personalidades que passaram ou compuseram o atrativo. Nesse caso, tematização e decoração dos restaurantes complementam a composição. É relativamente simples trabalhar atrativos utilizando como base personalidades históricas muito conhecidas. O restaurante *Maison du Cygne*, em Bruxelas, apesar de ser um dos mais conceituados restaurantes gastronômicos da cidade, conquistou sua atratividade não em função de sua cozinha, mas por localizar-se em um prédio que já foi ponto de encontro dos pensadores Karl Marx e Engels. O restaurante *Union Oyster House*, em Boston, além de estar em funcionamento desde 1826, constituindo-se no restaurante mais antigo dos Estados Unidos em funcionamento ininterrupto, hoje faz parte dos roteiros de visita à cidade por ter sido freqüentado por famosos. Na mesa 18, por exemplo, há uma placa informando que ali era o lugar preferido de John Kennedy. O Café Tortoni, em Buenos Aires, é outro caso de destaque. Foi inaugurado em 1858 e até hoje mantém sua fama na cidade. Foi o centro de encontro de grandes personalidades das letras, música, ciência, esporte, etc., tanto argentinos quanto estrangeiros[7]. Graças a isso, tornou-se um chamariz para turistas.

Na Inglaterra, o *pub Ten Bells*, na região de Spitalfields, onde "Jack, o estripador" fez algumas de suas vítimas, tem nas paredes recortes de jornais que lembram a época dos crimes, remetendo toda sua decoração à atuação desse criminoso.

Há cidades em que agregar personalidades e fatos históricos ao estabelecimento de alimentação se tornou basicamente uma prerrogativa. Em Sevilha, por exemplo, dá-se muita importância a isso. O restaurante *Las Escobas*, por exemplo, foi construído em 1386 e já teve ilustres fregueses, como Miguel de Cervantes, Alexandre Dumas, etc.

A representatividade histórica de um estabelecimento de alimentação também é um fator de grande apelo turístico. Permite um resgate cultural e histórico da localidade, tanto em termos de acontecimentos quanto em termos de costumes, hábitos, etc. Transcende o uso puro da personalidade histórica que pode fazer parte da composição. A complexidade de organização de um estabelecimento utilizando tal estratégia é bem maior que para uso da personalidade histórica, mesmo porque o fato histórico tem que se tornar ator principal e não coadjuvante, como no caso anterior. Para isso, a decoração, o tipo de móveis e utensílios utilizados e a preparação do cardápio devem ser muito bem definidos. O restaurante *City Tavern*, na Filadélfia, decidiu trabalhar tal estratégia. Para isso, reconstruiu a taverna de mesmo

85-7241-572-6

nome que existiu no local de 1773 até meados do século seguinte. Além do caráter histórico, o estabelecimento usou como elemento complementar o fato de ali terem se reunido importantes nomes da história americana, como George Washington. Atualmente, o restaurante tem ambientação do século XVIII, com salões de paredes altas, janelas grandes e talheres no formato usado em tal período da história. As bebidas são servidas em taças de metal e os pães e massas são produzidos artesanalmente, com receitas do século XVIII. Até mesmo os garçons precisam vestir-se com roupas de época.

Em Paris, o restaurante *Nos Ancêtres Les Gaulois* (Nossos Ancestrais, os Gauleses) também trabalha com a estratégia da representatividade histórica. O estabelecimento reproduz a culinária gaulesa com direito a preparações peculiares, como a "poção mágica" que remete ao desenho animado Asterix e Obelix. O restaurante é composto por nove salões tipicamente decorados, nos quais é servido bufê com pratos tradicionais da culinária gaulesa.

O estabelecimento de alimentação *Mr. Mate*, em Buenos Aires, é considerado um espaço temático patrimonial que também utiliza como fator atrativo a representatividade de um elemento da cultura argentina. Foi criado em 2001, com o objetivo de ser um espaço de encontro, intercâmbio e comunicação, transmitindo a identidade argentina aos turistas por meio de uma bebida típica: o mate. A cenografia do bar reproduz os pátios dos *conventillos*, vivendas de várias casas habitadas pelos imigrantes que chegavam a Buenos Aires no início do século XX. Os visitantes sentam-se ao redor de mesas redondas, com as quais se reproduziu a distribuição circular, ao redor do fogão ou do braseiro, sobre os quais se colocava água para ferver para fazer o mate[10]. A construção do estabelecimento permite que os visitantes revivam todo o ritual histórico que é intrínseco ao consumo do mate no país.

Ainda considerando a importância dos elementos históricos no desenvolvimento de restaurantes em atrativos turísticos, alguns estabelecimentos trabalham primordialmente com a questão das tradições. Há muitos casos em que bares, restaurantes e afins utilizam as tradições da localidade em que se inserem como atrativo. Esses elementos incluem pratos, roupas, músicas típicas e outros. Em Varsóvia, por exemplo, garçons e garçonetes do restaurante *Swietoszek* utilizam vestimentas típicas como atrativo.

Em outros casos, ainda, os estabelecimentos utilizam como atrativo um momento histórico. Remetem-se a esse momento por meio da decoração, do cardápio ou de outro elemento. Os cafés da França, por exemplo, remetem-se ao *glamour* da *belle époque*. Na região de Carcassome, na França, o

85-7241-572-6

restaurante *L'Ecurie* remete-se ao século XVI. Localiza-se em um estábulo da época, colocando as mesas nas antigas baias, as quais conservam placas de metal com o nome do cavalo que as habitava.

Vale ressaltar, ainda, a possibilidade da história do próprio estabelecimento constituir um elemento atrativo. O café *Le Procope*, em Paris, por exemplo, foi aberto em 1686, funcionando até os dias atuais. Em função desse longo período de funcionamento na cidade, o bar se tornou um ponto pitoresco de Paris.

Porém, nem só o caráter histórico de um estabelecimento é utilizado para sua atratividade. As apresentações – de música, teatro, dança, etc. – são bastante utilizadas. O nível de complexidade das apresentações varia muito. Em muitos restaurantes e bares, apresentações de música, típicas da localidade ou não, são simples. Apresentações de dança também são utilizadas em diversos casos. Apresentações teatrais já exigem um nível maior de complexidade e, por isso, são menos utilizadas. Também há casos de apresentações combinadas, como o caso do Victor Café, na Filadélfia. Nesse restaurante italiano, os garçons são estudantes de música e, além de servir, a cada 20min param o serviço e cantam trechos de ópera. Assim, o momento de alimentação do cliente se transforma em um verdadeiro *show* e, em geral, o custo para o cliente é mais baixo do que se fizesse os dois programas, separadamente. Logo, é uma forma interessante de atrair clientes por um longo período de permanência. A mesma experiência pode ser vivida no restaurante Brooklyn, em São Paulo.

A fama é outro elemento que pode alavancar a procura por um estabelecimento de alimentação, sob duas formas distintas. Por um lado, a fama dos proprietários do estabelecimento pode funcionar como chamariz. Nesse caso, apesar de o proprietário quase nunca ser o responsável pelo gerenciamento do estabelecimento e normalmente não ter assiduidade no local, seu nome já é suficiente para o tornar atrativo. Um exemplo desse tipo de estabelecimento é a rede de restaurantes *Planet Hollywood*, cuja fama provém do fato de seus proprietários serem artistas famosos de Hollywood. Em alguns casos, além do nome, o proprietário ainda deixa sua marca no cardápio ou na decoração do estabelecimento, por exemplo. Há também os casos em que a fama está relacionada com o público que freqüenta o estabelecimento. Alguns bares e restaurantes, por serem freqüentados por artistas, políticos ou outras celebridades, passam a ser mais procurados.

O uso de elementos da mídia é outra estratégia utilizada por estabelecimentos de alimentação. Atualmente, TV, cinema e Internet conquistam muita

85-7241-572-6

atenção do público. Assim, está se tornando cada vez mais comum o uso de temas de filmes, novelas ou outros elementos da mídia em estabelecimentos de alimentação. O restaurante *Bubba Gump*, por exemplo, foi inspirado no filme Forrest Gump e mantém sua promoção junto ao público local e de turistas, com base nesse fato. Há dois extremos em termos de forma de utilização dessa estratégia. Por um lado, o poder de atração da mídia é tamanho que, em alguns casos, o estabelecimento nem mesmo precisa ter uma tematização bem estruturada. Em Santiago do Chile, por exemplo, o bar homônimo ao filme "Como Água para Chocolate" faz sucesso, mesmo sem ter nenhuma relação com o filme propriamente dito. Em outros casos, as estratégias são mais bem estruturadas, como no restaurante *Foreign Cinema*, em San Francisco, Estados Unidos. Nesse estabelecimento, é exibido um filme estrangeiro acompanhado da culinária tradicional do local a que o filme remete, o qual muda periodicamente. Apesar de requerer maior estrutura, um estabelecimento desse tipo é capaz de atrair um público mais específico.

A conjugação de estratégias em um mesmo elemento gastronômico também é utilizada para agregar valor atrativo. As redes *Planet Hollywood* e *Hard Rock Cafe*, por exemplo, uniram os nomes famosos de seus proprietários a uma decoração temática. É relativamente fácil conjugar estratégias de atratividade, já que muitas delas caminham paralelamente.

Além de conjugar estratégias em um mesmo elemento, é possível, ainda, agregar os estabelecimentos de alimentação a outros tipos de atrativos, sobretudo àqueles relacionados ao segmento do turismo cultural. É comum, por exemplo, a inserção de cafés em museus ou galerias de arte. Em Paris, os cafés do Museu d'Orsay e do Centre Pompidou, por exemplo, agregam valor à visitação desses atrativos culturais.

Deve-se considerar, ainda, a possibilidade de participação dos visitantes nas atividades do estabelecimento. Estratégias que visam à participação têm o potencial de aproximar mais o visitante do local visitado, criando uma sensação de pertencimento maior para o turista. Em Bakewell, no Reino Unido, o *Old Original Bakewell Pudding Shop* utiliza essa estratégia para cativar os visitantes. O local, formado por padaria, confeitaria e restaurante, enfoca a produção do *bakewell pudding*, sobremesa tradicional do local. Para incrementar a visitação, é oferecido um roteiro à noite em que o visitante pode preparar seu próprio pudim, a partir de uma aula de culinária dada na cozinha do estabelecimento. O pacote inclui ainda um jantar no restaurante, após o qual o visitante pode degustar sua produção[11].

85-7241-572-6

Uma discussão importante com relação à atratividade de estabelecimentos de alimentação consiste no tipo de culinária mais adequado. É possível trabalhar com qualquer tipo de culinária, dependendo do tipo de estabelecimento, de seu enfoque e de seu público. Geralmente priorizam-se cozinhas tradicionais locais como forma de aumentar o potencial atrativo do restaurante, partindo do pressuposto de que turistas têm interesse especial por esse tipo de culinária. Embora esse pensamento represente o desejo de turistas em muitos momentos, há casos em que isso não se aplica. Há locais que utilizam outros tipos de culinária de forma bem-sucedida, como as grandes metrópoles, que congregam especialmente cozinhas regionais internacionais.

Ainda no que tange à culinária tradicional local, deve-se considerar não apenas o uso de receitas tradicionais que continuam sendo produzidas, mas também de receitas históricas que não são mais produzidas cotidianamente na localidade, pois isso se constitui em um diferencial adicional[12]. Apesar dessa estratégia ainda não ser muito utilizada, a publicação de livros de gastronomia com base nessa idéia pode vir a fometar seu uso.

Em alguns casos, a alta gastronomia, tradicional ou não da localidade, pode tornar-se um atrativo interessante. Na região de Champanhe-Ardennes, na França, por exemplo, são os restaurantes gastronômicos que possuem um fluxo turístico significativo. O grau de atratividade desses restaurantes é tamanho que a cidade de Colombeylles-deux-Eglises, por exemplo, possui apenas 350 habitantes e três hotéis, os quais, em grande parte, funcionam graças à demanda de turistas que procura os restaurantes gastronômicos da localidade[13].

Para definir o tipo de culinária a ser utilizada, as expectativas dos turistas devem ser consideradas. O destino turístico deve conhecer o perfil de seu público consumidor, a fim de definir o tipo de culinária a ser promovida como atrativo. É muito comum a adaptação de receitas, a alteração de condimentos e produtos utilizados ou a oferta de outros pratos que não os tradicionais da localidade para serem oferecidos aos turistas[14]. Isso, porém, não deve ser feito sem ter conhecimento do perfil do turista.

Até mesmo estabelecimentos de rede, como McDonald's, acabam se rendendo a algumas alterações para atender demandas de turistas e da população da localidade onde estão inseridos. A Cervejaria Continental, por exemplo, presente em diversas cidades brasileiras, possui algumas diferenças em seu cardápio para atender a demandas específicas. Em Natal, o estabelecimento serve caranguejada nos finais de semana, um dos pratos mais tradicionais e procurados tanto pela população local quanto por turistas.

85-7241-572-6

## Pratos e Produtos Típicos

Pratos e produtos típicos são elementos que podem ser facilmente trabalhados de forma a se tornarem atrativos turísticos. Segundo Goeldner *et al.*[3], os turistas geralmente interessam-se por itens típicos e que tenham estreita relação com a cultura tradicional local, tanto de pratos quanto de produtos típicos. Além disso, é grande a importância dada às compras como componente das viagens. Elas são consideradas, atualmente, um elemento essencial no fornecimento turístico. Por isso, a aquisição de alimentos e bebidas locais como oferta complementar é bastante comum durante as viagens.

Nesse panorama, a venda de pratos e produtos típicos produzidos no local é uma forma interessante de gerar divisas e incrementar a oferta turística diferencial de uma localidade. Normalmente, esses elementos atuam de forma complementar a outros atrativos, tenham eles cunho gastronômico ou não. Há casos, entretanto, em que a compra de produtos e pratos típicos se torna o motivo principal da visita. Nesses casos, se enriquece a estada dos visitantes com outros atrativos.

Além do potencial de atratividade e venda, os elementos gastronômicos contam com o ponto favorável de sofrerem menor descaracterização que outros elementos culturais. É possível, por exemplo, alterar um tempero ou um ingrediente secundário de um prato para atender à vontade de um grupo de visitantes sem, contudo, causar grande modificação no produto original.

O fato de grande parte dos pratos e produtos promovidos como atrativos estar ligada ao consumo da população local também traz benefícios. Por um lado, a população local tem nisso uma possibilidade de geração de renda, já que é detentora dos conhecimentos necessários para produção dos pratos e produtos. Por outro lado, o fato de a população local consumir tais elementos incrementa a atratividade destes aos olhos dos turistas. O caranguejo, por exemplo, é um hábito muito arraigado ao cotidiano de populações caiçaras no norte e nordeste do país. O hábito tem conotação quase de ritual para a população local e, por essa importância, chama a atenção dos visitantes, que buscam consumir tal produto.

A promoção e a comercialização desses produtos também são facilitadas pelo fato de alguns deles se constituírem em ícones do local visitado. Por esse motivo, tornam-se facilmente vendáveis, principalmente como recordação do local. Assim, é muito comum produtos que se tornam atrativos para os visitantes, independentemente de serem trabalhados nesse sentido. O *philly cheesesteak*, por exemplo, é o sanduíche representativo da Filadélfia. Da mesma forma, o *zapieknki* é o sanduíche tradicional de Varsóvia. E a França, por sua vez, é conhecida pelo queijo camembert e bela baguete, além de sua sobremesa mundialmente famosa, o *crème brûllé*. A Espanha é reconhecida mundialmente pelas tapas consumidas como aperitivos. Nesse panorama, vale lembrar também o México, cujas *tortillas* são consideradas a alma da cozinha local e a Hungria, com seu tradicional *goulash*.

Da mesma forma que alguns produtos se tornam ícones da localidade, algumas marcas de gêneros alimentícios acabam tendo o mesmo papel, tornando localidades conhecidas. É o caso da fábrica de chocolate Godiva, de Bruxelas, e mesmo do *creamcheese filadélfia*, da cidade homônima.

As bebidas também podem tornar-se ícones de localidades e mesmo de países. A tequila e o uísque talvez sejam os exemplos mais clássicos. A primeira é considerada a bebida símbolo do México. O uísque, a bebida símbolo da Escócia. Esse tipo de ícone é particularmente bem-sucedido junto aos visitantes.

Em alguns casos, um cerimonial complementa a compra e o consumo de alguns desses produtos típicos. Um caso típico é o mate argentino, como explica Schlüter[7]:

> *Apesar de o mate ser uma infusão que se pode ingerir a qualquer hora e em qualquer lugar, geralmente constitui uma cerimônia que implica uma espécie de comunhão entre um grupo de pessoas, devido ao fato de que todos compartilham a mesma bombilha.*

Embora esse tipo de uso confira um ar interessante ao produto, deve-se tomar cuidado para não causar uma descaracterização nos hábitos culturais e não incomodar a população que tradicionalmente faz uso do produto. A utilização desses elementos gastronômicos tem muitos pontos favoráveis. A receita gerada pela aquisição de pratos e produtos típicos é interessante, sobretudo considerando a predominância de pequenos produtores locais na produção e venda desse tipo de elemento. Além disso, existe grande possibilidade de inserção da população local na produção e comercialização desses produtos, uma vez que ela é detentora das habilidades para sua produção. Entretanto, é preciso tomar alguns cuidados, em especial com relação à promoção, produção e comercialização desses produtos. Sua promoção e comercialização devem sofrer restrições em relação ao período de consumo do elemento pela comunidade local e também no que diz respeito ao significado de tal elemento para ela. Com relação à produção, deve-se atentar para alterações demasiadas na preparação. Se, por um lado, é possível realizar algumas intervenções na receita original para atender às demandas de turistas, por outro, deve-se ter em mente que tais alterações devem ser limitadas. Em Marselha, na França, por exemplo, um dos pratos típicos mais famosos é o *bouillabaisse*, um caldo de peixe e frutos do mar. Essa preparação possui uma carta de preceitos para sua produção, para que não haja qualquer descaracterização adicional ao prato, que já sofreu algumas mudanças. Diversos restaurantes da região são signatários de tal carta, como o *L'Epuisette*, e acabam sendo procurados justamente por manter tal padrão de "fidedignidade".

## Locais de Produção

Os processos produtivos já despertavam curiosidade dos cronistas e viajantes interessados no modo de vida e nos costumes cotidianos e domésticos desde o século XIX, conforme relato de Lima[15]. Hoje, percebe-se que tal interesse persistiu no tempo e que o processo de produção de gêneros alimentícios atiça a curiosidade de visitantes, tamanha a quantidade de vinícolas, cervejarias, fábricas de chocolates e outras que permitem a visitação.

Em muitos casos, para os produtores, a organização de *tours* por seus recintos produtivos é relativamente simples, demandando apenas alguma organização adicional àquela já existente. É um esforço que tem grandes chances de gerar bons frutos em localidades que já tenham fluxo de turistas e/ou atrativos turísticos consolidados.

Swarbrooke[16] acredita que os turistas também devam ser incentivados a fazer visitas a produtores de alimentos da localidade e aos locais de produção para conhecerem e adquirirem produtos diretamente deles. Assim, além da obtenção do produto adquirir um valor mais especial para o viajante, ainda garante ao produtor o recebimento do valor integral pela venda de seu produto, sem a necessidade de intermediários. Percebe-se, novamente, a importância das compras como elemento indispensável do fornecimento turístico de localidades, além da estreita relação entre pratos e produtos típicos e locais de produção, os quais muitas vezes podem trabalhar em parceria. Os processos produtivos costumam originar produtos tradicionais da localidade e, em alguns casos, produzem matéria-prima para importantes pratos. Em

85-7241-572-6

alguns casos, entretanto, pode não haver essa relação, como na visitação do processo de produção da coca-cola, em que o importante é o elemento produzido por si só, independentemente da tradição e/ou do local em que se insere.

A abrangência e a atratividade dos locais de produção são tamanhas que se percebe seu uso nos mais diversos tipos de destinos. Até cidades como Punta del Este, que possuem conotação totalmente voltada ao *glamour* e aos jogos, utilizam tal elemento como atrativo. Na cidade localiza-se, entre outras, a propriedade rural produtora do doce de leite mais famoso do país.

É possível fazer algumas diferenciações com relação aos tipos de locais de produção. Em primeiro lugar, pode-se diferenciar locais de produção de áreas rurais e de áreas urbanas. Cada um irá agregar valor a um tipo de turismo específico, que conta com um público com necessidades particulares. Dentre os locais de produção rurais, os mais promovidos são aqueles cujos processos produtivos culminam na fabricação de queijo e vinho. Dentre os locais de produção de áreas urbanas, merecem destaque aqueles que originam cerveja e chocolate.

Entretanto, nada impede que processos localizados em duas áreas diferentes atuem em conjunto, mesmo porque a conotação "urbana" e "rural" é muito influenciada pelo tamanho do núcleo urbano. A cidade de Reims, por exemplo, na região de Champanhe-Ardennes, na França, trabalha em conjunto um roteiro que engloba visitas às vinícolas e caves, na área rural, com visita às fábricas dos "biscoitos cor-de-rosa de Reims", localizadas na área urbana.

Outra diferenciação possível diz respeito aos locais de produção de alimentos e de bebidas. Atualmente, os locais de produção de bebidas são muito mais disseminados, em especial da cerveja e do vinho. Ambos os tipos de locais podem ser visitados em diversos países, em diferentes continentes. A produção de vinho, especialmente, vem ganhando grande impulso nos últimos anos e, assim, as vinícolas abertas à visitação têm se espalhado por todo o mundo. A cerveja, por ser uma das bebidas mais disseminadas em âmbito mundial, tem apelo muito forte junto aos turistas. Em algumas localidades, tem importância secundária; em outras, principal. Na cidade de Copenhague, na Dinamarca, a fabricação de cerveja é uma das principais atividades econômicas locais, transformando-se, por isso, em forte atrativo turístico, justamente por meio da visitação aos locais de produção.

Com relação à organização dos locais de produção para recepção dos visitantes, além do processo produtivo convencional estruturado de forma a manter a segurança do visitante, a qualidade e a higiene dos produtos, dá-se muita importância às técnicas interpretativas. Por isso, a escolha da melhor técnica para ser utilizada em um local de produção deve ser bem ponderada. Em geral, opta-se pela visita guiada, seja ela por guias propriamente ditos, gravação ou outra técnica interpretativa. Mostra-se cada vez mais importante a multiplicidade de idiomas falados nessas visitas.

Em alguns casos, as técnicas interpretativas podem se tornar um diferencial para o atrativo. Por exemplo, na região de Languedoc-Roussillon, na França, as vinícolas abertas à visitação turística possuem guias, geralmente enólogos, para ciceronear os visitantes. Esses guias falam diversos idiomas, conhecem todo o processo produtivo e possuem amplo conhecimento dos tipos de vinho e de sua história.

Além da visita ao processo produtivo propriamente dito, alguns locais de produção tentam agregar elementos adicionais ao atrativo principal. Em alguns casos, criam um acervo específico sobre aquele produto, como um minimuseu. Em outros casos, optam por produtos diferentes, como passeio em pôneis e parques para crianças, entre outros. Os museus são, em particular, muito utilizados como complementos nos locais de produção. Na região de Champanhe-Ardennes, na França, inovações das casas produtoras de champanhe chamam a atenção dos visitantes. O atrativo, atualmente, não se limita a um simples passeio pelas caves; a cave Piper Heidsieck, por exemplo, possui, além da visita ao processo, museu, imagens artificiais durante as explicações e decoração temática no local de degustação[18]. Em Copenhague, por sua vez, a visita à fábrica da cerveja Carlsberg também é peculiar. Visitam-se as partes antiga e nova da fábrica, e toda visitação é feita nas carroças originais utilizadas para o transporte de cerveja.

A participação do visitante durante o processo produtivo também é um diferencial utilizado por algumas propriedades. Apesar de demandar maior organização e investimento, em alguns casos mais que para outros diferenciais, essa atividade é bastante chamativa para os visitantes. No caso da colheita da uva e da produção do vinho, por exemplo, a participação dos visitantes pode acarretar maior perda do produto. Entretanto, há casos em que a participação do visitante no processo pode ser bem simples, como nas plantações de maçã americanas, em que o turista pode colher sua própria fruta. Esse tipo de diferencial é interessante, pois faz com que o visitante se integre mais ao atrativo.

Uma forma de agregar atratividade está na união de três elementos – visita a um processo produtivo, alimentação e hospedagem, como nas quintas portuguesas, na região do Douro. Essa conjugação é bastante interessante, pois permite que a pessoa passe mais tempo naquele atrativo, tenha seu gasto concentrado no local e utilize serviços e equipamentos que lhe seriam necessários em um dia de passeio, não sendo necessário deslocar-se para almoço ou hospedagem.

Ao trabalhar a questão da alimentação no local de produção, pode ser interessante oferecer pratos feitos com o produto-chave do processo. Em Punta del Este, por exemplo, a Fazenda Lapataia, que produz o doce de leite mais famoso do país, serve diversos pratos feitos à base desse produto. Existe, também, a possibilidade de trabalhar com pratos que sejam típicos daquele processo produtivo. A fábrica de cerveja de Valdívia, no Chile, oferece aos visitantes a possibilidade de degustar pratos típicos alemães acompanhados de diferentes tipos de cerveja.

A degustação também é um elemento atrativo, utilizado em grande parte dos locais de produção. Constitui um diferencial bastante chamativo aos turistas, que vêem nisso um retorno do investimento, em termos de ingresso pago para visitar o local de produção. A maioria das vinícolas e cervejarias oferece degustação de seus produtos. Há casos, entretanto, mais peculiares, como o processo de criação de emas, em Punta del Este, o qual é acompanhado pela degustação da carne do animal, que é a maior curiosidade dos visitantes.

É comum a venda dos produtos originados do processo produtivo. Além disso, a venda de *souvenirs* é uma forma de gerar receita adicional ao local de produção. A diversidade de produtos vendidos pode ser maior ou menor, dependendo do nível de organização e da complexidade do próprio atrativo. Em geral, opta-se pela venda de produtos relacionados ao processo produtivo ou de outros produtos complementares. Nesse segundo caso, pode-se citar como exemplo a venda de queijo em vinícolas. Ainda, tem-se a venda de produtos típicos da localidade.

Não é muito comum encontrar diversos tipos de processos produtivos em uma mesma localidade. Em geral, a localidade se especializa em um tipo específico de local de produção, pela própria questão econômica. Assim, a variedade de processos produtivos em uma localidade constitui interessante diferencial.

Diversos elementos podem ser utilizados no desenvolvimento de um local de produção em atrativo turístico. O nível de complexidade no qual se opta por trabalhar variará de uma propriedade para outra, dependendo do tempo, da receita e do interesse da propriedade, assim como dos atrativos concorrentes na localidade.

85-7241-572-6

## Lojas e Mercados

Lojas e mercados também são elementos que podem ser trabalhados a fim de atrair turistas. Novamente, estão muito relacionados à importância das compras durante as viagens e, conseqüentemente, à existência e produção de produtos típicos do local visitado. Swarbrooke[16] acredita que "passear pelos mercados locais é sempre uma atividade agradável para os turistas [...]", que podem se transportar, por um período determinado, ao cotidiano da comunidade receptora.

Mercados e lojas constituem-se em cenários gastronômicos para os visitantes. São uma oportunidade do turista não apenas entrar em contato com o cotidiano da comunidade visitada, mas também conhecer um pouco de sua cultura, provar especialidades locais e adquirir produtos e matéria-prima para a preparação de pratos típicos[7].

As lojas e os mercados são estabelecimentos comuns ao cotidiano das comunidades. Entretanto, esse caráter cotidiano não é tão marcante quanto em bares e restaurantes, mesmo porque, em alguns casos, diferem mais do que os turistas têm em seu local de residência. Assim, para o turista, em muitos casos, os mercados adquirem caráter muito mais peculiar que cotidiano, o que faz com que o esforço para transformá-lo em atrativo seja menor. Em muitos casos, a simples promoção de um mercado ou loja como atrativo turístico do local já garante sua visitação, sem que haja grandes alterações em termos de estrutura ou funcionamento.

Ao tratar de lojas e mercados, deve-se levar em consideração, assim como no caso de pratos e produtos típicos, a capacidade de geração de receita diretamente para a população receptora, produtora ou revendedora dos gêneros do local. Além disso, é importante considerar, mais uma vez, a capacidade de gerar postos de trabalho também para a comunidade local.

O uso de lojas como atrativos turísticos é bem mais comum do que mercados. A quantidade de exemplos é extensa e o tipo de utilização, bastante óbvio. Por isso, optou-se por tratar, nesta parte, com mais detalhes, sobre os mercados.

São inúmeros os mercados que possuem algum tipo de visitação turística. A organização e os diferenciais oferecidos por eles para captar visitantes são os mais variados. Percebe-se a promoção de mercados como atrativos turísticos nas mais diversas localidades do mundo, independentemente do nível de desenvolvimento do país.

85-7241-572-6

A maior parte dos mercados comercializa gêneros alimentícios *in natura* e alguns produtos típicos do local. Em Hannover, por exemplo, o mercado coberto de Kramerstrasse vende principalmente embutidos e queijos e é considerado um ponto de parada obrigatória da cidade. O Mercado de Abastos também é considerado um dos atrativos mais pitorescos da cidade de Santiago de Compostela, vendendo frutas, verduras e, principalmente, peixes e frutos do mar. Em San Francisco, Estados Unidos, a famosa Feira do Embarcadero comercializa gêneros alimentícios diversos. Alguns mercados, entretanto, trabalham com uma gama maior de produtos, como o Mercado Port Louis, nas Ilhas Maurício, que vende gêneros alimentícios, artesanato e roupas, entre outros itens.

Apesar de grande parte dos mercados ter fluxo espontâneo, alguns atraem por particularidades. Estabelecimentos de alimentação dentro de mercados, por exemplo, podem ser um atrativo a mais para os visitantes, fazendo com que sua visitação aconteça por mais de um motivo. O Mercado Angelmo, em Puerto Montt, Chile, vende diversos gêneros alimentícios típicos do local; entretanto, o maior chamariz são os restaurantes simples que vendem pratos tradicionais.

A localização diferenciada também pode complementar a atratividade do mercado. Na Tailândia, por exemplo, um dos pontos turísticos de maior interesse para os turistas é o mercado flutuante *Damnoen Saduak*, justamente pelo fato de a comercialização ser feita de maneira peculiar, dentro de barcos, no rio. A cidade de Varsóvia, por sua vez, possui um hipermercado famoso por ser ao ar livre.

Os mercados podem, ainda, ter localização histórica, como o *Reading Terminal Market*, na Filadélfia. O estabelecimento funciona onde antes era um antigo terminal ferroviário. O charme do local, além de seu caráter histórico, fez com que se tornasse um ponto de encontro de executivos da cidade e de turistas. Mais que a localização, a própria história do mercado causa grande atração. Em Berna, Suíça, o Mercado da Cebola teve início no século XVIII e é palco do Festival Anual da Cebola, também um evento tradicionalíssimo da localidade.

Em alguns casos, o mercado adquire importância como atrativo turístico por estar inserido no roteiro turístico da cidade. Isso acontece com o *Mercat de Sant Josep de la Boqueria*, localizado nas Ramblas, em Barcelona. Hoje, o local é considerado um dos pontos mais charmosos da cidade, vendendo apenas peixes e frutos do mar.

85-7241-572-6

Como observado, as principais vantagens em desenvolver lojas e mercados como atrativos turísticos está justamente no papel da comunidade local nesse processo. Por isso, deve-se atentar para alguns problemas que podem surgir, como a especulação imobiliária e a venda de áreas e *boxes* para pessoas de fora da comunidade local, o que pode prejudicar o desenvolvimento da localidade.

## EVENTOS

Os eventos, em geral, são muito utilizados como atrativo turístico, mesmo que em alguns casos não sejam aproveitados em todo seu potencial. Os eventos constituem-se no elemento mais utilizado para a criação de atrativos gastronômicos. As localidades os aproveitam das mais diversas formas e os criam dependendo da potencialidade da região ou mesmo de uma oportunidade de mercado.

A realização de eventos de cunho gastronômico tem sido bastante difundida na atividade turística. Em alguns casos, a localidade já possui uma festa tradicional que congrega elementos gastronômicos e precisa apenas posicionar essa atração como gastronômica. Em outros, atrativos e localidade se unem com o intuito de atrair um público específico para o destino com determinado evento. É o que acontece na parceria entre as vinícolas da região de Niagara, no Canadá, e os órgãos gestores, que se unem para promover diversos festivais relacionados com enologia ou gastronomia, ao longo do ano.

Há diversos tipos de eventos com cunho gastronômico que ocorrem em diferentes épocas e localidades, tanto em regiões tradicionais quanto emergentes em termos de aproveitamento turístico de elementos gastronômicos. Apesar de ser impossível arrolar a totalidade dos eventos de cunho gastronômico existentes, acredita-se que aqueles tomados como exemplo nesta análise representem bem os tipos de eventos gastronômicos existentes. Vale ressaltar que, em grande parte dos casos, os eventos aqui arrolados são utilizados com caráter complementar, constituindo atrativo principal da localidade em alguns poucos casos. É interessante notar que "muitas vezes [...] [as festas] são conhecidas pelos nomes das comidas, provando a importância da relação entre o alimento [e] o homem"[17], como será visto nos exemplos que seguem.

Um tipo bastante comum de evento gastronômico é aquele voltado para um produto ou ingrediente específico. Essas festas variam muito dependendo

85-7241-572-6

do local em que se realizam, pois estão muito relacionadas com a produção local. Assim, na Espanha, acontece a festa do marisco, da ostra, do vinho, do jamón e da empanada, dentre outras. Na Itália, há a festa do morango, do aspargo, do peixe, do mel, do presunto, das castanhas, dos cogumelos, do pão, da polenta, da torta, do sorvete e do chocolate, dentre inúmeras outras. Em alguns casos, o nível de detalhamento das festas promovidas chega a ser surpreendente. É o caso da Festa da Galinha Cinza, que acontece na região do Piemonte, na Itália, e consiste na degustação de ovos de galinha cozidos de diferentes formas. Em alguns casos, ainda, trabalha-se primordialmente com o produto ícone do país, como no caso do Festival do Uísque da Escócia.

Há, ainda, eventos gastronômicos que giram em torno de um único prato, geralmente representativo da culinária tradicional local. Entretanto, esse tipo de evento não é muito comum, mesmo por ter um grau de especificidade muito grande, restringindo o público interessado. Mesmo assim, em alguns casos, a força do prato aliada à atratividade da localidade possibilita a realização de eventos com esse cunho. Na Espanha, por exemplo, acontece a Festa do Porco na Brasa; na Itália, a festa do Spaghetti à matriciana; em Portugal, o Festival da Caldeirada.

Também há eventos que tratam de um tipo de estabelecimento de alimentação ou de culinária específico. É o caso da *Benvenuto vendemmia*, festa organizada pelo *Movimento Turismo do Vinho*, que congrega 900 das cantinas de maior prestígio da Itália. O evento acontece durante um dia, em todo o país, com intuito de fazer com que os turistas descubram e revivam a atmosfera das cantinas e vendas antigas. Podem ser citados, ainda, eventos voltados para a culinária típica de uma localidade, como a *Festa do Doce Típico Piemontês*, que tem como enfoque promover os doces feitos nessa região da Itália.

Eventos de bebidas, gêneros alimentícios ou pratos tradicionais de um país ou localidade costumam chamar mais a atenção dos turistas do que eventos sobre gêneros não produzidos no local. Por exemplo, um Festival do Uísque no Brasil não teria tanto apelo quanto o mesmo festival na Escócia, da mesma forma que um Festival da Cachaça neste país provavelmente não faria tanto sucesso.

Também há casos de eventos que unem comida e bebida como elementos principais. É o caso do *Savour Niagara* e do *Wine & Food Affair*, que acontecem na região de Niagara, no Canadá, e unem vinho com a alta gastronomia local.

85-7241-572-6

Os festivais gastronômicos representam outro tipo de evento que vem sendo bastante utilizado pelo turismo. Em geral, voltam-se para a alta gastronomia, em detrimento à culinária tradicional do local, constituindo-se em eventos um pouco diferentes dos demais, justamente por não demandar produtos típicos ou tradicionais do local para sua realização.

Os festivais gastronômicos podem, ainda, ser representativos da culinária típica de outras regiões ou países, mas não daquele em que se insere. O Festival Gastronômico do Hotel Quinta do Lago, em Portugal, tem como tema principal a culinária tailandesa. No México, mais precisamente na Região de Cancún e da Riviera Maya, acontece o *Festival Internacional Gastronômico*, que conta com a participação dos restaurantes e hotéis mais conceituados da região. O intuito desse festival é propiciar a turistas e à população local o melhor da cozinha internacional. Em muitos casos, esses festivais são promovidos e realizados por hotéis de luxo. Funcionam como forma de incrementar a taxa de ocupação e promover o estabelecimento.

O *Ludlow Marches Food Festival*, em Ludlow, Inglaterra, foi criado com objetivo um pouco mais específico: mudar a imagem de cidade de negócios que a localidade passava para os turistas. Os produtos do festival surgiram aos poucos e hoje o evento, que teve início em 1995, acontece anualmente em setembro. Ele conseguiu não apenas alterar o público visitante da cidade, como também minimizar os efeitos da sazonalidade no local.

Há, ainda, festivais gastronômicos que fogem dessa caracterização, constituindo-se em eventos específicos para uma atividade relacionada a um gênero alimentício, como o *Cheese Rolling Festival*, que acontece em Cooper's Hill, no Reino Unido. Geralmente são eventos históricos e tradicionais. O festival de *cheese rolling*, por exemplo, tem mais de 200 anos de existência. Eventos dessa categoria quase sempre têm como principal objetivo manter tradições, e acabam recebendo fluxos significativos de visitantes justamente pela peculiaridade de algumas dessas tradições[9].

Eventos de cunho gastronômico podem ser promovidos por diferentes entidades. Em alguns casos, pelo próprio órgão governamental do local em questão; em outros, pelo empresariado relacionado com os produtos do evento ou por associações ou entidades de classe. O *Savour Niagara*, por exemplo, é promovido pelo *Small Business Club of Niagara*[6], entidade que envolve a iniciativa privada, principalmente os estabelecimentos ligados à produção de vinho. A *Russian River Wine Road*, associação que promove a rota gastronômica de mesmo nome, também é responsável pela realização de

85-7241-572-6

diversos eventos de cunho gastronômico, todos relacionados com a rota que promove, como o *Wine & Food Affair*, o *Winter Wineland* e o *Barrel Tasting*.

Os eventos gastronômicos são compostos por diversas atividades. As atividades principais relacionam-se à temática do evento. Em casos de eventos voltados para um único produto, em geral se comercializa o produto-tema do evento, assim como diversos pratos produzidos a partir dele. Em casos de eventos que trabalham uma culinária específica, as atividades principais estarão relacionadas à produção e ao consumo de tais pratos. Além disso, praticamente todos os eventos contam com atividades complementares que aumentam seu potencial atrativo, como degustação, visita a produtores e fábricas e seminários, entre outros. Em alguns casos, os eventos trabalham com atividades paralelas de cunho diferente do gastronômico, como roteiros de visita a centros históricos e atrativos naturais. Alguns eventos vão um pouco além, oferecendo atividades como cursos de culinária e atividades acadêmicas, como acontece com o *Savour Niagara*[6]. O Festival do Uísque na Escócia, por exemplo, é composto por degustação, exposição e visitas guiadas, noite celta e minifestival gastronômico.

Em qualquer tipo de evento, sempre se pode pensar em trabalhar com iniciativas inusitadas para atrair a atenção do visitante. Em alguns eventos, por exemplo, são dados brindes aos participantes junto com o ingresso. No caso do *Wine & Food Affair*, cada participante ganha um livro de receitas e um copo com o logotipo do evento.

## Rotas Gastronômicas

De acordo com Gomez e Quijano[19], a viagem em rotas é bastante antiga. A Unesco (Organização das Nações Unidas para a Educação, a Ciência e a Cultura) considera que a função primordial de uma rota é "[...] promover o conhecimento entre diferentes civilizações, culturas e religiões, mostrando suas inter-relações e influências recíprocas"[7].

As rotas gastronômicas constituem um elemento bastante utilizado por alguns países como atrativo turístico. Constituem-se em itinerários que englobam diversos atrativos e são desenvolvidos e promovidos a partir da parceria entre órgãos públicos, associações, proprietários de atrativos e produtores, entre outros. As rotas gastronômicas, em geral, caracterizam-se pela degustação de pratos e produtos típicos de cada região, assim como de seus vinhos[7].

85-7241-572-6

Com relação à sua função, as rotas gastronômicas podem constituir uma forma de mostrar os valores culturais de determinadas localidades, tendo como eixo os pratos típicos da região[7]. Como exemplo desse tipo de rota, pode-se citar a Rota dos Imigrantes, na Argentina, "[...] que faz referência à implantação de novos hábitos alimentares, à introdução de espécies não nativas e ao patrimônio arquitetônico relacionado com a elaboração desses produtos". Também é um exemplo desse tipo de rota o circuito dos moinhos de farinha, também na Argentina, o qual, apesar de estar em uma área onde não mais se cultiva trigo, possui importante valor patrimonial[7]. Essas rotas também constituem formas de incrementar a venda de gêneros alimentícios tradicionais das localidades visitadas. Ademais, as rotas gastronômicas são formas de aumentar o potencial de atratividade de atrativos gastronômicos que, em geral, possuem importância complementar na oferta turística de uma localidade.

A maior parte das rotas gastronômicas, entretanto, cumpre todas essas funções. De acordo com Schlüter[7], esta é a única forma das rotas gastronômicas atraírem um fluxo de visitantes considerável e chegarem ao *status* de atrativos principais para as localidades.

A identidade da rota é o ponto de partida para sua boa organização e funcionamento. Para definir o produto que identificará uma rota, é necessário levar em consideração a receita que cada produto na região alcança, a superfície que cobre e os postos de trabalho que gera. A escolha de um alimento como elemento principal da rota não exclui que este seja vinculado a outras cadeias produtivas, contanto que elas estejam relacionadas com a produção de gêneros tradicionais. Há rotas gastronômicas que têm como fio condutor pratos da cozinha tradicional, cujo elemento mais importante é a preparação e apresentação dos alimentos[20].

Apesar das primeiras rotas gastronômicas terem surgido há algumas décadas, elas costumam ser desenvolvidas pelos países tradicionais, que apresentam alto nível de organização e complexidade no que diz respeito ao desenvolvimento de atrativos gastronômicos. Entretanto, há destinos emergentes que possuem nas rotas um de seus principais atrativos gastronômicos; muitas delas encontram-se tão bem estruturadas quanto aquelas de países tradicionais.

A presença de rotas é predominante nos destinos tradicionais em função do nível de complexidade necessário para a instituição de uma rota gastronômica. Para que a rota se desenvolva, é necessário haver cooperação de diversos órgãos, entidades e empresas. Por isso, é preciso que os elementos gastronômicos já estejam bem constituídos e organizados como atrativos na

85-7241-572-6

localidade, e que todos os agentes envolvidos tenham conhecimento da atividade e de seus benefícios. Ou, no mínimo, que os atores da atividade turística da localidade sejam muito bem organizados.

Nesse panorama, as rotas gastronômicas são predominantes na Europa, destacando-se Itália, Espanha, Portugal e França, destinos tradicionais em termos de atrativos gastronômicos. Dentre os destinos emergentes, destacam-se os Estados Unidos e o Canadá. Além disso, destinos emergentes um pouco menos estruturados, como México e Argentina, vêm tentando desenvolver esse tipo de atrativo. O México, especificamente, possui um interessante projeto de instituição de rotas de arte e gastronomia no país[21].

Com relação à abrangência geográfica, percebe-se que a maioria das rotas gastronômicas existentes abarca vários municípios ou estados de um mesmo país. Há notícia da existência de uma rota transnacional. A extensão da rota depende de fatores como dispersão das propriedades que possibilitam a formação da rota e extensão dos estados e países, dentre outros.

Em geral, as rotas gastronômicas são desenvolvidas em função de um produto principal, seja ele um gênero alimentício ou uma bebida. É marcante a predominância das bebidas como produto temático de rotas, principalmente do vinho. Exemplos de rotas que possuem um produto como enfoque principal são a Rota do Vinho de Rioja, em Portugal e a Rota dos Assados, na Espanha, citadas por Gomez e Quijano[19]. Também se pode mencionar a Rota do Bourbon, nos Estados Unidos, a qual gira em torno dessa bebida.

Dentre as rotas com produtos específicos, destacam-se aquelas relacionadas ao vinho, como a *Alto Adige Strada del Vino*, na Itália, a *Niagara Wine Route*, no Canadá e as Rotas do Vinho da região do Porto e do Alentejo, em Portugal.

Apesar de menos comuns, há exemplos interessantes de rotas que visam à promoção de gêneros alimentícios em detrimento de bebidas, como a *Strada dell'Olio d'Oliva Castel del Monte*, na Itália, que promove o azeite de oliva da marca Castel del Monte, além de seu modo de produção secular. Há, também, a *Le Vie del Latte* (Rota do Leite), no mesmo país, a qual tem por objetivo principal desenvolver e aumentar a renda dos produtores de leite da região de Campânia por meio do turismo gastronômico.

Em menor escala, há rotas gastronômicas que têm como objetivo principal promover diversos produtos alimentícios tradicionais locais. É o caso da *Strada dei vini e dei sapori delle Colline di Scandiano e di Canossa*, na região de Matilde-Canossa, na Itália. A rota agrega mais de 40 fazendas e produtores de gêneros tradicionais do local.

85-7241-572-6

Há também rotas que possuem forte cunho gastronômico, mas que não têm na gastronomia seu objetivo principal ou único. Esse é o caso da rota *Terra di Lavoro,* na província de Caserta, na Itália. A idéia desse projeto é desenvolver um percurso cultural-gastronômico com o intuito de valorizar os recursos históricos, arqueológicos e ambientais da região, fomentar o desenvolvimento da agricultura e promover a redescoberta de tradições antigas. A proposta consiste em fazer um itinerário turístico de cunho cultural-gastronômico que leve o turista a visitar o patrimônio histórico das localidades mas que, ao mesmo tempo, desenvolva outras atividades de caráter lúdico, esportivo e gastronômico[22]. Outro projeto com esse cunho é o itinerário *Alla scoperta della Provincia di Roma. Botteghe artigiane, negozi, sapori,* desenvolvido pela província de Roma, junto ao Departamento de Desenvolvimento Econômico e de atividades produtivas, indústria, comércio e artesanato da província de Roma, na Itália, que visa desenvolver um itinerário por lojas antigas, locais de produção com processos artesanais – de gêneros alimentícios ou não – e restaurantes de época, de modo a propiciar o contato dos visitantes com os sabores e outras tradições dessa província.

Uma rota gastronômica pode ser criada para atender a diferentes objetivos, tais como: promover e incrementar a venda de um produto específico, promover uma região turística, promover e divulgar a cultura regional, promover a culinária regional, desenvolver a economia local, desenvolver a zona rural de uma região. Ao analisar os objetivos da rota, é importante verificar se estes estão de acordo com o contexto socioeconômico-político no qual a rota está inserida. No caso da Argentina, por exemplo, os organismos públicos competentes auxiliam e tornam viáveis os circuitos gastronômicos com o objetivo de favorecer as economias regionais e, ao mesmo tempo, resgatar as cozinhas tradicionais[20].

As rotas cujo tema é um produto específico em geral têm como atrativo principal justamente a visita às propriedades de tal gênero, muitas vezes visitando seu processo produtivo, degustando o produto e adquirindo-o diretamente dos produtores. Entretanto, na maior parte dos casos, trabalha-se em conjunto com atrativos complementares, de cunho gastronômico ou não, além de meios de hospedagem. Em alguns casos, as rotas promovem atrativos mais peculiares, como o Museu do Vinho, na *Alto Adige Strada del Vino.* Em geral, há possibilidade de desenvolver atividades como visitas guiadas, degustações, piqueniques e mesmo participar de eventos. No Napa Valley, nos Estados Unidos, além das vinícolas e dos atrativos complementares promovidos em conjunção a estas, ainda se trabalha, em alguns casos, com cursos de gastronomia, restaurantes gastronômicos, concertos e saraus literários. Um atrativo interessante é o *Wine Train*, um passeio de trem que inclui degustações em vinícolas e piqueniques[23].

Há rotas que alteram, com o aumento de seu nível de desenvolvimento, o tipo de enfoque e de atrativos oferecidos. Na região de Niagara, no Canadá, as vinícolas se desenvolveram primeiramente, compondo a *Niagara Wine Route*. A partir daí, começaram a ser feitos esforços para promover não apenas o vinho, mas também outros tipos de atrativos gastronômicos. A região segue hoje a tendência de trabalhar com dois elementos gastronômicos nas rotas, além de outros complementares, como é feito na iniciativa denominada *Cuban Sunset*, em que são promovidos vinho e preparações culinárias, acompanhados por charutos cubanos[6].

Em geral, as rotas gastronômicas são desenvolvidas por meio de parcerias entre produtores, órgãos públicos, entidades não governamentais e empreendedores do setor turístico. A função de tais parcerias é desenvolver e promover a rota proposta. A rota *Le Vie del Latte*, por exemplo, surgiu com a colaboração do órgão oficial de turismo da região de Campânia – na qual a rota se localiza –, e o auxílio da Associação Nacional de Queijos. A rota, que ainda está em processo de organização, vê as parcerias como indispensáveis para o sucesso de seu produto turístico e pretende fazer parcerias com propriedades produtoras de leite e seus derivados, e, ainda, com cantinas participantes de outras associações que lidam com o desenvolvimento de atrativos gastronômicos.

Em alguns casos, forma-se uma associação específica para desenvolver e promover a rota, como acontece com a *Niagara Wine Route*, no Canadá e com a Rota do Vinho do Porto, em Portugal. Esta última possui uma associação denominada *Associação de Aderentes da Rota do Vinho do Porto*, a qual, além de promover e desenvolver a rota, é responsável pelo serviço de recepção dos visitantes[24].

A composição da rota em termos de membros e atrativos escolhidos é definida pelos gestores, ou responsáveis, das rotas. São as entidades gestoras que costumam definir o tipo de propriedades que poderão participar. Algumas entidades gestoras das rotas criam certas premissas para que os possíveis participantes sejam ou não aceitos, de forma a garantir o padrão de qualidade e originalidade dos atrativos promovidos. A rota *Le Vie del Latte*, por exemplo, tem como membros apenas produtores que atendam aos requisitos de qualidade, hospitalidade e representatividade histórica estabelecidos pelo órgão promotor.

85-7241-572-6

O número de membros de uma rota é variável. Há rotas menores que abarcam apenas alguns membros e rotas que congregam dezenas de associados. Enquanto a *Niagara Wine Route*, por exemplo, possui cerca de 15 vinícolas associadas, a *Russian River Wine Road* tem como associados 90 vinícolas e 43 meios de hospedagem no noroeste do condado de Sonoma, na Califórnia. A associação promove a estrada do vinho que corta a região e auxilia o desenvolvimento dessa rota.

Percebe-se que a instituição tanto das rotas especificamente gastronômicas quanto daquelas que se unem a atrativos gastronômicos foi uma maneira encontrada para unir forças dos produtores de determinado produto, dar mais força e visibilidade a alguns atrativos gastronômicos, incrementar a venda de produtos tradicionais das regiões exploradas e aumentar a permanência dos turistas na região. Isso demonstra os diversos benefícios apresentados por esse produto de cunho gastronômico.

Em geral, as rotas gastronômicas chamam mais atenção e são mais persuasivas como atrativos que os demais elementos gastronômicos. Porém, nem sempre conseguem equiparar-se à importância de atrativos turísticos tradicionais, como os bens históricos. Em alguns casos, entretanto, a rota gastronômica transcende a importância de atrativos mais convencionais. É o que acontece com a rota *Alto Adige Strada del Vino*, na Itália, considerada o itinerário turístico mais famoso da região.

Nenhuma rota gastronômica utiliza única e exclusivamente atrativos de origem gastronômica. Todas as rotas procuram usar também outros tipos de atrativos, a fim de agregar valor ao produto oferecido. Há uma tendência de utilizar atrativos culturais. Em menor escala, também se utilizam atrativos naturais e atividades esportivas. Os meios de hospedagem também podem funcionar como atrativos em alguns casos, em função de sua localização, serviços oferecidos ou outra peculiaridade[20].

A criação de rotas gastronômicas pode ser de grande valor, seja feita em âmbito municipal, regional ou mesmo nacional – para o caso de países com pequena extensão –, pois criam a possibilidade de aproveitar recursos e mão-de-obra locais. Além disso, as rotas gastronômicas muitas vezes levam à maior permanência do turista no destino, pois em geral compõem-se de diversos atrativos e equipamentos de oferta técnica, sobretudo meios de hospedagem. Esse tipo de atrativo ainda incentiva o consumo e a compra de produtos tradicionais do local. As rotas são uma das formas mais eficientes de promover o turismo gastronômico e atrair público para esse tipo de turismo. São

85-7241-572-6

produtos mais bem estabelecidos e organizados do que diversos outros atrativos gastronômicos. Além disso, o fato de haver diversos atrativos juntos dá a eles maior visibilidade do que se estiverem separados.

Para serem viáveis, as rotas gastronômicas demandam bom planejamento e grande organização para efetivar ações. Além da centralização feita por um órgão governamental ou uma organização específica, também é necessário que haja organização e iniciativa por parte de produtores, hoteleiros, comerciantes locais e outros setores. Há quatro pilares que devem sustentar as rotas gastronômicas: capacitação, estratégia associativa (nada se sustenta sozinho em uma rota e, por outro lado, o apoio do Estado é imprescindível para promover a rota), visão comercial (análise permanente da estrutura de custos) e visão empresarial da atividade[20].

As parcerias estabelecidas nas rotas gastronômicas podem ser feitas em diversos âmbitos. Incluem desde a relação entre o proprietário rural e o organismo centralizador até associações sem fins lucrativos, empresas de publicidade e operadoras de turismo. Cada parceria estabelecida em uma rota gastronômica possui responsabilidades e relações específicas estabelecidas entre elas[20], as quais devem ser seguidas para o sucesso do atrativo.

## Outros Elementos Gastronômicos

Existem, ainda, outros elementos gastronômicos que podem ser desenvolvidos com o intuito de se tornarem atrativos turísticos. Apesar de não serem elementos tão amplamente desenvolvidos quanto os demais detalhados neste capítulo, possuem papel específico no conjunto de atrativos gastronômicos e vêm apresentando certo destaque na atualidade.

As escolas de gastronomia e culinária, por exemplo, podem se constituir em atrativos gastronômicos interessantes. De acordo com Sharples[25], o mercado de férias em escolas de culinária vem se expandindo cada vez mais. Existem grupos de turistas interessados em unir viagem a cursos e, tendo em vista tal demanda, essas escolas vêm propondo uma diversidade de cursos, tanto em termos de duração quanto em termos de temática e nível de dificuldade, em uma tentativa de agradar a diversos públicos interessados nesse tipo de atrativo.

Muitos cursos oferecidos objetivam explorar ingredientes e pratos locais, regionais ou mesmo nacionais. Geralmente se concentram em um único tipo de cozinha. Há, também, cursos mais amplos, voltados a um tipo de comida ou então a uma época do ano. São muito comuns, por exemplo, cursos de culinária com temas como Natal, Páscoa, entre outros[25].

Está se tornando comum oferecer cursos de uma tarde a três dias, muitas vezes para turistas que estão passando pouco tempo na localidade. Além disso, algumas dessas instituições vêm promovendo visitas organizadas em seus estabelecimentos ou eventos nas quais servem o que produzem.

Outro atrativo a ser considerado na atualidade são os museus. É importante considerar a gastronomia nesses equipamentos. Entretanto, de acordo com Schlüter[7], "ainda que a gastronomia faça parte dos museus etnográficos ao mostrar as diferentes maneiras de produzir e consumir alimentos de diversas culturas, não são muitos [...] os museus dedicados exclusivamente a um produto alimentar ou a um prato em particular".

Os produtos promovidos nos museus são bastante diversos. Existem museus mais abrangentes, como o *Alimentarium*, em Genebra, na Suíça, que explica tudo sobre alimentos. Por outro lado, há museus que tratam especificamente de um gênero, como vinho ou cerveja, por exemplo. É notável, entretanto, a predominância de museus voltados para bebidas.

No que tange aos museus cuja temática principal está nas bebidas, as diversas caves, vinícolas e quintas abertas à visitação, assim como os locais de produção de outras bebidas, como fábricas de cerveja, vêm crescentemente agregando museus como atrativos complementares a seus produtos principais.

Nesse panorama, merece destaque em Edimburgo, na Escócia, o *Scotch Whisky Heritage Centre* – Museu do Uísque Escocês, ou Centro do Uísque Escocês. Ele foi aberto em 1998 com o objetivo de promover o uísque, de maneira informativa, porém como entretenimento. Esse estabelecimento, ao contrário da maioria dos demais, insere o processo de destilação da bebida como atrativo complementar ao museu. Ainda, oferece um *tour* pela história do uísque e degustação do produto[26].

A cerveja também é uma bebida que origina atrativos gastronômicos, como observado no item "locais de produção". Assim, apenas na cidade de Bruxelas, tem-se notícias de dois museus voltados para a cerveja: *The Brewery Museum* e *The Gueuze Museum*. Como não poderia deixar de ser, a coca-cola, refrigerante mais famoso do mundo, também possui seu próprio museu, denominado *The World of Coca-Cola*.

Dentre as bebidas, destacam-se também os museus do chá. Há pelo menos quatro deles, todos em países com grande tradição na produção e/ou

85-7241-572-6

consumo da bebida: o *China Tea Museum*, na China; o *Ping Lin Tea Museum*, em Taiwan; o *The Tea Museum*, no Japão e o *Bramah Coffee and Tea Museum*, na Inglaterra[27].

Há também casos de museus relativos a gêneros alimentícios peculiares, como o museu do vinagre, em Roslyn, Dakota do Sul. Aberto em 1999, ele é promovido como o único museu do vinagre do mundo.

Esses museus são compostos pelos mais diversos tipos de acervos, como cartazes promocionais antigos do produto, materiais e equipamentos antigos, fotos, entre outros. Os acervos são bastante diversificados, sendo difícil padronizar a oferta desses atrativos.

Entretanto, cada museu trabalha com suas especificidades particulares. O acervo do museu do vinagre é composto por amostras de vinagre de todo o mundo, fotos, receitas e usos do líquido. Já o Museu da Cerveja, em Valdívia, Chile, possui informações sobre antigos processos de produção da bebida, maquinaria utilizada nesses processos de produção, garrafas e etiquetas antigas, entre outros[7].

De qualquer forma, é possível agregar atrativos complementares aos museus. A degustação é um deles. No museu da coca-cola, por exemplo, é possível degustar coca-cola de diversas partes do mundo. No museu do uísque escocês, os visitantes são transportados por veículos elétricos que possuem formato de tonéis[26]. Vale ressaltar, ainda, que a presença de lojas de *souvenirs* nesses atrativos também é interessante, levando em consideração, novamente, a importância da compra para os visitantes.

É importante, também, considerar as técnicas interpretativas a serem utilizadas. É preciso analisar qual a técnica mais adequada para cada tipo de museu. No museu da coca-cola, por exemplo, toda a história da bebida é contada por meio de painéis multimídia, que permitem maior interação do turista com o atrativo em si. Já no museu da cerveja, em Valdívia, optou-se pelo uso de painéis explicativos.

O Museu do Uísque Escocês, por sua vez, conta a história dessa bebida através do tempo, com o uso de *displays*, apresentações teatrais e programas audiovisuais. Além disso, há guias preparados para explicar aos visitantes o processo de produção do uísque. As visitas guiadas são disponibilizadas em diversos idiomas para grupos agendados e, nos carros elétricos, são disponibilizadas em inglês, holandês, francês, alemão, italiano, espanhol e japonês[26].

Também merece destaque o uso de meios de transporte como atrativo turístico gastronômico. Em geral, o trem é bastante utilizado como atrativo turístico, talvez por sua conotação como meio de transporte antigo mediante a modernidade na área dos transportes. No aproveitamento de atrativos de cunho gastronômico, o trem é o único meio de transporte que adquire, em algum momento, a conotação de atrativo turístico. Em sua maioria presentes em países tradicionais no uso de atrativos gastronômicos, os trens de uso turístico-gastronômico também podem ser vistos em países emergentes que possuem bom desenvolvimento nessa área. No Napa Valley, nos Estados Unidos, por exemplo, há o *Wine Train*, ou trem do vinho, considerado um dos melhores passeios de trem do mundo. Passa, durante as três horas de percurso, por fazendas produtoras, galerias de arte e restaurantes, entre outras atrações.

Em países europeus, outros gêneros alimentícios tematizaram passeios de trem. Na Espanha, mais especificamente em Madri, há o trem do morango. Nesse passeio, são feitas visitas a outros tipos de atrativos (culturais, etc.). Entretanto, durante o trajeto, os viajantes degustam doces à base de morango. Em Montreux, na Suíça, o trem do chocolate percorre vinícolas, faz uma parada em Gruyers (cidade que produz queijo com mesmo nome) e Broc (onde nasceu a fábrica da Nestlé). Ou seja, agrega outros atrativos gastronômicos relacionados ao atrativo-tema durante o percurso.

Há, também, casos de atrativos gastronômicos mais abrangentes, como o *Cadbury World*, em Birmigham, Reino Unido. O *Cadbury World* é um atrativo turístico industrial inaugurado em 1990. Trata-se de um centro que relata a história do chocolate e da empresa Cadbury Ltda., mostrando como o chocolate é produzido. O atrativo disponibiliza uma visita guiada por duas partes do processo produtivo. Há uma loja que vende produtos da Cadbury. Após sua inauguração, o atrativo teve uma visitação bastante significativa. Em 1990, recebeu cerca de 185 mil visitantes; em 1993, esse número havia subido para 470 mil. Os visitantes desse atrativo são, majoritariamente, de origem regional[26].

## Referências Bibliográficas

1. KRIPPENDORF, J. *Sociologia do Turismo*. São Paulo: Aleph, 2000.
2. BAPTISTA, M. *Turismo: competitividade sustentável*. São Paulo: Verbo, 1997.
3. GOELDNER, C. R. et al. *Tourism: principles, practices, philosophies*. 8th ed. New York: John Wiley and Sons, 2000.
4. AZAMBUJA, M. A gastronomia como produto turístico. In: CASTROGIOVANNI, A. C. (org.). *Turismo Urbano*. São Paulo: Contexto, 2000.

85-7241-572-6

5. GASTAL, S. Turismo & Cultura: por uma relação sem diletantismos. In: GASTAL, S. (org.). *Turismo: 9 propostas para um saber-fazer.* Porto Alegre: EDIPUCRS, 2000.
6. TELFER, D. J. Strategic alliances along the Niagara Wine Route. *Tourism Management,* New Zealand, v. 22, n. 1, p. 21-30, Feb. 2001.
7. SCHLÜTER, R. G. *Gastronomia e Turismo.* São Paulo: Aleph, 2003.
8. DAVIDSON, Rob. *Tourism.* 2nd ed. Londres: Pitman, 1993.
9. HALL, C. M.; SHARPLES, L. The consumption of experiences or the experience of consumption? An introduction to the tourism of taste. In: HALL, C. M. et al. (orgs.). *Food Tourism around the World: development, management and markets.* Oxford: Butterworth-Heinemann, 2003.
10. NORRILD, J. A. Turismo y comunicación del patrimonio intangible. El caso del Mr. Mate en Buenos Aires – Argentina. In: GANDARA, J. M. G.; SCHLÜTER, R. G (orgs.). *Gastronomía y Turismo: una introducción.* Buenos Aires: CIET, 2003.
11. SHARPLES, L. Food tourism in the Peak District National Park, England. In: HALL, C. M. et al. (orgs.). *Food Tourism around the World: development, management and markets.* Oxford: Butterworth-Heinemann, 2003.
12. HALL, C. M. et al. Consuming places: the role of food, wine and tourism in regional development. In: HALL, C. M. et al. (orgs.). *Food Tourism around the World: development, management and markets.* Oxford: Butterworth-Heinemann, 2003.
13. WERNECK, H. *Doces pecados da champagne. Revista Próxima Viagem,* São Paulo, ano 4, n. 35, p. 30-39, set. 2002.
14. BARRETO, R. L. P.; SENRA, A. V. A Gastronomia e o turismo. In: ANSARAH, M. G. R. (org.). *Turismo: como aprender, como ensinar.* São Paulo: SENAC, 2001. v. 2.
15. LIMA, C. *Tachos e Panelas: historiografia da alimentação brasileira.* 2. ed. Recife: Editora do Autor, 1999.
16. SWARBROOKE, J. *Turismo Sustentável: turismo cultural, ecoturismo e ética.* São Paulo: Aleph, 2000. v. 5.
17. ALVES, M.M. *A Culinária Baiana no Restaurante do Senac Pelourinho.* Senac, 2000.
18. VALLE, M. História Brinda a Região Champanhe-Ardennes. *Folha de São Paulo,* São Paulo, caderno F, p. 1-5, 02/jul./2001.
19. GOMEZ, J.; QUIJANO, C. G. *Rutas y Itinerarios Turisticos em España.* Espanha: Sintesis, 1992.
20. FAGLIARI, G. S.; MASANO, I. R. Las rutas gastronómicas. In: LACANAU, G. C.; NORRILD, J. A (orgs.). *Gastronomía y Turismo: cultura al plato.* Buenos Aires: CIET, 2003.
21. BERNARD, A. et al. Rutas de arte y gastronomia. *Estudios y Perspectivas en Turismo – Centro de Investigaciones y Estudios Turísticos,* Argentina, v. 10, n. 1 e 2, p. 76-90, 2001.
22. GIRI, V. Rilancio del turismo grazie ai fondi comunitari. *Capua online.* Disponível em: http://www.capuaonline.it/capuanews/anno2002/010902.html. Acesso em: 23/set/ 2002.
23. FERRETI, P. Vale do vinho. *Revista da Folha,* São Paulo, p. 6-8, 24/out./1999.
24. AMBITUR. A Rota do Vinho do Porto e a nova realidade. *Portugal,* ano XI, n. 126, p. 62, jan./2002.

85-7241-572-6

25. SHARPLES, L. The world of cookery-school holidays. In: HALL, C. M. et al. (orgs.). *Food Tourism around the World: development, management and markets.* Oxford: Butterworth-Heinemann, 2003.
26. SWARBROOKE, J. *The Development and Management of Visitor Attractions.* Grã-Bretanha: Butterworth Heinemann, 1995.
27. JOLIFFE, L. The lure of tea: history, traditions and attractions. In: HALL, C. M. et al. (orgs.). *Food Tourism around the World: development, management and markets.* Oxford: Butterworth-Heinemann, 2003.

85-7241-572-6

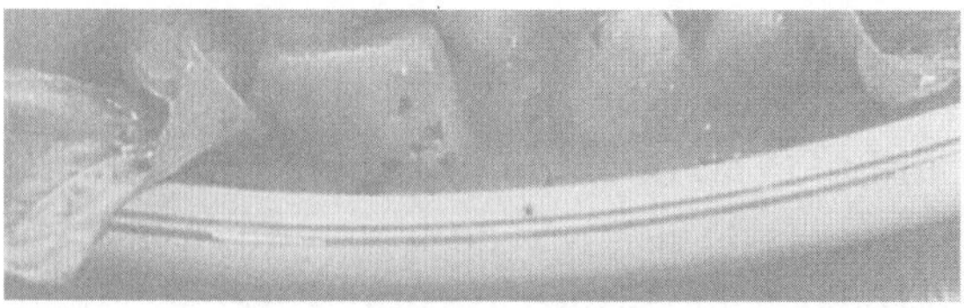

Capítulo **4**

# TURISMO E ALIMENTAÇÃO NO MUNDO

Os elementos gastronômicos começaram a se desenvolver como atrativo turístico há cerca de um século. Entretanto, o desenvolvimento dessa categoria de atrativos é um tanto peculiar quando comparado a atrativos mais comuns ou tradicionais, como edificações históricas. Isso acontece porque a gastronomia é um componente bastante específico do patrimônio cultural de cada sociedade.

Assim, pode-se falar em três panoramas distintos para localidades turísticas, com relação ao desenvolvimento de atrativos gastronômicos. O primeiro grupo de destinos, apoiado pela tradição e mesmo por sua história gastronômica, desenvolveu os elementos gastronômicos em atrativos turísticos, fazendo com que adquirissem grande importância na oferta turística. Um segundo grupo de localidades, talvez o mais numeroso, desenvolveu esse tipo de atrativo de forma bastante discreta, fazendo com que constituísse parte de sua oferta complementar diferencial. Existe, ainda, um terceiro grupo de localidades em que os elementos gastronômicos não se desenvolveram como atrativos turísticos, continuando a desempenhar apenas papel de oferta técnica.

Tanto pela escassez de dados disponíveis quanto pela abrangência deste capítulo, será dado enfoque para países em detrimento a cidades ou regiões. Quando pertinente, entretanto, cidades e regiões serão abordadas de forma mais detalhada.

85-7241-572-6

Como afirmado, o grau de importância e desenvolvimento dos elementos gastronômicos na oferta turística difere muito de um país para outro. Em alguns locais, a importância atribuída ao binômio turismo-gastronomia é grande a ponto de equiparar-se àquela de atrativos de segmentos mais bem estabelecidos, como ecoturismo ou turismo histórico-cultural, por exemplo. Esse é o caso da França, cuja gastronomia tem praticamente tanta visibilidade quanto seu patrimônio histórico-cultural. Em outros destinos, os atrativos gastronômicos são praticamente inexistentes. De maneira geral, esse tipo de turismo vem apresentando crescente importância na atividade turística, em âmbito mundial. Moulin[1] menciona que, em alguns países europeus onde a tradição gastronômica é forte, os elementos gastronômicos acabam tendo grande importância tanto na tomada de decisão de compra quanto no desenvolvimento da viagem para os turistas.

Os dados acerca da existência e utilização de elementos gastronômicos como atrativos em âmbito mundial, assim como suas formas de desenvolvimento, são poucos e sua sistematização é quase inexistente. Assim, este capítulo visa mostrar, mesmo que de forma superficial e preliminar, o panorama mundial em termos do uso desse tipo de atrativos. Com base nos dados arrolados neste capítulo, será possível identificar os países onde esse desenvolvimento é maior, assim como os elementos gastronômicos mais utilizados e sua forma de aproveitamento.

Assim, optou-se por trabalhar, neste capítulo, com uma divisão entre países "tradicionais" e "emergentes". Foram considerados tradicionais aqueles que, desde os primórdios do surgimento dos atrativos gastronômicos, vêm desenvolvendo esse tipo de atrativo e também esse segmento específico do turismo. São, principalmente, países da Europa Ocidental, como França, Espanha e Itália. Os destinos emergentes são aqueles que vêm despontando na atualidade, com seus elementos gastronômicos começando a ser utilizados pelo turismo, como acontece nos Estados Unidos. Vale ressaltar, ainda, que a divisão dos países tradicionais é bem mais perceptível e fechada do que aquela dos países emergentes, os quais, justamente por estarem se organizando, em alguns casos não apresentam um perfil tão claro.

Não é pretensão desta publicação relacionar todos os destinos gastronômicos do mundo, mas apenas dar um panorama das regiões onde se localizam, considerando os países como elementos-base. É possível perceber, a partir da análise das localidades promovidas como gastronômicas, quais regiões do mundo vêm trabalhando esse tipo de atrativo ou esse segmento

85-7241-572-6

do turismo, e como tem ocorrido esse desenvolvimento, inclusive em relação aos atrativos que são promovidos. Por isso, mesmo que numericamente os exemplos não sejam adequados à realidade, é possível demonstrar a partir dos dados arrolados o panorama do desenvolvimento dessa atividade no mundo.

Ao avaliar a situação do uso de elementos gastronômicos pelo turismo em termos mundiais, é importante analisar quais iniciativas vêm sendo tomadas em âmbito governamental e institucional, pois esses órgãos devem ser responsáveis pelo incentivo e fomento da atividade turística e de seus segmentos. De maneira geral, observa-se que, nas localidades em que os atrativos gastronômicos apresentam-se bem desenvolvidos e organizados, o apoio governamental e também de associações relacionadas ao turismo e/ou à gastronomia é bastante comum. Em algumas localidades que estão iniciando o desenvolvimento desse tipo de atrativo, também se percebe um incentivo governamental e institucional efetivo.

Antes de comentar as iniciativas governamentais propriamente ditas, é necessário considerar o apoio de órgãos transnacionais; dentre eles, o mais relevante para o binômio turismo-gastronomia é a Unesco (Organização das Nações Unidas para a Educação, a Ciência e a Cultura). Essa entidade tem como papel principal a preservação do patrimônio histórico-cultural mundial. Nesse aspecto, começou a trabalhar, há alguns anos, a questão dos bens intangíveis, incluindo aí elementos relacionados à alimentação. Esse elemento é considerado de extrema importância pela entidade, tanto que instituiu o tombamento de pratos e produtos típicos como bens intangíveis. Além dessa iniciativa, durante o congresso sobre turismo cultural na América Latina e no Caribe, realizado em Havana (Cuba), a entidade auxiliou na elaboração de um documento-base que definiu as receitas culinárias como um bem tão valioso quanto um monumento[2]. Nesse documento, destaca-se a importância da inserção da gastronomia nas políticas culturais de cada país, região ou localidade.

Há iniciativas governamentais em todos os níveis – federal, estadual, regional e municipal, em diversas localidades. Na Malásia, por exemplo, o Ministério da Arte, Cultura e Turismo tem projetos específicos para o desenvolvimento do turismo gastronômico; da mesma forma, a Secretaria de Indústria e Turismo da província de Castilla y Leon, na Espanha, e o órgão governamental de turismo da cidade de Lambayeque, no Peru, também atuam no planejamento e na promoção de atrativos gastronômicos e, em alguns casos, até mesmo do turismo gastronômico como segmento específico do turismo.

85-7241-572-6

Em geral, os órgãos governamentais apóiam e promovem esse tipo de atrativo por acreditarem que, a partir da alimentação, podem desenvolver atrativos interessantes para os turistas. Diversos órgãos governamentais acreditam que o desenvolvimento de atrativos gastronômicos agregará valor à sua oferta diferencial e, conseqüentemente, incrementará seu fluxo turístico, tanto em relação ao volume de pessoas viajando quanto ao tempo de estada dos visitantes.

Entretanto, não basta que os órgãos governamentais vislumbrem as boas possibilidades dos atrativos gastronômicos para seus destinos. Além de fornecer incentivos e promover iniciativas com o intuito de desenvolver atrativos gastronômicos, é necessário que tenham consciência tanto das oportunidades quanto das ameaças apresentadas pela implementação desse tipo de atrativo. Também precisam ter conhecimento do potencial real da região. O órgão oficial de turismo da Andaluzia, por exemplo, tem consciência de seu posicionamento nesse mercado. Reconhece que as potencialidades dos recursos gastronômicos locais estão na grande tradição dos recursos gastronômicos da região, na existência de estabelecimentos de grande valor histórico e na possibilidade de profissionalizar a mão-de-obra local. Entretanto, também tem consciência das dificuldades para o estabelecimento desse tipo de atrativo, como a falta de conhecimento administrativo dos empresários do setor de alimentação, o baixo nível tecnológico e a falta de parcerias.

Vale ressaltar que o governo tem importante papel como fomentador e sustentador de iniciativas voltadas para o desenvolvimento de atrativos de cunho gastronômico, assim como o tem para os demais tipos de atrativos, enquanto as associações é que serão responsáveis pelo planejamento e a execução de ações. Desse modo, portanto, o desenvolvimento da gastronomia como atrativo turístico também é acompanhado pelo estabelecimento de associações e entidades diversas. Pode-se dividir as entidades em dois grupos distintos – institucionais e acadêmicas. As entidades institucionais, em geral, trabalham com planejamento, desenvolvimento e promoção de produtos turísticos de cunho gastronômico. É interessante notar que grande parte das associações de cunho institucional relaciona-se diretamente com uma rota gastronômica e/ou região turística específica. Já as instituições acadêmicas trabalham no sentido de promover estudos, pesquisas e discussões acerca do desenvolvimento de atrativos, do turismo gastronômico e de áreas do conhecimento correlatas.

Novamente, não se teve o intuito de arrolar extensivamente as associações existentes em todo o mundo, mas apenas dar um panorama geral a partir da análise daquelas associações mais representativas. Seria praticamente impossível cobrir todas as associações, em âmbito mundial, em uma publicação deste tipo. As associações institucionais relacionadas ao desenvolvimento de atrativos gastronômicos foram identificadas tanto em países tradicionais quanto em emergentes, sinalizando que o nível de organização do país vai além do histórico do destino, em termos de desenvolvimento turístico. Há relatos de grande quantidade de associações institucionais na Itália e nos Estados Unidos. Apesar deste último consistir em um país emergente, há países tradicionais que ainda não alcançaram seu nível de organização. Há, ainda, associações de alcance supranacional, ou seja, que cobrem mais de um país, o que demanda uma organização ainda maior.

Essas associações trabalham tendo por base diferentes estratégias. A maioria delas tem como objetivo planejar, desenvolver e promover atrativos gastronômicos. Dentre estes, podem optar por trabalhar desde uma gama de produtos gastronômicos, como é o caso da *Society for the Promotion and Marketing of the Province of Piacenza*, que trabalha com todos os produtos que possam ser desenvolvidos em atrativos gastronômicos na região de Piacenza. Em outros casos, a associação se concentra em um único produto; algumas delas chegam a ter uma especificidade surpreendente, trabalhando com um gênero alimentício de uma marca específica. Esse é o caso da *Associazione d'Strada dell'Olivo d'Oliva Castel del Monte*, na Itália, que trabalha no desenvolvimento do óleo de oliva virgem *Castel del Monte* como atrativo gastronômico. Diversas entidades trabalham, ainda, com associações que visam, primordialmente, promover uma rota gastronômica, como a *Russian River Wine Road*.

Para alcançar seus objetivos e desenvolver suas atividades, essas associações costumam ser formadas por ou tornam-se parceiras de entidades privadas, proprietários de atrativos e meios de hospedagem e órgãos governamentais, dentre outros. O *Club di Prodotto*, por exemplo, funciona como um consórcio entre os diversos municípios da região, além de trabalhar em parceria com várias outras instituições de cunho gastronômico e turístico. A *Associazione d'Strada dell'Olivo d'Oliva Castel del Monte*, por sua vez, atua em parceria com produtores de azeite e de outros alimentos tradicionais, como operadores de turismo, órgãos públicos e instituições que cuidam da qualidade do azeite produzido. A importância de trabalhar junto a outros

85-7241-572-6

setores do turismo tem-se mostrado vital para diversas associações, seja para promoção, realização de eventos ou mesmo operação turística. Assim, em geral, busca-se a maior amplitude possível de participantes e/ou parceiros.

Associações transnacionais, como a *Red Patrimonio Gastronómico*, demandam um nível de organização e uma variedade de parceiros ainda maior. A rede supracitada, por exemplo, é uma associação que envolve produtores, estabelecimentos e regiões e tem como objetivo incrementar o consumo dos produtos locais e dos pratos típicos das regiões envolvidas. O programa foi desenvolvido pelo Conselho de Ministros Nórdico, Condado de Scania e de Bomholm e União Européia. Nesses casos, deve-se atentar para que não sejam tomadas decisões que favoreçam uma região em detrimento de outra. Todas as regiões devem ser atendidas da forma mais igualitária possível.

O modo de organização e as iniciativas desenvolvidas por essa rede são bastante interessantes e diferentes daquelas de entidades que envolvem uma área geográfica mais restrita, justamente por seu nível de alcance ser tão amplo. A associação possui iniciativas diferenciadas de acordo com a região em que se insere. Entretanto, possui um logotipo, comum a todas as regiões em que atua, que identifica o patrimônio gastronômico regional, de modo que turistas e população local possam reconhecer os produtos tradicionais da região com mais facilidade. Esse distintivo é encontrado em empreendimentos conveniados com a associação, sejam eles produtores, restaurantes, lojas ou qualquer outro. Percebe-se, assim, a interessante tentativa da associação trabalhar com o desenvolvimento global, da área macro que a compõe, sem esquecer as peculiaridades e necessidades específicas de cada região membro.

Percebe-se, assim, o papel fundamental desempenhado tanto por órgãos governamentais quanto por associações para o desenvolvimento de atrativos turísticos de cunho gastronômico. Funcionam como o pilar de sustentação desses atrativos que, muitas vezes, apresentam pouca importância, se isolados. Tendo esse panorama em mente, tem-se a seguir uma descrição mais detalhada dos destinos tradicionais e emergentes, concentrando-se no tipo de atrativo gastronômico trabalhado em cada destino.

## Destinos Tradicionais

Os destinos tradicionais, como descrito anteriormente, são destinos que apresentam um antigo desenvolvimento da atividade turística como um todo, estando presentes nos primórdios dessa atividade. Isso explica o fato de todos

85-7241-572-6

estarem localizados na Europa Ocidental, região que primeiro desenvolveu o turismo como atividade moderna no mundo. Esses destinos possuem histórico e tradição no uso de elementos gastronômicos como atrativos. Isso não implica, entretanto, que seu nível de organização e a complexidade de seus atrativos sejam maiores que de destinos emergentes.

Os destinos tradicionais apresentam grande organização formal da atividade turística, inclusive dos atrativos gastronômicos. Em âmbito mundial, esses destinos apresentam grande visibilidade em termos da relação entre alimentação e turismo, independentemente de sua maior ou menor promoção. Vale ressaltar, ainda, que tais destinos são importantes núcleos receptores de turistas, recebendo grande fluxo de visitantes estrangeiros e domésticos. Dentre eles há, por exemplo, a França, maior receptor de turistas estrangeiros do mundo. Em razão das suas características, esses destinos formam um grupo bastante homogêneo e de fácil análise.

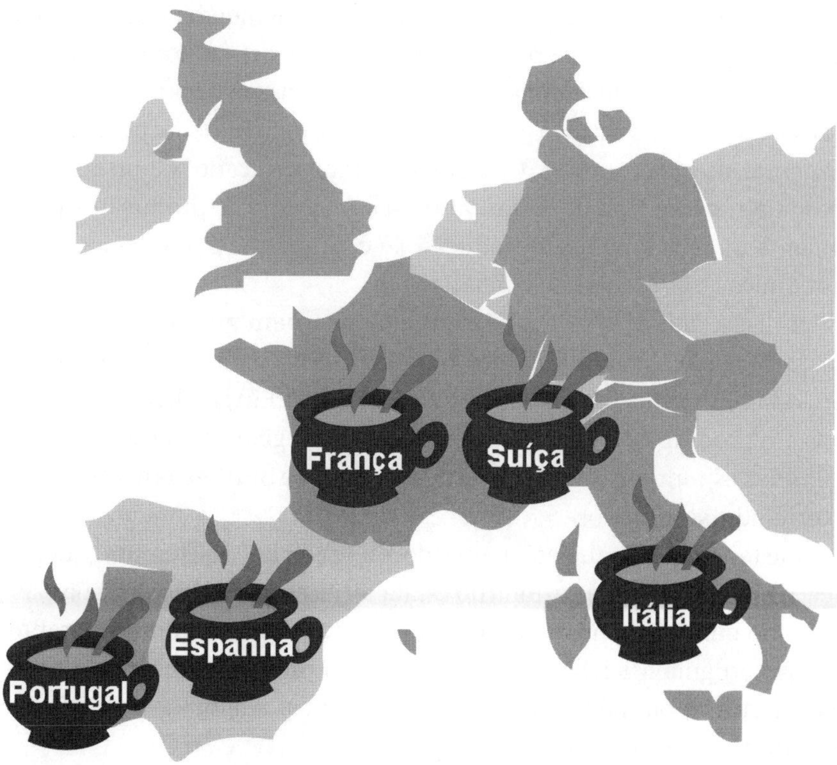


85-7241-572-6

## França

A França é, provavelmente, o país com maior tradição em termos do uso de elementos gastronômicos pelo turismo em todo o mundo, em função do próprio histórico da gastronomia nesse país. Foi na França que surgiram algumas das principais escolas de culinária da história, além de muitos *chefs* de renome mundial. Além disso, o país conta com o ícone da gastronomia francesa, considerada o símbolo da alta gastronomia mundial.

Tanto governo quanto empreendedores privados reconhecem a importância desses elementos para o turismo no país, não apenas por ser um atrativo principal ou com grande potencial de exploração, mas também por ser um elemento que gera grande expectativa nos visitantes do país, independentemente de seu motivo de viagem ou perfil. Por ser uma cozinha tão promovida em termos mundiais, criou-se uma imagem da cozinha francesa que está no imaginário inconsciente de qualquer visitante do país. Os turistas chegam à França imaginando aquela culinária requintada, os estabelecimentos charmosos e a comida impecável. Ou seja, é gerada toda uma expectativa por parte desses visitantes. Assim, qualquer decepção em relação aos elementos gastronômicos encontrados no país pode ser marcante para uma viagem e, por isso, tais elementos deveriam ser considerados atrativos em todos os casos.

Em termos de elementos, o país é conhecido principalmente por seus restaurantes de alta gastronomia. Os elementos mais utilizados como atrativos no país, além desse tipo de restaurante, são os locais de produção – principalmente os relacionados à produção de champanhe e vinho –, as rotas gastronômicas e as escolas de culinária.

Além disso, alguns gêneros alimentícios possuem grande visibilidade, como queijos e *foie gras*. Entretanto, o trabalho feito para transformação de gêneros alimentícios em atrativos turísticos é menor. Em geral, se constituem apenas em produtos específicos de determinada região, que acabam sendo consumidos espontaneamente pelos turistas junto a outros elementos e, por isso, tornando-se atrativos.

No que tange aos estabelecimentos de alimentação, vale lembrar que, na França, o nome do *chef* de cozinha do estabelecimento, assim como sua classificação no guia Michelin, é imprescindível para o sucesso do restaurante. As estrelas do guia Michelin possuem um peso incrível no mundo gastronômico francês e também para parte dos visitantes que buscam o país por seus atrativos gastronômicos.

85-7241-572-6

A França é o melhor exemplo da dificuldade em se consolidar atrativos gastronômicos como oferta diferencial principal de um destino turístico. Nem mesmo a região de Champanhe-Ardennes, que recebe anualmente cerca de seis milhões de turistas, dos quais grande parte procura atrativos gastronômicos, consegue se consolidar como tal. Constatou-se que, apesar dessa região contar com atrativos gastronômicos bem consolidados e visitação expressiva, os turistas ainda consideram como motivo principal da viagem os atrativos histórico-culturais, percebendo a gastronomia como um atrativo complementar, mesmo que em muitos casos a visita às produtoras de champanhe se torne o motivo principal de suas viagens[3].

Pode-se considerar que o país trabalha de forma homogênea os atrativos gastronômicos, ou seja, todas as regiões possuem esse tipo de oferta diferencial. Há uma diferenciação, entretanto, no tipo de elemento promovido como atrativo, o que depende das características geográficas, econômicas e sociais de cada região.

A cidade de Paris apresenta destaque no desenvolvimento de atrativos gastronômicos. Apesar de não serem promovidos muitos elementos gastronômicos como atrativos na cidade, a variedade dos elementos gastronômicos promovidos é considerável. A relevância dos atrativos gastronômicos pode ser percebida pelo fato de a localidade possuir dois guias gastronômicos voltados especificamente para a cidade, demonstrando seu grande potencial como destino gastronômico.

Os dois elementos mais comuns na localidade são os cafés e os restaurantes, gastronômicos ou não, que trabalham com culinária francesa. Os cafés de Paris demonstram todo o *glamour* da *belle époque*. A ambientação desses locais é bastante cuidadosa, permitindo que o turista se transporte para outra época e outro clima quando nesses estabelecimentos. Há alguns que, por sua própria história, tornam-se atrativos, como o café *Le Procope*, que funciona no mesmo local desde 1686. Ainda merecem destaque os cafés localizados em atrativos turísticos, como o café do Museu d'Orsay e do Centre Pompidou, muito freqüentados por turistas e pela população local. Também é comum, na cidade, a presença de restaurantes no interior de lojas, unindo alimentação e compras. Butiques, *maisons* e lojas de departamentos de Paris abrem cada vez mais espaço para a gastronomia. Isso tem sido chamado, no país, de "shopping gourmand" e é uma tendência que está se disseminando pela França e para outros países.

85-7241-572-6

A região de Champanhe-Ardennes, por sua vez, é conhecida mundialmente por sua produção de champanhe. Tem algumas das maiores produtoras mundiais, como a famosa Moët & Chandon, e aposta no turismo gastronômico como um dos principais chamarizes para os turistas, já que muitos dos programas turísticos da região estão ligados ao champanhe, como visita a caves e refeições em restaurantes gastronômicos. Além disso, existem na região outros atrativos turísticos de cunho gastronômico, principalmente os locais com processos produtivos seculares cuja produção tem relação com o consumo de champanhe, como o caso dos biscoitos cor-de-rosa de Reims[4].

A região de Languedoc-Roussillon também é bastante promovida e procurada por seus atrativos gastronômicos. Recebe, anualmente, cerca de 15 milhões de turistas, tendo como principais atrativos a produção de vinho, a gastronomia e alguns elementos históricos. É conhecida por ser a maior extensão territorial do mundo coberta por vinhedos. Há cerca de 200 caves produtoras na região, das quais 40 estão credenciadas no Departamento de Turismo como aptas a receber visitantes. A região ainda possui outros tipos de produção, como azeitona, cereja e azeite, que permitem uma diversificação de seus atrativos gastronômicos.

O Vale do Loire também é uma região muito conhecida em âmbito mundial. Aposta na visitação combinada entre vinícolas e castelos. Em muitos casos, é possível a visitação de vinícolas ou vinhedos localizados dentro da área de um castelo ou apenas refeições em castelos.

Algumas regiões apostam em elementos mais específicos. A região de Nimes, por exemplo, é muito famosa e procurada pelos turistas apenas em função da produção de *foie gras*. No interior do país, por sua vez, os restaurantes costumam ter ambientação sofisticada ou relacionada com o ambiente no qual se insere. O restaurante L'Ecurie, por exemplo, na região de Carcassome, foi instalado em um estábulo do século XVI.

## Itália

A Itália também é um país com forte tradição no uso e desenvolvimento de atrativos turísticos de cunho gastronômico. É importante lembrar que a culinária italiana é conhecida em todo o mundo. Além disso, conseguiu criar uma imagem fantasiosa no imaginário das pessoas em relação à culinária italiana encontrada na própria Itália, que seria diferente daquela produzida mundo afora. Assim, o país promove, com muito êxito, pratos e produtos locais, além de locais de produção.

85-7241-572-6

Também é marcante o desenvolvimento de rotas enogastronômicas no país. São centenas de rotas que se espalham por todo o território italiano, as quais promovem produtos como leite, azeite de oliva e, principalmente, vinho. As rotas italianas apresentam diversos graus de complexidade, abrangência geográfica e forma de organização. Com tamanha experiência nessa área, o país serve como referência para o desenvolvimento de rotas enogastronômicas em todo o mundo.

É notável a quantidade de rotas gastronômicas encontradas na Itália em relação a outros países, assim como suas peculiaridades. O *site Cultura Gastronômica Italiana* dá uma idéia do grande volume de rotas no país, arrolando mais de 100 rotas gastronômicas voltadas apenas para a produção de vinho. A importância desses itinerários e percursos turístico-gastronômicos no país é tamanha que eles se tornaram um ponto de referência para turistas italianos e estrangeiros, que se sentem mais seguros e têm maior facilidade para descobrir os atrativos turísticos das regiões italianas a partir dessas rotas[5].

Desde o norte até o sul do país, praticamente todas as regiões trabalham com algum tipo de atrativo gastronômico em sua oferta turística. O mais interessante com relação ao desenvolvimento desses atrativos é que, mais que em outros destinos, os italianos vêem a gastronomia como patrimônio e atrativo, já que a alimentação tem extrema importância para esse povo. Isso facilita o desenvolvimento desses elementos em atrativos turísticos.

O turismo gastronômico como segmento específico da atividade turística é promovido em regiões como Sardenha, Lombardia e Matilde Canossa. Na região da Sardenha, o turismo gastronômico é promovido como um novo estilo de turismo e cada uma das regiões da ilha se destaca por um produto específico, como peixes e vinho. O mesmo tipo de promoção é feito na região da Lombardia. A região de Matilde Canossa é peculiar por ser promovida unicamente como destino enogastronômico, sem promover outros segmentos do turismo ou mesmo outros tipos de atrativos. As terras dessa região se inserem na área hoje denominada de *italian food valley* (vale da alimentação italiano). Nessa região, além dos gêneros alimentícios, também são promovidas algumas rotas gastronômicas.

A maioria das regiões, entretanto, promove atrativos gastronômicos em detrimento do turismo gastronômico, como segmento. Em grande parte dos casos, os locais de produção apresentam destaque, juntamente com as rotas gastronômicas. Nesse sentido, a região da Toscana apresenta um panorama bastante comum a outras regiões da Itália. Há cerca de 200 produtores de vinho e outros gêneros alimentícios, quase todos abertos à visitação. Os visitantes, em geral, podem ter acesso ao processo de colheita, produção e degustação dos produtos. É justamente pelo grande número de locais de produção e produtores dispostos a inserir o turismo dentre suas atividades, além do alto grau de organização do país em termos de turismo, que há uma diversidade tão grande de rotas gastronômicas na Itália.

É bastante relevante, em termos organizacionais, a diversidade de associações existentes no país com o objetivo de fomentar o desenvolvimento de atrativos gastronômicos. É o caso da associação *Città Del Vino*, em Siena, da *Society for the Promotion and Marketing of the Province of Piacenza*, na região de Piacenza, do *Club di Prodotto*, na região de Reggio Emilia e da *Associazione Wineland*, na região de Monferrato. A *Città Del Vino*, por exemplo, consegue reunir cerca de 400 municípios italianos que possuem a cultura enogastronômica bem desenvolvida[6]. A *Associazione Wineland*, por sua vez, trabalha com viagens na região, fazendas, lojas de produtos tradicionais, *workshops* e, ainda, comercialização de roteiros gastronômicos.

Em termos de importância, vale ressaltar o grande número de publicações que tratam do binômio alimentação-turismo no país. Há grande disponibilidade de livros e guias específicos sobre esse assunto, desde publicações abrangentes, como o livro *Turismo Gastronomico in Italia*, até publicações bastante específicas, voltadas para uma região do país, como a publicação *Enogastronomici Routes in Emilia Romagna*.

## Espanha

A Espanha não apresenta tanta visibilidade em termos de desenvolvimento e promoção de atrativos, e mesmo do turismo gastronômico, quanto a França e a Itália. Da mesma forma, também não apresenta um desenvolvimento tão homogêneo desse tipo de atrativo. Entretanto, tais elementos são de grande importância para algumas regiões espanholas. É o caso da província da Galícia. Uma pesquisa publicada pelo jornal *El Correo Gallego* revelou que 27,5% dos turistas que visitam a região o fazem especificamente para praticar o turismo gastronômico, fazendo dessa província a região da Espanha onde esse tipo de turismo tem a maior força. Além disso, da totalidade de turistas que praticam turismo cultural na região, cerca de 10,5% afirmaram também visitar atrativos gastronômicos[7].

Ademais, deve-se considerar outra particularidade no desenvolvimento de atrativos gastronômicos no país: a estreita relação do governo com essa

85-7241-572-6

temática. O governo espanhol tem grande engajamento no desenvolvimento da gastronomia em atrativo turístico, fato não facilmente perceptível em outros países. A Junta de Turismo de Castilla y Leon, por exemplo, trabalha com planejamento e organização de atrativos gastronômicos por acreditar que essa atividade pode induzir um aumento nos gastos dos turistas que visitam a região. O incremento de receita e do fluxo turístico por meio dos atrativos gastronômicos constitui fator primordial para o apoio e fomento do governo a tal atividade.

O órgão governamental da província de Andaluzia segue a mesma lógica e os mesmos parâmetros para o desenvolvimento de atrativos gastronômicos. Acredita, ainda, que esse tipo de atrativo pode garantir maior estabilidade ao mercado em que se insere, além de criar uma imagem mais definida do destino, já que promove elementos específicos do local.

Além da presença próxima do governo, é interessante notar que, na Espanha, também existe uma diversificação em termos das ações tomadas por esse segmento. Enquanto nos exemplos anteriores o apoio do governo era dado pela inserção de tal segmento em seus planos de desenvolvimento do turismo, a Comunidade Autônoma de Extremadura apresenta outro tipo de ação. Ela demonstra seu apoio ao turismo gastronômico instituindo uma norma que cria a distinção de restaurante gastronômico regional, determinando também os requisitos necessários à sua obtenção. Essa disposição tem por objetivo ressaltar o caráter turístico de alguns estabelecimentos de alimentação e potencializar o turismo com base na gastronomia. Além disso, tal distinção faz com que os estabelecimentos mantenham elevado nível de qualidade no que diz respeito à alimentação, às instalações e aos serviços.

Além das regiões citadas, nas quais o engajamento do governo é mais visível, ainda há outras regiões que possuem foco – principal ou complementar – no desenvolvimento de atrativos gastronômicos. Llorca[8], por exemplo, afirma que a Espanha possui três pólos gastronômicos bem definidos: País Basco, Cataluña e Madrid.

A região de Aguillar de la Frontera apresenta uma situação muito comum em termos de desenvolvimento de atrativos gastronômicos. Ela consolidou-se como destino gastronômico depois de um vinho da região ter sido selecionado como o melhor da Espanha; após sua fama, muitos turistas se interessaram em conhecer o local onde é produzido.

Vale ressaltar, ainda, o papel das cidades de Barcelona e Madrid em termos de uso de atrativos gastronômicos. Ambas são cidades cosmopolitas e

85-7241-572-6

turísticas que prezam a diversão. Nesse panorama, bares e restaurantes, que já eram elementos muito utilizados pela população local para entretenimento, acabaram se tornando grandes chamarizes para turistas. Assim, a cultura de freqüentar esses estabelecimentos transcendeu o caráter local para ser incorporada como um hábito dos turistas que visitam as duas cidades. Junto a isso, foi incorporado o costume de comer *tapas*, os aperitivos locais com *canas*, a denominação para cerveja. Em Barcelona, as *Ramblas* congregam bares, restaurantes e cafés que funcionam durante o dia. Outro ponto de encontro de turistas e população local é o *Port Vell*, que foi reformado para os Jogos Olímpicos e transformado em um centro de entretenimento, gastronomia e cultura para a população.

Outras cidades do país se destacam por seu caráter gastronômico, como Sevilha. A rua Alvarez Quintero é considerada o corredor gastronômico da cidade, trabalhando extensivamente com a conjugação entre comida e história. Restaurantes freqüentados no passado por fregueses ilustres, como o *Las Escobas*, que tinha como clientes Alexandre Dumas e Miguel de Cervantes, são amplamente promovidos como atrativos e muito procurados por turistas.

Em termos de elementos gastronômicos, o país trabalha muito com eventos gastronômicos, produtos e pratos tradicionais, bares e restaurantes. Em alguns casos, percebe-se a existência de atrativos diferenciados, como museus específicos sobre elementos gastronômicos ou produtos promovidos de forma peculiar. A Galícia, por exemplo, promove os produtos tradicionais locais com a denominação "tesouros gastronômicos da Galícia". Vale ressaltar, também, a presença de algumas rotas gastronômicas das quais parcela considerável se refere a outros produtos que não vinho, como a Rota dos Assados, por exemplo.

## Portugal

Portugal apresenta um panorama de desenvolvimento turístico gastronômico parecido, em parte, com a situação espanhola. O país não possui promoção ampla como destino gastronômico e não desenvolve esse tipo de atrativo de forma homogênea, concentrando-se em algumas áreas específicas.

Os elementos gastronômicos trabalhados no país são bem diversificados. Há desde rotas gastronômicas e locais de produção até produtos específicos e restaurantes gastronômicos. Há, entretanto, alguns atrativos gastronômicos principais no país, como o vinho do Porto e os doces portugueses. Vale res-

85-7241-572-6

saltar a atuação das pousadas de Portugal. Além de ocuparem antigos conventos e castelos, constituindo-se em atrativos histórico-culturais, têm como chamariz a gastronomia servida por seus *chefs*, a qual sempre se baseia na cozinha tradicional do local.

Percebe-se certo grau de engajamento do governo em algumas regiões do país. O setor público português se mostra consciente da situação do turismo como um todo no país, das tendências que envolvem esse tipo de atrativo e das possibilidades de desenvolvimento. Organizações do terceiro setor e entidades privadas mostram as mesmas preocupações em algumas localidades. O Distrito da Guarda, por exemplo, é bastante atuante nesse sentido. A Associação do Comércio e Serviços do Distrito da Guarda crê no aumento da procura por tipos alternativos de turismo e, por isso, acredita que o turismo gastronômico deva ser desenvolvido, por constituir uma forma de turismo alternativo. Essa associação vislumbra a possibilidade de geração de receita para áreas menos favorecidas econômica e comercialmente, por meio dessa atividade.

Apesar de ser um desenvolvimento mais disperso e heterogêneo, diversas regiões portuguesas vêm dando uso turístico a seus elementos gastronômicos. A Região de Turismo do Oeste, por exemplo, considera-se um destino de turismo gastronômico, apostando nas vinícolas e na culinária tradicional como elementos principais. Um dos produtos turísticos de cunho gastronômico mais bem estabelecido da região é uma rota do vinho formada por diversas vinícolas, nas quais os visitantes podem comprar ou degustar os produtos e, em alguns casos, até mesmo se hospedar[9].

A região do Douro, onde se localiza a cidade do Porto, é a região mais conhecida do país em termos gastronômicos, em virtude da produção de vinho do porto. Essa região promove visitas a restaurantes tradicionais, rotas enogastronômicas e produtos tradicionais. Pode-se, ainda, conhecer o processo de fabricação de produtos tradicionais e, dependendo da época, participar de aulas de culinária e degustação de produtos[9]. A região do Douro chegou a ser, inclusive, tombada pela Unesco justamente em função de seus vinhedos.

O vinho também é o ponto-chave da promoção de atrativos gastronômicos nas regiões de Rioja e de Estremadura, onde as culturas de frutas diversas também buscam seu espaço como atrativo turístico. Os doces portugueses, por sua vez, ícones da gastronomia portuguesa, são vendidos com cunho atrativo em grande parte dos destinos turísticos do país, assim como outros pratos típicos, como aqueles cujo ingrediente principal é o bacalhau.

85-7241-572-6

## Suíça

A Suíça é conhecida como a terra do chocolate. Tal denominação já mostra a importância dos atrativos gastronômicos para o país. Entretanto, o país possui um panorama peculiar em termos desse tipo de atrativo. Se, por um lado, é amplamente reconhecido em função de seus elementos gastronômicos, principalmente as marcas de produtos e os gêneros alimentícios tradicionais do país, por outro, não há uma promoção direta de atrativos gastronômicos do país. Sua classificação como destino tradicional se dá, entretanto, em função desse caráter histórico dos elementos gastronômicos.

O país é conhecido mundialmente por seus produtos típicos. Além do chocolate, cujas principais marcas mundiais têm sede no país, com a Lindt e a Nestlé, pode-se citar os sorvetes e os queijos, dentre outros. Algumas das marcas de sorvete mais famosas do mundo são suíças, como Haagen-Daz e Movenpick. O queijo, por sua vez, possui tamanho apelo que o próprio material promocional da Suíça a denomina *cheeseland* (terra do queijo).

Com base nos produtos típicos locais, alguns pratos também se tornaram ícones do país. Talvez o exemplo mais famoso seja o *fondue*, que se disseminou mundo afora. Em termos de abrangência geográfica do desenvolvimento de atrativos gastronômicos, não há um panorama homogêneo. Algumas regiões isoladas são promovidas como destinos gastronômicos ou como destinos detentores de importantes atrativos gastronômicos. Entretanto, são áreas dispersas com diversos tipos de elementos promovidos.

Appenzell, por exemplo, é uma cidade promovida como destino de cunho gastronômico. A localidade é promovida por seus padeiros e bolos de mel famosos. Além disso, possui outros atrativos de cunho gastronômico, como museus que mostram a forma antiga de processar o leite alpino e fazer o queijo, além de diversos restaurantes que trabalham com culinária tradicional local.

A cidade de Carouge, conhecida por seu patrimônio arquitetônico e histórico, também promove um atrativo de cunho gastronômico de forma complementar à sua oferta, a feira de Carouge, a qual é composta por barracas de flores, frutas vermelhas e queijos, e chama a atenção dos visitantes pela grande variedade desses elementos. Uma das barracas de queijo, por exemplo, dispõe de 80 variedades.

Mais abrangente, a região de Cantão, próxima a Genebra, é promovida como destino gastronômico. O local congrega mais de 40 produtores de vi-

85-7241-572-6

nho, diversos dos quais abrem suas caves à visitação. Por esse panorama peculiar e heterogêneo, é difícil caracterizar e definir a Suíça como destino de cunho gastronômico.

## Destinos Emergentes

Destinos emergentes são aqueles que iniciaram o desenvolvimento de seus atrativos gastronômicos mais recentemente, seja por terem um histórico de desenvolvimento turístico mais recente, seja por terem percebido mais tardiamente o potencial de elementos gastronômicos como atrativos. Apesar do pouco tempo de desenvolvimento, há exceções, como os Estados Unidos, que já possuem atrativos muito bem estruturados. Existem em maior número do que os destinos tradicionais, os quais são bastante restritos. Por apresentarem um panorama de desenvolvimento recente, são mais difíceis de serem caracterizados.

Não há qualquer tipo de informação sistematizada com relação a esses conjuntos de destinos. Por isso, tentou-se identificar tendências ou iniciativas efetivas de desenvolvimento de atrativos gastronômicos no intuito de definir os principais destinos emergentes da atualidade. Uma das principais formas de identificação utilizada nessa publicação foi a análise do que é promovido ou divulgado na mídia ampla ou em publicações especializadas e, ainda, do que é promovido pelos órgãos oficiais de turismo e correlatos.

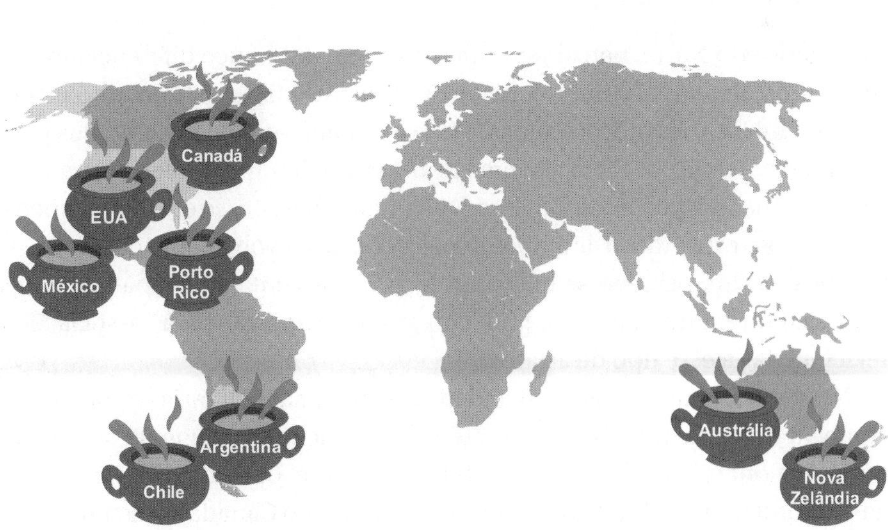

## Austrália

A Austrália vem despontando como destino turístico de grande importância mundial, apesar da distância dos principais pólos emissores de turistas. O desenvolvimento de atrativos gastronômicos na Austrália deu-se em curto prazo, porém, de maneira incisiva, apresentando hoje atrativos bem planejados e estruturados.

O governo australiano é bastante atuante no que diz respeito ao desenvolvimento de atrativos de cunho gastronômico, apresentando três papéis principais: disseminação de informação das oportunidades criadas pelas redes de atrativos do país, incentivo à cooperação entre diferentes setores e melhoria das parcerias existentes entre os setores público e privado. O governo australiano vem criando organizações específicas e oferecendo financiamento, sobretudo para ações de pesquisa, educação e planejamento[10].

Em termos de elementos gastronômicos, na Austrália, dá-se grande atenção às vinícolas. A visitação desse tipo de atrativo, tanto por parte de turistas domésticos quanto por turistas estrangeiros, tem aumentado, assim como o apoio governamental e os investimentos privados nessa área. Apesar de serem poucas as pesquisas específicas sobre a região, sabe-se que, em 1994, no início do desenvolvimento desses atrativos, cerca de 10% dos turistas internacionais da Austrália já visitavam pelo menos uma vinícola em suas viagens[11].

## América do Norte

Na América do Norte, percebe-se um panorama um pouco diferenciado em termos do desenvolvimento recente de atrativos turísticos de cunho gastronômico. Apesar de Estados Unidos e Canadá serem considerados países emergentes, já possuem alto grau de desenvolvimento de alguns atrativos gastronômicos específicos. Tal desenvolvimento baseou-se em planejamento cuidadoso e na prática de ambos os países no desenvolvimento da atividade turística. Assim, percebe-se que o apoio governamental já é uma realidade na área; entretanto, mais que isso, têm grande importância as associações relacionadas a esse tipo de atrativo.

Nesses dois países, existe dificuldade em trabalhar culinárias tradicionais como atrativos, já que não há uma culinária tradicional nacional e suas culinárias regionais não têm grande visibilidade. Assim, os principais elementos gastronômicos trabalhados como atrativos, tanto no Canadá como nos Esta-

85-7241-572-6

dos Unidos, são as rotas enogastronômicas e os locais de produção. As rotas gastronômicas estão bem definidas geograficamente. No Canadá, destaca-se a região de Niagara; nos Estados Unidos, a região de Sonoma e Napa Valley, no estado da Califórnia.

Segundo Telfer e Hashimoto[12], o Canadá está incorporando a gastronomia em seu produto turístico. A região de Niagara é, sem dúvida, o pólo de atração gastronômica mais importante do país. Estima-se que, anualmente, mais de 300 mil turistas visitam as vinícolas da região, segundo pesquisa desenvolvida por Telfer[13]. Na região do Napa Valley, por sua vez, existem cerca de 250 vinícolas e, na região de Sonoma, aproximadamente 200 delas. É nítido o esforço das regiões para se destacar junto aos turistas, em especial pelo oferecimento de atrativos diferenciados, como o trem do vinho e o vôo sobre os parreirais.

A predominância de bebidas como temas de rotas nesses países é marcante. Além do vinho, principal bebida utilizada para desenvolvimento de rotas gastronômicas, também há registro do uso de outras bebidas. Nos Estados Unidos, mais precisamente na região de Louisville, Kentucky, as destilarias de Bourbon consistem no atrativo gastronômico mais tradicional havendo, inclusive, a Rota do Bourbon[14].

Nos Estados Unidos, os estabelecimentos de alimentação também apresentam algum destaque. Entretanto, não pela comida servida, e sim pelo cenário montado. O estilo americano, com predomínio da espetacularização, também está presente nos bares e restaurantes. Podem-se citar como exemplos os restaurantes temáticos *Planet Hollywood* e *Hard Rock Cafe* que, além dos proprietários famosos, causam curiosidade em função de sua decoração. O restaurante *Russian Tea Room*, em Nova York, também faz sucesso dessa forma. Foi projetado para ser um parque temático com comida. A decoração exótica e exagerada é o que mais chama atenção no local. Além disso, tentou resgatar a culinária russa, perdida após a Revolução de Outubro[15].

As grandes cidades desses dois países, como Nova York e Toronto, por exemplo, são consideradas capitais gastronômicas em função da diversidade de estabelecimentos representativos das mais diferentes cozinhas e movimentos gastronômicos.

A presença de publicações especializadas também é um indício do nível de desenvolvimento dos atrativos gastronômicos no país. O *The Nappa Valley Expedition Guide*, por exemplo, é uma publicação inovadora. Não é apenas um livro, mas um conjunto composto por guia, *CD-ROM* e fita cassete. O intuito é que o áudio *tour* e o guia sejam utilizados em conjunto, enquanto

85-7241-572-6

o *CD-ROM* dá uma idéia do que será a visita, antes da viagem. O roteiro de visita às vinícolas foi elaborado de modo a dar opções aos leitores, que podem escolher pontos de início e roteiros que satisfaçam suas exigências.

## América Latina

A América Latina é outra região que tem apresentado grande desenvolvimento em relação a atrativos gastronômicos. Entretanto, o panorama de desenvolvimento é um pouco diferenciado daquele da Oceania e da América do Norte. Nos dois primeiros casos, tratava-se de regiões desenvolvidas, onde a atividade turística como um todo já se apresenta muito bem estruturada e organizada. O planejamento turístico nessas áreas é uma realidade, assim como o papel efetivo das associações como impulsionadoras de atrativos. Na América Latina, a situação é um pouco diferente. Trata-se de uma região subdesenvolvida, com países de grande potencial, porém, com situação econômica, política e social complicada. Além disso, são países que apresentam fluxo turístico acanhado, tanto internacional – em função da condição econômica de seus países vizinhos e da distância dos principais núcleos emissores –, quanto doméstico – em função da situação socioeconômica interna. Além disso, são países nos quais o planejamento turístico passou a ser visto como ferramenta importante apenas recentemente. A exceção fica por conta do México, que tem nos Estados Unidos um mercado importante e muito próximo e, conseqüentemente, apresenta uma situação de desenvolvimento e organização melhor.

Justamente por esse panorama e considerando o caráter complementar dos atrativos gastronômicos, é surpreendente o que vem sendo trabalhado com esse tipo de atrativo em alguns países da América Latina. É notável, também, o apoio governamental que vem sendo dado ao desenvolvimento desse tipo de atrativo em algumas localidades. Apesar de estarem apenas iniciando seu desenvolvimento nesse sentido, algumas localidades latino-americanas mostram que os atrativos gastronômicos podem tornar-se elementos fundamentais na oferta diferencial de certas regiões. É interessante notar que, apesar de em alguns países se perceber um desenvolvimento mais abrangente, de diversos tipos de atrativos, em outros a diversidade de elementos trabalhados é menor.

O México é um país que vem se destacando, não de forma ampla, mas em função de alguns elementos, nessa área. O governo mexicano tem apoiado e

85-7241-572-6

estimulado o desenvolvimento de rotas gastronômicas como forma de fortalecimento do mercado turístico local[16]. No país, vêm sendo criadas diferentes rotas gastronômicas, tanto no âmbito rural quanto no urbano. Foram projetadas rotas gastronômicas em áreas de características mais rurais, que têm ainda comunidades tradicionais as habitando, e também em cidades históricas mexicanas declaradas Patrimônio da Humanidade pela Unesco.

Além disso, trabalham-se alguns estabelecimentos de alimentação como atrativos, principalmente na capital do país, cidade do México. Esse é o caso, por exemplo, do Café Tacerba, localizado em um edifício do século XVII. Além da localização histórica, o restaurante funciona desde 1912, servindo pratos típicos.

Em Porto Rico, por sua vez, há uma iniciativa governamental bastante peculiar e específica no âmbito dos atrativos gastronômicos. O governo criou o *Programa Mesones Gastronómicos* com o intuito de proteger, manter e promover o melhor da cozinha local. Os *mesones* consistem em estabelecimentos de alimentação que oferecem pratos tradicionais de suas regiões, com boa qualidade e preços razoáveis, em ambientes "nativos". Esses estabelecimentos normalmente localizam-se próximos a meios de hospedagem e atrações turísticas, tornando mais fácil o acesso dos turistas.

A Argentina, ao contrário, apresenta um panorama de desenvolvimento bastante abrangente. O país vem se consolidando como um dos principais destinos gastronômicos da América Latina. Os órgãos regionais de diversas províncias argentinas incentivam o desenvolvimento de diversos tipos de atrativos gastronômicos. Existem desde atrativos menos complexos, como estabelecimentos de alimentação, pratos e produtos típicos até atrativos mais complexos, como rotas gastronômicas.

As Secretarias da Agricultura, Pecuária e Pesca e de Turismo vêm trabalhando na instituição de rotas estruturadas em torno de um produto principal que a caracterize e lhe dê nome. As rotas gastronômicas argentinas foram projetadas pelo governo como um instrumento de desenvolvimento regional, principalmente rural. Tenta-se implementar, no momento, sete rotas no país: do caprino, do marisco, da truta, da pêra e da maçã, da fruta fina, do ovino e do cervo[2].

Em termos de abrangência geográfica, diversas províncias e mesmo cidades vêm sendo promovidas, dentre outros, por seus atrativos gastronômicos, como as províncias de Rio Negro, Salta, la Rioja, San Juan y Mendoza. A região da Patagônia tem na sua cozinha criativa e diferente um atrativo muito

85-7241-572-6

procurado e conhecido pelos turistas. Algumas localidades de clima frio promovem os elementos gastronômicos como complementares ao clima frio. Bariloche, por exemplo, tem como um de seus principais atrativos o restaurante *Família Weiss*, que serve carne de caças, além dos diversos estabelecimentos relacionados com a produção de chocolate. Além disso, pelo país ter sido constituído por imigrantes europeus de diversas nacionalidades, possui hoje uma variedade de produtos descendentes das diversas culturas, utilizando-os como elementos imprescindíveis para criar um ambiente diferenciado[2]. Las Lenas, por sua vez, utiliza a culinária regional internacional para atrair turistas.

Já a cidade de Buenos Aires possui alguns atrativos dispersos, porém marcantes. O *Café Tortoni*, por exemplo, foi tombado como patrimônio cultural do país. Já a *Confitería Ideal* serviu de locação ao filme Evita e a isso deve sua atratividade. A *Villa Zgeneral Belgrano* também merece menção. É famosa pela Torta Floresta Negra, criação local, que alcançou o *status* de "símbolo étnico" da localidade. As autoridades locais oficializaram a receita de forma que todas as tortas produzidas no local fossem idênticas, minimizando o risco de uma torta feita de forma incorreta depor contra a imagem da cidade[2].

Assim como acontece no Brasil, algumas colônias imigrantes mantêm suas tradições na Argentina. Além das tradições da cidade de Bariloche, no vale do Chubut, a colonização gaulesa mostra suas marcas em diversos aspectos do cotidiano da população, inclusive no hábito tradicional de servir chá[2].

É importante mencionar, ainda, os diversos gêneros alimentícios que se tornaram ícones do país. O mate, principal deles, adquiriu *status* de "patrimônio gastronômico nacional". Já o doce de leite disputa como produto típico de outros países da América Latina, como Brasil e Chile.

A propósito, o Chile também vem trabalhando o desenvolvimento de atrativos gastronômicos de maneira dispersa. Vários atrativos vêm sendo promovidos nesse sentido, alguns deles com desenvolvimento incipiente e outros já consolidados. Diversos elementos estão sendo trabalhados no país, como mercados, produtos e pratos típicos, estabelecimentos de alimentação e, também, locais de produção. Entretanto, nenhum deles se destaca em relação aos demais.

Com relação aos destinos, também são bastante variados. Percebe-se, entretanto, maior promoção de atrativos gastronômicos em localidades próximas à capital do país, Santiago do Chile. A cidade de Puerto Montt, por exemplo, tem como um de seus atrativos principais a degustação de mariscos e peixes, além do Mercado Angelmo, onde são comercializados gêneros alimentícios típicos. Na cidade de Coihaique, uma das principais atrações é

85-7241-572-6

o restaurante histórico local, que além de oferecer pratos e produtos típicos do país, como empanada e *pisco sour*, que se tornaram ícones chilenos, ainda abriga um pequeno museu temático. Em Santiago do Chile, o principal atrativo gastronômico promovido são alguns cafés do centro da cidade, denominados "café com pernas". Três redes de lojas vendem café servido por garçonetes em trajes sumários, normalmente de curtíssimas minissaias ou até de sutiã e calcinha. Os vinhedos e as vinícolas da região de Vina del Mar e Valparaiso também vêm se destacando. Apesar de não serem amplamente divulgados como atrativos turísticos gastronômicos, acredita-se que tais elementos apresentarão um incremento nos próximos anos, em função do grande desenvolvimento que os vinhos chilenos vêm apresentando nos últimos anos.

## Outros Destinos

Além das regiões já descritas como destinos emergentes, há outras áreas que vêm apresentando certo desenvolvimento de atrativos gastronômicos, porém de forma isolada em termos geográficos.

Na Ásia, por exemplo, Malásia e Cingapura apresentam algum desenvolvimento em relação ao uso de seus elementos gastronômicos pelo turismo. Na Malásia, o governo tem investido na promoção dos atrativos gastronômicos, tendo criado uma campanha turística voltada para a promoção do país como destino gastronômico. Cingapura, por sua vez, possui mais de 20 mil estabelecimentos catalogados e alguns atrativos mais específicos consolidados. O principal atrativo para turistas são os *hawker centre*, praças de alimentação compostas apenas por restaurantes locais. Nesse país, os festivais gastronômicos vêm chamando a atenção de turistas.

A Índia, por sua vez, destaca-se pela variedade de festivais voltados à produção de chá em diversas partes do país. Esses eventos são organizados pelos órgãos governamentais locais e regionais em parceria com as indústrias produtoras de chá[17].

Na Europa, a Escócia, apesar de não ter como cunho principal de seu desenvolvimento os elementos gastronômicos, possui um símbolo gastronômico muito forte, o uísque. Por isso, o país está começando a utilizar esse produto como atrativo para sua promoção turística, constituindo para isso diversos atrativos, como o *Scotch Whisky Heritage Centre*.

85-7241-572-6

A Hungria também se destaca por alguns de seus estabelecimentos de alimentação amplamente promovidos como atrativos turísticos, como o Café New York, reconhecido como um dos mais belos cafés do mundo, e a Confeitaria Gerbeadu, famosa desde 1858. A cidade de Budapeste, por exemplo, é conhecida como a "cidade dos cafés".

A Áustria, por sua vez, desenvolve predominantemente rotas gastronômicas. Cerca de metade das rotas do país tem como tema principal o vinho e o restante se divide entre diversos gêneros alimentícios, como queijo e maçã.

No continente africano, vale destacar a África do Sul que, apesar de não trabalhar produtos gastronômicos como oferta diferencial principal, vem desenvolvendo amplamente suas vinícolas. A maioria dos vinhedos se localiza perto da cidade do Cabo, maior pólo de turistas estrangeiros no país. Além disso, o país vem trabalhando uma nova cozinha sul-africana desde o final do *apartheid.* A idéia é que essa nova culinária misture ingredientes e pratos ancestrais a ingredientes novos.

## Elementos de Apoio ao Desenvolvimento de Atrativos Gastronômicos

### Eventos Científicos

A existência de eventos científicos concernentes ao turismo gastronômico ou ao desenvolvimento de atrativos gastronômicos é importante, pois demonstra a preocupação e o interesse de estudiosos de turismo ou de áreas correlatas em relação a esse segmento da atividade. A opinião de estudiosos e pesquisadores sobre essa temática é bastante relevante, pois são eles os responsáveis pelo desenvolvimento de pesquisas e pela formação de opinião sobre o assunto.

Nesse sentido, há notícia de alguns eventos científicos de cunho gastronômico realizados tanto em destinos emergentes quanto em tradicionais, como o *Congres sobre Patrimônio Gastronomico y Turismo Cultural da América Latina y do Caribe,* já em sua quarta edição. Esse evento foi idealizado, com o apoio a Unesco, para tratar de temas relacionados ao uso do patrimônio cultural, principalmente da culinária, pelo turismo. Além disso, visava promover, preservar e difundir as tradições gastronômicas como parte do patrimônio cultural. A primeira edição do evento voltou-se predominantemente ao tu-

85-7241-572-6

rismo, sendo seu objetivo específico discutir possíveis fontes geradoras de renda para as populações receptoras pelo uso do patrimônio gastronômico junto ao turismo[18]. Nas edições seguintes, discutiu-se a importância da relação entre turismo, cultura e gastronomia, e promoveu-se a exposição de roteiros gastronômicos, ou seja, já estava se tratando do turismo gastronômico de forma mais específica e aplicada[16]. Na quarta edição do congresso, o objetivo principal foi promover a competitividade internacional da riqueza gastronômica, turística e cultural de cada região por meio de um fórum especializado sobre promoção e comercialização do produto turístico e gastronômico.

O *Congreso Mundial de la Gastronomía y el Vino* também relaciona as áreas do turismo e da gastronomia. O evento conta com o apoio da *Consejería de Turismo*, das Câmaras de Comércio e da Confederação de Empresários da Espanha e trata a gastronomia como importante instrumento do turismo e do comércio agroalimentar, percebendo-a como parte essencial de um turismo de qualidade, da economia, da cultura e do mercado de trabalho. O local do evento muda anualmente, sempre realizado em destinos com cunho ou potencial turístico-gastronômico dispostos a explorar tal potencialidade. É interessante o fato de haver uma parte do evento que trate dos atrativos gastronômicos de forma ampla, mas também uma parte que trabalhe as peculiaridades da atividade na região onde o evento está acontecendo.

Há, ainda, outros eventos inespecíficos que dedicaram uma edição especial à temática "turismo e gastronomia". Em 1994, por exemplo, o *XXX Congresso de Escolas de Turismo da Espanha* teve como temática principal o turismo gastronômico. Também na *Borsa Mediterranea del Turismo*, ocorrida em Nápoles, em 2001, houve um fórum sobre "Turismo gastronômico: a cultura e os sabores do Mediterrâneo".

A BITEG (*Borsa del Turismo Enogastronomico*) é um evento inteiramente voltado ao desenvolvimento do turismo gastronômico, porém um pouco peculiar, transitando entre o cunho de evento acadêmico e mercadológico. É o único evento nacional da Itália voltado para esse tipo de oferta turística. Promover a valorização da tipicidade local e minimizar o problema da sazonalidade da oferta turística no território italiano são os objetivos principais do evento[19].

Em sua terceira edição, em 2000, o evento já se mostrava como a vitrine ideal para a oferta e a demanda, italiana e estrangeira, do mercado do turismo enogastronômico. Em termos de amplitude, o evento é extremamente

85-7241-572-6

bem-sucedido. É uma iniciativa interessante também por conseguir trabalhar, simultaneamente, diversos grupos de interesse: acadêmicos, mídia, *trade* turístico e área institucional. Na área institucional, há representantes de órgãos públicos italianos e estrangeiros, além de instituições de promoção turística, entidades de classe e outras associações de cunho turístico. No que tange à mídia, há presença de jornalistas especializados. Na área acadêmica, participam estudiosos do turismo gastronômico e de áreas correlatas. Quanto ao *trade* turístico, participam operadores turísticos, meios de hospedagem, proprietários de atrativos ou recursos de cunho gastronômico, compreendendo uma ampla gama de interessados no desenvolvimento de atrativos gastronômicos[5].

## Publicações

É importante analisar a existência de publicações referentes à promoção de atrativos gastronômicos e do turismo gastronômico, pois tanto livros, revistas e jornais quanto guias e publicações similares servem como meios de promoção de destinos e são formas de persuadir turistas. É explícita a falta de atenção dada para a relação entre turismo e gastronomia. Entretanto, acredita-se que o aumento da exposição do tema na mídia e a maior promoção de elementos gastronômicos em artigos de revistas de turismo indicam que essa mentalidade vem se alterando[1].

Telfer e Hashimoto[12] confirmam tal panorama, dizendo que o crescente número de revistas de alimentos, vinho e viagem, juntamente com a popularidade dos canais de televisão 24h voltados para alimentação, demonstram o crescente interesse das pessoas por experiências gastronômicas.

Essa compilação de publicações foi feita no intuito de fornecer um panorama das relações feitas entre turismo e alimentação pela mídia. As publicações foram encontradas enquanto se buscavam informações sobre destinos promovidos como gastronômicos ou que promoviam alguns de seus atrativos como gastronômicos. Justamente por tais publicações terem sido encontradas nessas circunstâncias, acredita-se em sua importância.

Apesar de a quantidade de revistas e jornais especializados em gastronomia e turismo ainda ser pequena, a maior parte das publicações específicas sobre um desses temas possui uma parte específica sobre o outro. Ou seja, revistas sobre turismo possuem uma seção sobre gastronomia e revistas sobre gastronomia ou culinária apresentam uma seção sobre viagens.

85-7241-572-6

Há notícias de duas revistas específicas sobre turismo gastronômico, uma italiana e uma americana. A revista *Viaggi e Sapori*, lançada recentemente na Itália, tem como principal objetivo publicar matérias que unam o prazer de comer à satisfação de viajar. A revista inclui seções sobre itinerários gastronômicos, produtos típicos, restaurantes, meios de hospedagem e outras informações que possam auxiliar o leitor no planejamento de sua viagem. A revista *Touring and Tasting*, por sua vez, publicada nos Estados Unidos, é especializada em informações sobre vinho, comida e viagem, e seu conteúdo é bastante parecido àquele da revista *Viaggi e Sapori*.

Há diversas publicações especializadas em gastronomia que abordam, direta ou indiretamente, a relação desse tema com o turismo. Alguns tipos de publicações predominam: guias, atlas turísticos e livros de fotos. Os dois primeiros tipos de publicação são informativos; entretanto, o guia possui mais informações práticas voltadas para o planejamento de viagens. Já o livro de fotos é mais artístico e literário, servindo como instrumento de persuasão do turista.

As publicações enfocam as mais diversas áreas geográficas. Há desde publicações mais amplas, que abrangem um tema em nível mundial, até publicações menos abrangentes, que se concentram em um país, região, estado ou mesmo município. Essa abrangência depende muito do nível de desenvolvimento da região, da editora e do tema, dentre outros. Em geral, países com maior organização da atividade ou que possuem apenas alguns destinos específicos com cunho gastronômico apresentam maior direcionamento no que diz respeito à área promovida pela publicação.

É interessante notar que todas as publicações referem-se a localidades, regiões ou países com potencial gastronômico e turístico já formalmente explorado. Nesse panorama, não é de se espantar a grande quantidade de publicações referentes à Itália, tanto voltadas para todo o país quanto para regiões específicas. Há também publicações sobre França, Estados Unidos, Espanha e Portugal. A cidade de Paris se destaca por possuir dois guias gastronômicos, o que demonstra seu grande potencial como destino gastronômico. A região da Toscana, na Itália, também foi contemplada com um guia peculiar, específico sobre dois produtos da região, vinho e azeite de oliva (*Wine and Oil in Tuscany*), o que demonstra o nível de detalhamento que essas publicações podem atingir.

Em geral, esses guias possuem informações sobre localidades turísticas, porém com enfoque totalmente gastronômico. As informações abordadas

85-7241-572-6

vão desde endereços e informações sobre restaurantes e outros estabelecimentos de alimentação, lojas, mercados e feiras, cursos e livrarias de gastronomia, até roteiros de cunho enogastronômico.

Alguns guias tratam somente de aspectos relacionados à gastronomia, como *Paris Gourmet* e *Guia Gastronômico de Paris.* Outros contêm informações não tão específicas ou profundas sobre o assunto, tendo apenas utilidade complementar para o turista. Portanto, não pode ser utilizado como único guia de viagem, assim como o *Pequeno Roteiro Gastronômico de Portugal,* que funciona como um guia de apoio, com pequeno volume de informações, todas voltadas para o aspecto gastronômico.

Alguns guias, sobretudo aqueles referentes a um país ou uma região, muitas vezes promovem rotas ou roteiros gastronômicos. Há, inclusive, um guia peculiar, que trata apenas das rotas gastronômicas da França, denominado *Gastronomic Routes of France,* elaborado pela *Society for the Promotion of Sales of Food and Agricultural Products* (SOPEXA). Em alguns casos, as especificidades são ainda maiores, como o guia *Turismo Gastronomico in Italia,* que enfoca viagens gastronômicas automotivas no país. Outra peculiaridade observada nos guias gastronômicos é que eles comumente utilizam fatos históricos e curiosidades referentes à gastronomia, como informações complementares.

Há, ainda, publicações inovadoras como o *The Nappa Valley Expedition Guide,* composto por livro, *CD-ROM* e fita cassete, fornecendo material para o turista utilizar antes, durante e depois de sua viagem. Além disso, esse tipo de publicação deixa o viajante mais livre, traçando roteiros de visita às vinícolas que dêem opções aos leitores, que podem escolher pontos de início e roteiros que mais se adéqüem a seu trajeto e interesses.

Apesar desses guias geralmente serem publicados por editoras, há casos de guias publicados por associações específicas e órgãos governamentais. O guia *Gastronomia y Turismo en España* foi publicado pelo *Club dos Gourmets,* com intuito de oferecer um meio de conhecerem lugares por meio da gastronomia. Os guias *Turismo Gastronomico in Italia* e *Guide to Enogastronomia Veneta* são publicados pelo *Touring Club Italiano,* entidade que trabalha com promoção e venda de roteiros turísticos variados. O guia *The Country of the Wine,* que contém informações sobre vinhos de toda a Itália, foi confeccionado em parceria com uma associação e o Ministério da Agricultura. Essa publicação tem o intuito de dar a oportunidade dos turistas conhecerem produtos e estabelecimentos tradicionais da cozinha francesa, incrementando a receita dos produtores.

85-7241-572-6

Além dos guias e atlas, há os livros de fotos com enfoque gastronômico-turístico, tratando de países e regiões. Percebe-se que a quantidade desse tipo de livros é bem menor que dos guias gastronômicos. Em termos de conteúdo, esse tipo de publicação geralmente é composta por informações sobre os produtos típicos de cada região e complementada por receitas e informações técnicas. As publicações também possuem informações sobre os demais atrativos de cada região, de forma a agregar valor à oferta turística gastronômica. Algumas delas agregam uma seção com endereços e telefones de restaurantes, lojas especializadas, fábricas e outros produtores, atrativos turísticos, além de feiras e festivais de cada localidade.

Observa-se grande semelhança entre as regiões promovidas por livros de fotos e por guias. Percebe-se que a quantidade de guias encontrados é bem maior, o que não deixa de ser um fato positivo, pois mostra a boa estruturação da atividade, já que guias turísticos são desenvolvidos apenas após o local ter se tornado turístico, de fato, perante a mídia. Além disso, percebe-se que as localidades que dispõem de guias voltados para os aspectos gastronômicos são aquelas já bem estruturadas e muito promovidas como localidades de cunho gastronômico. Em geral, são compostas por destinos tradicionais, com exceção dos Estados Unidos.

## *Sites*

Os *sites* são, atualmente, uma das formas mais eficazes de promoção e comunicação. Além de serem uma forma de promoção barata e de longa duração, têm abrangência mundial, que é maior ou menor de acordo com os idiomas trabalhados no *site*.

Constituem meios de promoção da gastronomia e do turismo, sendo ou não específicos sobre turismo gastronômico. São formas de promoção muito eficazes que podem induzir o turista a optar entre uma ou outra localidade.

Há três grupos específicos de *sites* que lidam com o binômio turismo-gastronomia. Um desses grupos é composto por *sites* específicos de gastronomia, mas que possuem uma seção relacionada com viagem; o outro grupo é composto por *sites* específicos de turismo, que também promovem elementos gastronômicos, com maior ou menor ênfase. O terceiro grupo é composto por páginas eletrônicas desenvolvidas especificamente com o intuito de promover e informar sobre atrativos e/ou turismo gastronômico.

85-7241-572-6

Dentre essas tipologias, os *sites* mais encontrados são aqueles voltados para o turismo, que possuem uma seção específica sobre gastronomia. Apesar de não serem completamente voltados para essa atividade, tratam da gastronomia de maneira enfática e interessante. O *site Compostela Virtual*, de Santiago de Compostela, na Espanha, por exemplo, tem como um dos temas de viagem na região o turismo gastronômico. O mesmo acontece com o *site Trentinovillage*, dedicado à região de Trentino, e o *Ischia Market*, sobre a ilha de Ischia, ambos na Itália. Nesse último caso, a página possui parceria com restaurantes e outros estabelecimentos gastronômicos. O *Turistinet* é outro *site* de turismo que também enfoca a enogastronomia, com roteiros e calendários de eventos relacionados ao assunto. Também há, em maior volume, *sites* que tratam a questão da alimentação como oferta técnica e/ou elemento cultural.

A segunda categoria de *sites* trata de gastronomia, relacionando-a com turismo, e também é bastante comum. O *site Ocioteca*, por exemplo, trabalha principalmente com gastronomia e tempo livre, mas também possui uma seção de turismo, em que trata de diversos segmentos, dentre os quais o turismo gastronômico. Além disso, o *site* promove elementos gastronômicos específicos, como rotas. O *site* italiano *Cultura Gastronomica Italiana*, por sua vez, é voltado para gastrônomos; porém, possui uma seção específica sobre viagens gastronômicas.

Os *sites* que tratam especificamente de turismo gastronômico são mais difíceis de se encontrar. Apesar de mais específicos e interessantes, uma vez que aumentam consideravelmente a importância dada para tal atividade, ainda são raros, em função da pouca utilização desses atrativos como oferta diferencial principal. Um *site* representativo desse grupo é o *Sapori del Piemonte*, cujo enfoque está na promoção de aspectos relativos à gastronomia para visitantes da região do Piemonte, na Itália. O *site* possui seções sobre eventos, itinerários e produtos típicos. Em termos de *sites* específicos, é mais comum encontrar páginas que tratam de rotas gastronômicas ou de outros atrativos específicos.

## Roteiros Organizados

Consideram-se roteiros gastronômicos todos os itinerários que não possuem organização formal permanente, como no caso das rotas. São itinerários desenvolvidos e trabalhados como pacotes turísticos, vendidos por operadoras, associações relacionadas à gastronomia e turismo e outras entidades. Esse tipo de itinerário é bem mais comum que as rotas gastronômicas, pois não demanda uma organização conjunta tão complexa quanto estas, já que seus operadores podem negociar com cada participante do roteiro separadamente, não sendo necessária qualquer ligação entre os diversos participantes.

As operadoras de turismo são as principais responsáveis pela montagem e execução de roteiros gastronômicos. Espalham-se por todo o mundo. Entretanto, diversas grandes operadoras situam-se nas regiões receptoras em que o turismo gastronômico é desenvolvido. Há um número considerável delas, por exemplo, nos Estados Unidos e na Itália, localizando-se em regiões onde já há produtos desenvolvidos, o que facilita a formação de parcerias entre operadora e empreendimento participante e a escolha de tais empreendimentos, por exemplo. Além disso, a própria operadora tem a possibilidade de trabalhar o receptivo para seus turistas, o que é uma forma de manter a qualidade do produto oferecido. Ademais, em regiões que promovem o turismo gastronômico, em geral, tem-se um público acostumado a esse tipo de produto, o que pode facilitar sua venda.

O destino dos roteiros gastronômicos vendidos em nível mundial é, majoritariamente, Itália, França e Estados Unidos, seguidos por destinos na Oceania (principalmente Austrália), no Reino Unido e na Espanha. Como se pode perceber, os destinos escolhidos em geral são aqueles que apresentam boa organização da atividade turística e desse tipo de atrativo específico. Em alguns casos, entretanto, são oferecidos roteiros para locais menos estruturados. É o caso de Oaxaca, México, que foi um destino promovido pela escritora Nancy Zaslavsky, autora de *A Cooks Tour of Mexico*. Ou, ainda, roteiros para o Marrocos, como os promovidos por Kitty Morse, autora de livros de receitas, que se dedica a levar grupos de turistas especificamente a esse país. Também pode-se citar a existência de roteiros organizados para Bali, Indonésia, Tailândia e Grécia.

Os roteiros gastronômicos oferecidos podem apresentar diferentes enfoques. Em alguns casos, priorizam um produto específico, como alguns roteiros desenvolvidos na região do Piemonte, os quais têm como enfoque os chocolates artesanais ou os vinhos de uma parte específica da região. A *Piacenza Turismo*, uma operadora italiana, oferece um roteiro gastronômico voltado especificamente para a produção de queijo. O roteiro oferecido pela *Daniel Butler's Fungi Forays*, por sua vez, tem como tema central a colheita de cogumelos (*mushrooms*).

85-7241-572-6

A diversidade de roteiros que visam à visitação de elementos relacionados à produção e ao consumo de chá também é relevante. Os destinos para esses roteiros são, em geral, Inglaterra, China e Índia.

Em outros casos, os roteiros se referem à culinária e às tradições gastronômicas de uma região, como o roteiro *Vini e Sapori della Tradizione Torinese*, que tem como componentes diversas tradições gastronômicas da região de Torino ou, então, o roteiro *Tradizione a Tavola*, que aborda as tradições da região de Tartufi, ambas na Itália. Os roteiros podem, ainda, concentrar-se em dois ou mais produtos específicos, como no roteiro *Wine & Cheese*, que engloba atrativos voltados para o vinho e o queijo.

Há, ainda, roteiros que envolvem visita a estabelecimentos específicos de uma localidade, como o *Paris Promenade Gourmandes*. Esse roteiro gastronômico é feito a pé, passando por lojas especializadas de gêneros alimentícios, mercados e açougues da cidade de Paris em busca de ingredientes, terminando com a preparação dos ingredientes na cozinha do guia.

As atividades propostas por esses roteiros podem ser mais ou menos diversificadas, dependendo da duração da viagem e do enfoque proposto para o pacote. Há pacotes que enfocam atrativos gastronômicos e outros que usam outros tipos de atrativos para complementar a oferta, como atrativos histórico-culturais.

Em geral, os roteiros envolvem visitas a produtores – sejam eles artesanais ou fábricas –, refeições em restaurantes gastronômicos ou tradicionais, degustação e visitas a lojas. Têm-se desenvolvido, atualmente, roteiros compostos por cursos de culinária. A *Italy Online*, por exemplo, é uma operadora americana que vende roteiros gastronômicos cuja principal atividade são os cursos de culinária feitos em uma fazenda. Os cursos de culinária são bastante interessantes para esse tipo de roteiro, pois permitem ao visitante estreita interação com os atrativos que está visitando, o que sempre é um fator chamativo.

Em muitos casos, os roteiros conjugam atrativos gastronômicos com visitas a outros tipos de atrativos, geralmente de cunho natural ou cultural, como forma de diversificá-los e complementá-los. Os atrativos podem ser mais genéricos, como caminhadas, visitas a museus e igrejas, ou então mais específicos, como visitas a sítios arqueológicos.

Há roteiros gastronômicos que agregam outros interesses específicos, voltando-se a um público ainda mais segmentado. É o caso, por exemplo, de um roteiro oferecido pela *Piacenza Turismo*, que envolve, além da visitação a

85-7241-572-6

atrativos gastronômicos comuns, aulas de culinária e excursões feitas em bicicleta. A *Laghi Tour* oferece um luxuoso pacote que mistura atividades esportivas com visita a restaurantes gastronômicos na região do Piemonte, na Itália. Outro exemplo é um roteiro realizado no Texas, no *canyon* Santa Helena, em que três dias de *rafting* são acompanhados por uma "folia gastronômica". Os participantes passam o dia todo no rio praticando *rafting* e, no final de cada dia, um *chef* prepara jantares acompanhados por bons vinhos e pela música de um violinista clássico.

A duração dos roteiros gastronômicos é variada, predominando, entretanto, aqueles que duram de um a sete dias. Há roteiros que chegam a durar cerca de 15 dias e alguns poucos excedem esse período de duração.

Os roteiros gastronômicos são, em geral, mais caros que os convencionais com as mesmas características. O preço mais alto se deve, em parte, às atividades peculiares realizadas durante a viagem e também ao direcionamento em termos de público-alvo, já que, em geral, vislumbra-se um público bastante específico para a realização de tais roteiros. O preço de um roteiro de uma semana, por exemplo, varia entre US$ 1.500 e 3.000, dependendo de sua composição. Um roteiro de sete dias explorando a pé os restaurantes e vinícolas da região do Piemonte, na Itália, por exemplo, custa cerca de US$ 3.000. Já uma viagem ao Marrocos, por um período de 15 dias, custa aproximadamente US$ 4.600.

Pela grande variedade de roteiros promovidos, percebe-se que, além de haver demanda para roteiros gastronômicos genéricos, há também um nicho de mercado que adquire produtos ainda mais específicos, que unam dois elementos diferentes, como comida e passeio de bicicleta, por exemplo.

## Referências Bibliográficas


1. MOULIN, C. Gastronomy and tourism: must every tourist wish be our command? *Revue de Tourisme – Revista da Association Internationale d'Experts Scientifiques du Tourisme (AIEST)*, St. Gallen, v. 55, n. 1, p. 19-24, 2000.
2. SCHLÜTER, R. G. *Gastronomia e Turismo*. São Paulo: Aleph, 2003.
3. WERNECK, H. Doces pecados da champagne. *Revista Próxima Viagem*, São Paulo, ano 4, n. 35, p. 30-39, set. 2002.
4. VALLE, M. História brinda a região Champanhe-Ardennes. *Folha de São Paulo*, São Paulo, caderno F, p. 1-5, 02/07/2001.
5. BITEG. *III BORZA del turismo enogastronomico*. Disponível em: http://www.palacongressi.it/biteg/. Acesso em: 30/set./2002.


85-7241-572-6

6. GRUPO EURONICS. Disponível em: http://www.euronics.it/magazine/turismo.htm. Acesso em: 30/set./2002.
7. SANTIAGO, E. P. Galicia es la comunidad en la que el turismo gastronómico tiene más fuerza, según un estudio. *El Correo Gallego*, 24/jul./2002. Disponível em: http://www.elcorreogallego.es/periodico/20020724/ultimahora/N125424.asp. Acesso em: 30/set./2002.
8. LLORCA, C. El turismo gastronómico está en alza. *Patronato de Turismo de la Costa Blanca*, Espanha, 23/sep./2002. Disponível em: http://www.costablanca.org/eng/boletin/boletin006.htm. Acesso em: 24/sep./2002.
9. LOPES, M. A. R. Sabores e aromas de Portugal. *Jornal da Tarde*, São Paulo, caderno E, p. 3-6, 27/maio/2001.
10. HALL, C. M. et al. (orgs.). *Food Tourism around the World: development, management and markets*. Oxford: Butterworth-Heinemann, 2003.
11. CHARTERS, S.; ALI-KNIGHT, J. Who is the wine tourist? *Tourism Management*, New Zealand, v. 23, n. 3, p. 311-319, June 2002.
12. TELFER, D. J.; HASHIMOTO, A. Food tourism in the Niagara Region: the development of a nouvelle cuisine. In: HALL, C. M. et al. (orgs.). *Food Tourism around the World: development, management and markets*. Oxford: Butterworth-Heinemann, 2003.
13. TELFER, D. J. Strategic alliances along the Niagara Wine Route. *Tourism Management*, New Zealand, v. 22, n. 1, p. 21-30, Feb. 2001.
14. LIMA, A. A rota do Bourbon. *O Estado de São Paulo*, São Paulo, caderno V, p. 6-10, 22/fev./2000.
15. LEE, G. Russian Tea Room, tão chique quanto brega. *O Estado de São Paulo*, São Paulo, caderno V, p. 12, 30/nov./1999.
16. RAMIREZ, M. Promover, difundir y preservar las tradiciones culinarias, objetivo del tercer congreso sobre patrimonio gastronómico y turismo cultural de America Latina y el Caribe. *La Cultura*, Sala de Prensa, 22/nov./2001. Disponível em: http://www.cnca.gob.mx/cnca/nuevo/2001/diarias/nov/221101/cool.html. Acesso em: 24/set./2002.
17. JOLIFFE, L. The lure of tea: history, traditions and attractions. In: HALL, C. M. et al. (orgs.). *Food Tourism around the World: development, management and markets*. Oxford: Butterworth-Heinemann, 2003.
18. NONOAL, R. El patrimonio gastronómico, imagen cultural y fuente de recursos. *Consejo Nacional para la Cultura y las Artes*. Disponível em: http://www.cnca.gob.mx/cnca/nuevo/diarias/081099/patrigas.html. Acesso em: 24/set./2002.
19. BITEG. *BITEG 2000: il turismo enogastronomico sará il turismo del terzo millennio*. Disponível em: http://www.palacongressi.it/biteg/. Acesso em: 28/ago./2001.

85-7241-572-6

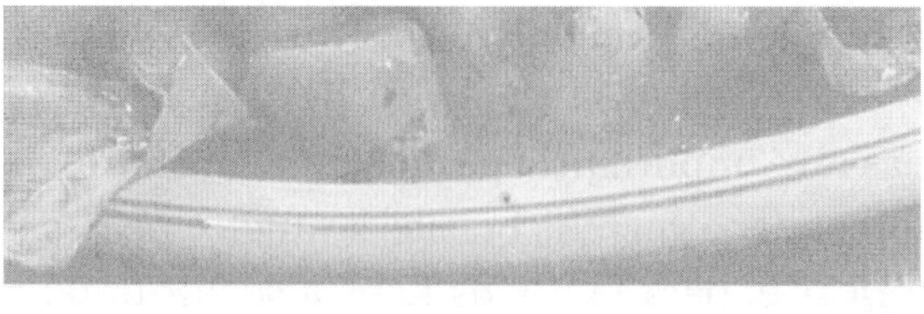

Capítulo 5

# TURISMO E ALIMENTAÇÃO NO BRASIL: COZINHA BRASILEIRA

## Formação da Cozinha Brasileira

O estudo da formação do povo brasileiro sempre traz à tona a grande diversidade de raças que se miscigenaram durante e após a colonização do país. Desde a época do descobrimento, portugueses, africanos, holandeses, japoneses, libaneses e povos das mais diversas origens chegaram e se fixaram no Brasil, misturando-se aos habitantes originais dessa terra, os índios.

Todos os povos que aqui se instalaram, ou mesmo aqueles que tiveram uma rápida passagem pelo território brasileiro, deixaram marcas na sociedade, pois misturaram seus hábitos originais àqueles praticados no país. Essa miscigenação se faz sentir em muitos aspectos da vida dos brasileiros e, talvez, uma das áreas em que ela é mais evidente seja a culinária. Como menciona Lima[1], "[...] nossos ancestrais deixaram enraizadas as suas culturas, miscigenadas pela confluência de gostos, aromas e sabores [...]".

Apesar de a culinária brasileira ter sido influenciada por tantos povos, é inegável que os hábitos alimentares brasileiros se embasaram, primordialmente, na interação de três povos – índio, português e africano. A esse respeito, Lima[1] diz ser "[...] na cozinha que a presença dos índios, negros e portugueses desperta o deleite e o prazer da mistura [...]". A mesa brasileira

85-7241-572-6

é composta pelas tradições indígenas, pelas iguarias africanas e pela suculência portuguesa.

Cada uma dessas influências teve importância particular na evolução da culinária brasileira. Para compreender a cozinha brasileira atual, é necessário conhecer suas bases históricas e, para tanto, os itens a seguir tratam, sucintamente, das principais heranças legadas à cozinha brasileira; além daquelas deixadas por índios, portugueses e negros, também são consideradas as influências de outros imigrantes e de outros fatores que influenciaram a formação do povo brasileiro, como os ciclos produtivos.

## Herança Indígena

À época do descobrimento, os índios apresentavam uma alimentação diversificada, dentro das possibilidades locais. Sobre isso, Lancelotti[2] afirma que quando os portugueses aportaram no Brasil, em 1500, os indígenas já possuíam hábitos alimentares suficientemente variados, os quais contribuíram positivamente para a evolução da culinária do país.

A alimentação dos índios variava de tribo para tribo, mas tinha como base mandioca, peixe, frutas, carne de caça, milho e alguns outros legumes e tubérculos. O alimento preferido dos índios era a mandioca, com a qual faziam farinha e beiju; a primeira era considerada indispensável para sua alimentação.

As farinhas de mandioca e de milho foram incorporadas e amplamente utilizadas pela população brasileira. Em algumas partes do Nordeste era, e ainda é, considerada a "rainha da mesa"[1]. Percebe-se na cozinha brasileira, ainda, a notável incorporação de alimentos indígenas derivados do milho – pamonha, curau, canjica –, em especial na mesa dos sertanejos das Regiões Sudeste e Centro-Oeste do país e, em menor escala, no restante do Brasil, tanto em áreas rurais quanto urbanas. É provável que a mandioca seja o alimento mais amplamente incorporado na alimentação do brasileiro, em termos nacionais, cozida, frita ou como matéria-prima de algum prato ou tipo de farinha.

Além do milho e da mandioca, há ainda outros alimentos usuais da dieta indígena que persistem até os dias de hoje na alimentação dos brasileiros, como tapioca, castanha de caju, paçoca de carne e pimenta.

Desde aquela época, os indígenas consumiam chocolate e guaraná, dois alimentos que acabaram adquirindo grande tradição no Brasil. Porém, naqueles tempos, os frutos eram apenas misturados com água e ingeridos, e ambos eram amargos[3].

85-7241-572-6

Apesar de, hoje em dia, a influência indígena ser percebida de maneira discreta em todas as regiões do Brasil, seja em metrópoles, pequenas localidades ou na área rural, ela é particularmente notável nas Regiões Norte e Centro-Oeste, onde o uso de tais gêneros e a tradição legada por eles permanecem fortes.

## Herança Portuguesa

Quando os portugueses desembarcaram no Brasil, já eram conhecedores de técnicas culinárias bastante avançadas, principalmente se comparado ao nível de desenvolvimento dos índios, considerados ainda primitivos. Sua culinária caracterizava-se pelo uso conjunto de produtos atlânticos e índicos, estes últimos trazidos pelas grandes navegações de Portugal. Os produtos utilizados eram bastante diversificados, havendo grande consumo de peixe, trigo, pão, mel, queijo, manteiga e alho, entre outros.

A alimentação dos portugueses era, dessa forma, bastante diferenciada daquela dos indígenas. Por isso, ao chegar no Brasil, os colonizadores perceberam a necessidade de modificar alguns de seus costumes, principalmente em função da dificuldade de obter alguns ingredientes e da existência de outros gêneros no país. Assim, passaram a adaptar suas receitas tradicionais aos ingredientes aqui disponíveis. Juntavam ou substituíam a seus ingredientes usuais alguns outros como especiarias, óleos, malaguetas e castanhas.

Dessa forma, os portugueses começaram a deixar suas marcas naquela que se tornaria a cozinha brasileira. De acordo com Lima[1], todas as tradições culinárias portuguesas – cristã, pagã, moura, palaciana, burguesa, camponesa – foram transmitidas, em maior ou menor intensidade, para a cozinha brasileira.

As cozinheiras portuguesas deram um toque especial às iguarias humildes da cozinha existente no país àquela época, com novas combinações feitas com carnes, frutos, ervas e temperos. Deixaram sua influência especialmente marcada em alguns pratos do receituário brasileiro, como sarapatel e doces à base de ovos[1]. Foram elas, por exemplo, que tiraram o melhor proveito do milho, iniciando com este e outros gêneros a produção de bolos e pudins, até então desconhecidos em terras brasileiras. Essas combinações feitas pelas matronas portuguesas foram posteriormente incorporadas e continuadas pela nova geração de senhoras de engenho.

As portuguesas introduziram o hábito de fazer e comer sobremesas no Brasil, que negros e indígenas desconheciam. Inclusive, a ampla utilização

85-7241-572-6

de castanhas e amendoins foi influência das sobremesas que as portuguesas recriaram com a matéria-prima local.

O papel dos conventos portugueses estabelecidos no Brasil também foi muito importante para a formação da culinária brasileira. Franco[4] reforça esse fato, relatando que diversas sobremesas ibéricas foram divulgadas no Brasil graças, em grande parte, a religiosas para quem a venda de doces se tornou uma fonte de renda. De acordo com o autor, essas religiosas não foram meras reprodutoras no campo da doçaria; elas também inventaram diversas receitas adaptadas à realidade brasileira, assim como fizeram as cozinheiras portuguesas.

Os portugueses ainda guardam para si o mérito de terem disseminado o uso de farinha de mandioca por todo o país, dentre todos os tipos de imigrantes. Cascudo[5] ainda afirma que o português prestou duas outras contribuições muito importantes para a culinária brasileira: valorizou o uso do sal na alimentação e revelou o açúcar aos africanos e aos indígenas.

## Herança Negra

Os negros foram introduzidos no Brasil como escravos. Eram trazidos principalmente de Guiné e Angola. Ao chegar ao país, eram comercializados como meros objetos; podiam ser utilizados nas mais diversas funções, desde cuidar da casa até trabalhar nas plantações de cana-de-açúcar.

Os negros eram acomodados nas senzalas de casas ou fazendas, onde eram mantidos em condições precárias, com pouco espaço, poucas roupas, pouco sal, pouca limpeza e muitas pessoas. Pode-se dizer que tal situação, somada à dureza do trabalho e à rigidez dos donos, fez com que a personalidade dos escravos fosse mutilada pelos apresadores e seus senhores.

A alimentação desses escravos era tão simples e regrada quanto os demais aspectos de sua vida. Era fornecida a eles certa porção diária de alimento e o que ingeriam dependia da imposição feita pelo dono e não dos gostos a que estavam acostumados em sua terra natal. Por esse motivo, a herança deixada pelos negros na alimentação brasileira não foi maior.

Em geral, a comida dos escravos era bastante parecida com a das classes mais humildes e pobres do Império. De acordo com Cascudo[5], os escravos consumiam muita farinha de mandioca, feijão preto, toucinho, algumas frutas e algumas caças e pescas que conseguiam em seus momentos de descanso. Muitas vezes, plantavam em sua roça frutos e cereais da própria preferência.

85-7241-572-6

Assim, conforme se acostumaram e se adaptaram à nova vida, os escravos encontraram meios de diversificar sua alimentação. Assim, aos poucos, começaram a modificar, discretamente, o ritmo monótono do cardápio imposto por seus senhores[5].

Quando disponível, também consumiam alimentos provenientes da África, como quiabo, inhame, erva-doce, gengibre, coco e banana. Percebe-se que grande parte desses ingredientes foi incorporada à alimentação dos brasileiros. A banana, por exemplo, foi tão disseminada pelo país e incorporada tão amplamente na alimentação cotidiana do brasileiro que é considerada, de forma errônea, uma fruta genuinamente brasileira.

O coco, fruta típica das praias brasileiras, também foi trazido da África. Os escravos utilizavam a fruta, já naquela época, para obter leite de coco para suas receitas. Hoje, além de ser muito comum no litoral brasileiro e mesmo nas cidades interioranas, este ingrediente desempenha relevante ação na doçaria[5].

Apesar de terem se espalhado por todo o Brasil, os africanos influenciaram, de maneira decisiva, três áreas do território brasileiro: Maranhão, Bahia e o eixo do Rio de Janeiro às Minas Gerais[6].

Mesmo com pouca possibilidade de cozinharem o que estavam acostumados, os negros deixaram alguns pratos e ingredientes como herança culinária para o brasileiro. Alguns deles, bastante similares àqueles consumidos em seus países de origem; outros foram criados com os ingredientes que lhes eram disponibilizados. Isso fez com que a culinária africana adquirisse características muito próprias no Brasil, ao mesmo tempo em que foi se incorporando à cozinha brasileira. Hoje, os pratos provenientes dessa cozinha são claramente perceptíveis, como é o caso da moqueca de peixe baiana. O mesmo acontece com ingredientes tipicamente africanos, como o azeite de dendê. Não se pode negar, ainda, a invenção da feijoada, prato reconhecido como tipicamente brasileiro.

## Herança dos Imigrantes

Além dos portugueses, africanos e indígenas, outros povos também deixaram suas marcas na culinária brasileira. Foi isso que deu a essa cozinha seu caráter de multiplicidade. Houve, no Brasil, diversas correntes imigratórias ao longo de seus 500 anos de história, algumas impulsionadas por guerras e outros conflitos, outras pelas oportunidades dadas por essa nova terra. Cada

85-7241-572-6

povo chegou ao Brasil com expectativas diversas e em situações financeiras diferentes. Assim, pode-se dizer que cada corrente imigratória apresentava características próprias e que as influências deixadas para a cultura brasileira, assim como a manutenção de suas tradições, foram induzidas por tais características. Exemplificando, no sul do Brasil, os alemães formaram colônias produtivas e fechadas que mantêm muitas de suas características originais. Os italianos, em contrapartida, se miscigenaram mais ao povo brasileiro, alterando alguns de seus hábitos próprios, porém deixando um legado maior à cozinha tradicional brasileira.

Dentre os imigrantes, é possível afirmar que os italianos foram aqueles que mais influenciaram os hábitos alimentares brasileiros. A cozinha italiana foi a única cozinha imigrante – além da negra e da portuguesa – aceita e assimilada em todo o Brasil. A maior herança deixada pelos italianos foi no campo das massas, as quais foram adaptadas ao gosto brasileiro, tornando-se muito populares no país. Ainda podem ser citados molhos, sopas, polenta, carnes à milanesa, berinjela e pizzas como contribuições marcantes desse grupo[7].

As demais correntes imigratórias também deixaram suas marcas na cozinha brasileira. Aos espanhóis, por exemplo, os brasileiros devem o costume do churrasco e do chimarrão. Os alemães, por sua vez, nos legaram a cerveja, as carnes salgadas e defumadas, as saladas de batata e beterraba, o pão preto e o chucrute. Aos turcos, sírios, árabes e libaneses devem-se a carne no espeto, o quibe, os doces à base de manteiga, além do uso de nozes, tâmaras, gergelim e leite no preparo de pratos. Os holandeses, enquanto ocuparam o Nordeste, introduziram alguns ingredientes na culinária brasileira, como o toucinho e a ervilha. Os japoneses, apesar de em um primeiro momento terem deixado como marca apenas o chá, vêem hoje sua culinária amplamente difundida no Brasil.

Fernandes[3] afirma que, em muitos casos, a cozinha de cada um dos povos que anteriormente imigraram para o Brasil continua a ser produzida no Brasil como se ainda estivesse sendo feita em seu país de origem, preparada de forma relativamente original nas colônias, nas casas de famílias tradicionais e nos restaurantes típicos. Apesar de, em alguns casos, a tradição na preparação dos pratos não se manter tão fiel, já que muitas receitas foram adaptadas ao paladar brasileiro, é inegável que, além de uma vasta culinária tradicional brasileira, o Brasil ainda dispõe de rica culinária típica internacional, podendo encontrar, em diversas localidades, cozinhas representativas dos mais diversos povos.

85-7241-572-6

## Outros Fatores

Além das heranças indígena, portuguesa, negra e das demais cozinhas imigrantes, outros fatores influenciaram a formação dos hábitos alimentares brasileiros. O próprio contexto histórico do Brasil, como colônia de Portugal, contribuiu para o desenvolvimento da culinária brasileira. Nos primórdios da colonização, a cozinha brasileira era bastante simples, tal qual o povo que vivia em terras brasileiras – portugueses desbravadores, indígenas e negros escravos. Não havia razão para modificar essa situação e nem mesmo grupos sociais que pudessem levar à necessidade de inserção de hábitos alimentares mais refinados.

Esse panorama começa a se modificar quando D. João VI transfere a sede da Corte para o Brasil. Esse fato, em princípio, leva não à modificação de hábitos alimentares, e sim à inserção de novos hábitos no país. Em primeiro lugar, D. João VI traz para o país toda uma corte refinada e acostumada a hábitos mais "civilizados" e requintados do que aqueles praticados até então em terras brasileiras. Além disso, traz consigo alguns cozinheiros da corte que passam a introduzir as mais novas tendências européias no cardápio brasileiro.

A existência de uma classe nobre no país, além de criar a necessidade de melhorar o cardápio usual, introduz boas maneiras e elegância no ato de comer, iniciando nessa época uma nova fase na história da alimentação brasileira, "com a divulgação da cozinha fina e a vulgarização de alimentos até então restritos à mesa dos afortunados [...]"[8].

Apesar de, inicialmente, os novos hábitos alimentares e ingredientes terem sido introduzidos apenas na Corte, acabaram trazendo mudanças para toda a população. Entre outras coisas, foi nesse período que o pão de trigo se popularizou e o azeite de oliva começou a estar mais presente nas cozinhas urbanas, por exemplo. Mesmo bebidas alcoólicas – como vinho português, cerveja e champanhe – ganharam mais prestígio e passaram a ser utilizadas com mais freqüência[7].

A corte portuguesa e a elite que se formou no país permearam a cozinha brasileira, desde então, com hábitos, ingredientes e pratos novos. Após a independência, por exemplo, o casamento do príncipe português com uma princesa austríaca trouxe alguns hábitos ingleses para a corte portuguesa, como o de tomar chá e chocolate[8].

Posteriormente, foi a culinária francesa que adquiriu grande importância no país, influenciando as classes mais abastadas da sociedade brasileira e

85-7241-572-6

conferindo *status* a seus conhecedores. Entretanto, percebe-se que, em termos culinários, a alimentação das classes menos favorecidas pouco mudou ao longo do tempo, pelo menos com relação a tendências e modismos. Apenas as classes abastadas passavam por mudanças que acompanhavam, tardiamente, o que acontecia no mundo europeu.

Houve, ainda, diversos outros fatores que influenciaram a formação da cozinha brasileira. Os ciclos produtivos do país, como a mineração, a cana-de-açúcar, o café e a criação de gado, são alguns deles. Esses ciclos, que possuíam características bastante específicas e peculiares, fomentaram o uso de determinados ingredientes, de acordo com as condições locais, levando ao desenvolvimento de pratos que foram agregados às culinárias típicas locais.

O ciclo da cana-de-açúcar fez com que a monocultura se instalasse em extensas áreas, sobretudo no Nordeste brasileiro. A grande produção de açúcar e outros derivados da cana-de-açúcar levou a um aprimoramento da arte da doçaria. A produção de doces de frutas, em particular, ganhou expressão nesse período, consolidando o brasileiro como grande apreciador de doces. Além disso, também foi deixada como herança desse ciclo a cachaça, introduzida inicialmente como bebida das classes mais baixas e dos escravos, tornando-se, posteriormente, a bebida nacional do país.

Na época da mineração, por sua vez, a melhoria de nível social de parte da população e o real enriquecimento de alguns mineradores levaram à importação de produtos como azeite, vinho, presunto e diversos outros produtos europeus. Nesse período, o consumo de produtos alimentícios europeus era sinal de *status* social. Em contrapartida, na mesma época, percebe-se uma culinária voltada para produtos de fácil produção local, pois eram muito comuns as plantações e criações de fundo de quintal cujos produtos serviam de base para a culinária, principalmente das classes menos abastadas[9].

No ciclo do café, também ganham expressão as pequenas lavouras de outros gêneros que não o café. Era comum plantar mandioca, milho, feijão preto, amendoim, batata-doce, inhame, arroz, cereais, cacau e guaraná, além da plantação principal de café. Essas novas culturas propiciaram a criação de novos hábitos alimentares, mais diversificados[1]. Além disso, esse ciclo foi o responsável pela disseminação do café na mesa dos brasileiros, por todo o país[7].

A roça dos pequenos produtores, desde os primeiros tempos, influenciou a culinária com a elaboração de pratos com ingredientes provenientes de suas pequenas plantações. As roças surgiram como peça fundamental na dinâmica brasileira – índios já a tinham, escravos, imigrantes e outros

85-7241-572-6

trabalhadores passaram a fazê-la, numa tentativa de garantir sua subsistência e, quando possível, produzir alguns gêneros de consumo tradicional que pudessem ser vendidos.

A facilidade de plantação e manutenção de alguns gêneros alimentícios fazia com que fossem mais amplamente cultivados nas pequenas roças do país, das quais normalmente os proprietários não tinham muito tempo disponível para cuidar. Plantar milho, por exemplo, era muito fácil; por isso, em todo lugar se via uma pequena plantação. Assim se disseminou por todo o país a produção de pratos derivados desse ingrediente, como pamonha, bolos, biscoitos, canjica e pipoca.

Cada um dos eventos citados deixou marcas e influências maiores ou menores na culinária brasileira. Sem elas, a cozinha brasileira certamente não teria o perfil que apresenta hoje, marcado pela diversidade.

## Patrimônio Gastronômico Brasileiro

A cozinha brasileira apresenta muita diversidade, além de várias peculiaridades. Graças às influências que sofreu, hoje se apresenta de maneira distinta em cada região e mesmo em cada estado brasileiro. Segundo Heck e Beluzzo[10], a mesa brasileira caracteriza-se por um "multiculturalismo culinário".

O modo como a culinária brasileira se desenvolveu foi bastante peculiar. Para conhecê-la, deve-se considerar, além dos fatores históricos, a grande extensão geográfica do país e suas características. Esses fatores são responsáveis pelas variações de pratos típicos de acordo com cada região, estado ou município[11].

Lancelotti[2] afirma que, com a fartura de matérias-primas e a variedade de influências estrangeiras que teve, o Brasil não conseguiu definir uma gastronomia única e comum a todo o país. Esse fato se deve às suas características tanto geográficas quanto da própria colonização. Em virtude da sua grande extensão geográfica – que implica estilos de vida diferenciados, clima, flora e fauna diferentes e recursos diversos –, o Brasil não conseguiu formar uma culinária genuinamente nacional. Somou-se a isso, ainda, a grande diversidade de imigrantes que chegaram ao país, os quais se estabeleceram em áreas específicas do Brasil, influenciando apenas tais áreas. Entretanto, o próprio autor afirma que o país conseguiu formar um fenômeno raríssimo no planeta, ostentando grandes culinárias regionais, cada uma com suas peculiaridades.

85-7241-572-6

Apesar da dificuldade em se consolidar uma cozinha brasileira única, pode-se dizer que atualmente existe uma alimentação básica nacional para todo o país, constituída por alguns alimentos que já faziam parte dos hábitos indígenas, como o milho, e outros que foram incorporados posteriormente no cardápio nacional, como o feijão com arroz. De maneira geral, pode-se dizer que a culinária brasileira hoje é uma combinação de diversas culturas, pessoas e técnicas, e por isso é tão rica e saborosa[12]. Sobre isso, diz Lima[1]:

> *[...] Cada região brasileira tem um toque, detalhes particulares no jeito de cozinhar, cada qual com seus cheiros e temperos, seus molhos e segredos culinários e, principalmente, a influência cultural dos povos que se estabeleceram nas diversas regiões.*

Essa riqueza da cozinha brasileira, com culinárias diferenciadas em cada parte do país, faz com que "[...] passar de um estado para outro, em questão alimentar, [...] [seja] como se transportar de um país para outro"[1]. Essa grande variedade oferece aos apreciadores de uma boa cozinha as mais diversas opções no território brasileiro.

Ao se tratar de culinária brasileira, em geral, faz-se uma divisão por estados ou por regiões. Ambas as classificações são válidas e a opção por uma ou outra deve se basear nos objetivos de cada trabalho. No caso desta publicação, entendeu-se ser mais adequado tratar das "cozinhas brasileiras" em âmbito regional, já que a caracterização detalhada e a técnica de cada culinária não são o foco da publicação. Esta tem como intuito tratar das diferentes cozinhas brasileiras apenas de modo informativo, mostrando como se caracterizam e pelo que se destacam. Isso pode ser feito analisando a culinária de maneira regional, já que alguns estados apresentam similaridades.

## Região Norte

A culinária da Região Norte do Brasil, também conhecida como "cozinha amazônica", é considerada uma das mais tradicionais do país, por ter sofrido influência marcadamente indígena. As características da cozinha dos diversos estados que formam essa região são bastante parecidas. Muitos costumes alimentares locais resultam de uma série de adaptações, experimentações e adoções ocorridas ao longo do tempo, da mesma forma que aconteceu com as demais cozinhas regionais brasileiras. É marcante, entretanto, a perma-

85-7241-572-6

nência da cultura indígena nas técnicas de elaboração e nos elementos que integram a alimentação amazônica. Também tiveram importante papel nessa cozinha os migrantes nordestinos, que introduziram inovações ao cardápio primordialmente indígena, como, por exemplo, a carne de sol.

A cozinha da Região Norte se desenvolve ao ar livre. Esse caráter está presente em diversos aspectos da alimentação: na venda, no preparo, no consumo e na celebração, tudo acontecendo ao ar livre. Muitas de suas preparações são feitas literalmente ao ar livre, vendidas em tabuleiros e barracas nas ruas das cidades. A venda de produtos em mercados, feiras, barracas, trapiches e pequenos restaurantes localizados em beira de estradas e de portos também é considerada muito importante. A região ainda tem por hábito as "festas de arraial", realizadas ao ar livre e onde, além de jogos e divertimentos, a comida está sempre presente[13].

Em todos os estados, exceto no Pará, percebe-se uma culinária bastante arraigada aos costumes originais, sendo a alimentação composta de frutas típicas, peixes e muita farinha, com poucas inovações tanto em termos de técnicas quanto de ingredientes.

O estado do Pará apresenta algumas características específicas. Sua culinária se altera conforme as características geográficas e sociais do estado mudam. Há tanto zonas com grande consumo de peixes e crustáceos quanto zonas secas, nas quais a farinha prevalece. Nesse estado, a tradição é muito forte, tanto que na capital, Belém, cerca de 40% dos restaurantes servem pratos da cozinha típica local[14].

## Região Nordeste

Dias[11] afirma que "a cozinha da região nordestina, guardou mais que as outras as características resultantes da fusão de hábitos alimentares próprios de portugueses, índios e africanos". Por isso, é uma cozinha na qual a profusão de ingredientes provenientes desses três povos, ou de algum deles em particular, se faz sentir de maneira latente. Com exceção de alguma influência deixada pelos holandeses, a existência de hábitos alimentares deixados por outros povos imigrantes não é comum.

A alimentação do nordestino difere marcantemente nas regiões do sertão e do litoral. A cozinha do sertanejo nordestino é considerada a mais isenta de influência índia e negra, ou seja, a cozinha que mais se assemelha à cozinha colonial portuguesa. No sertão, o consumo de mandioca – principalmente

85-7241-572-6

na forma de farinha –, inhame e outras raízes é bastante comum. Além disso, a culinária baseia-se em ingredientes mais secos, como feijão, carne seca e de sol, farinha, rapadura e queijos, com os quais se produz pirão de leite, ensopados, buchadas, escaldados e outros pratos cuja durabilidade é grande. A questão da durabilidade é muito importante em função do clima da região, em que é necessário manter alimentos por dias, semanas e, em alguns casos, até meses[15].

Já no litoral, observa-se um amplo consumo de pratos preparados com frutos do mar, pela proximidade com o mar e a abundância de ingredientes obtidos dele. O uso de frutas e verduras é mais amplo no litoral do que no sertão em virtude, principalmente, das condições climáticas dessa última região. O uso de frutas, unido à existência dos engenhos de açúcar, fez surgir nessa região do Nordeste a "arte" da doçaria, a qual se popularizou consideravelmente por todo o país.

Várias são as festas tradicionais do Nordeste, algumas das quais têm forte relação com alimentos. A mais característica da Região Nordeste, e que apresenta íntima relação com a alimentação, é a Festa de São João, na qual imperam produtos à base de milho, como pamonha e canjica.

Apesar de a cozinha nordestina ser bastante parecida em todas as unidades federativas da região, cada uma delas apresenta suas peculiaridades. O estado do Piauí, por exemplo, apresenta características diferentes por ter sido colonizado do interior para o litoral e apenas por vaqueiros, índios e escravos. Os vaqueiros, apesar de descendentes de portugueses com índios, possuíam hábitos bastante específicos e muito arraigados. A solidificação dos hábitos alimentares no estado ocorreu de forma tradicional e conservadora, fechada nas influências sociais de predomínio rural. Assim, a culinária se desenvolveu em pratos indígenas e preparações secas que se adaptavam à vida dos vaqueiros, pratos com carnes diversas e poucos vegetais[16].

No Rio Grande do Norte, a peculiaridade se deve à grande importância da pecuária. Além de mudar alguns hábitos alimentares da população em decorrência da produção extensiva de gado, a dificuldade de transporte de animais vivos até os mercados consumidores levou ao surgimento da carne seca, hoje consumida em todo o país.

A culinária baiana é a que mais se destaca na Região Nordeste, sendo conhecida em âmbito nacional e, algumas vezes, erroneamente considerada representativa de toda a culinária nordestina. O Nordeste é uma região ampla em termos geográficos e diversificada em termos culturais, e não deve ser representado de forma estereotipada pela cozinha baiana, justamente uma

85-7241-572-6

das mais peculiares da região. Nesse estado, como no restante da região, a diferença entre a culinária do litoral e a do sertão é gritante. No sertão, a cozinha baiana é bastante parecida com a do restante do Nordeste. Já no litoral, caracteriza-se pelo uso de dendê, leite de coco e camarões, imperando em moquecas. Na Bahia, o uso de condimentos é tão acentuado que eles são considerados a "alma da cozinha". A cozinha baiana teve sua maior influência dos africanos, como é explicado por Zarvos e Ditadi[9]:

> *A influência cultural africana se manifestou em todo o Nordeste, da Bahia ao Maranhão. Entretanto, foi mais expressiva em torno de Salvador porque essa se tornou a primeira grande cidade do Brasil, importante entreposto comercial e capital da colônia [...]. Como os negros que viviam nos centros urbanos sofriam um controle menos rígido do que aqueles que trabalhavam nas fazendas, tiveram mais oportunidades de manifestar sua cultura [...]. Por isso puderam difundir nas ruas o gosto pelos quitutes e quitandas que produziam [...].*

Apesar de se perceber a influência indígena no uso da farinha de mandioca e a portuguesa na doçaria do estado, a herança negra é ainda bem mais preponderante, tanto que um dos símbolos mais representativos da Bahia é a Baiana do Acarajé e seu tabuleiro[17].

## Região Centro-Oeste

A culinária da Região Centro-Oeste é bastante diversificada, inclusive entre os próprios estados da região. Por ser uma região de colonização maciça mais recente, foi influenciada por imigrantes de diversas nacionalidades e migrantes de várias regiões do país. O fato da culinária dessa região ter influência das cozinhas de outros estados e regiões brasileiras é um dos fatores que mais diferencia a cozinha do Centro-Oeste daquela das demais regiões brasileiras. Além disso, a forte presença dos povos indígenas que habitam a região também muito influenciou os hábitos e costumes dos habitantes do Centro-Oeste, principalmente daqueles que habitam pequenas vilas e cidades; no entanto, chegou até as capitais e as grandes cidades da região.

Por ser uma culinária relativamente recente, comparativamente àquelas das demais regiões brasileiras, as tradições gastronômicas da Região Cen-

85-7241-572-6

tro-Oeste ainda não são muito evidentes. Mesmo assim, algumas características são perceptíveis e peculiares, como o uso do pequi – fruta típica mais famosa da região – para o preparo de pratos no Distrito Federal e em Goiás. O fruto é utilizado em um prato considerado tradicional nos dois estados, o arroz com pequi. Na região pantaneira, por sua vez, percebe-se o amplo consumo de peixes de água doce. Entretanto, para compreender melhor a miscelânea de influências e peculiaridades dessa cozinha, é preciso analisar as características culinárias de cada um dos estados, separadamente[18].

O Distrito Federal caracteriza-se por uma miscelânea de heranças e tradições deixadas pelos candangos, migrantes de várias regiões do Brasil que para lá foram à época da construção da capital. Tal miscelânea de habitantes acabou por originar uma culinária variada e riquíssima[18]. A culinária típica do Distrito Federal pode ser encontrada nos diversos restaurantes da cidade e também nos equipamentos de "gastronomia rural"*. Para atender ao crescente número de gastrônomos, viajantes e moradores temporários e permanentes, a cidade possui, além da culinária tradicional, uma gama de restaurantes representativos de diversas cozinhas. Soares e Oliveira[18] afirmam que tal variedade de culinárias nacionais e internacionais reflete um pouco as origens e culturas diversas dos habitantes da cidade.

Os hábitos culinários do estado de Goiás, por sua vez, tiveram origem com os bandeirantes. Há quem considere a não-existência de uma cozinha típica goiana, pelo fato de não existirem pratos relacionados com alimentos típicos da região, com exceção do pequi, ou ainda porque os pratos goianos são influenciados pela culinária de outros estados[19]. Entretanto, uma análise cuidadosa das cozinhas brasileiras certamente mostraria que diversas delas apresentam essa característica. Além disso, como não considerar as miscelâneas que compõem uma culinária? A partir do momento em que o povo a incorpora como um hábito alimentar, então é um ingrediente, um prato, um costume que se tornou típico daquele local.

Os estados do Mato Grosso e Mato Grosso do Sul apresentam culinária rica em peixes de água doce, em razão da riqueza de espécies nos vários rios que cortam os estados e da proximidade ou inserção na área conside-

* Vertente do turismo rural que vem acompanhando a expansão desse segmento no estado. Consiste em propriedades rurais próximas à capital, que funcionam como restaurantes, servindo pratos da culinária tradicional e atendendo majoritariamente funcionários públicos e executivos de Brasília[18].

85-7241-572-6

rada Pantanal[20]. A culinária desses estados pode ser dividida em rural e urbana. A culinária rural é também denominada cozinha pantaneira, já que se formou a partir das especificidades dessa área geográfica. Já a culinária urbana, presente nas capitais dos estados e em outras cidades fora da área de influência do Pantanal e da Amazônia, foi influenciada por diversos grupos colonizadores e migratórios, apresentando uma cozinha miscigenada por todas essas influências[21].

A culinária pantaneira é marcada pela influência indígena e dos colonizadores da área. Consiste em uma dieta simples e restrita, a qual se justifica pela distância de centros fornecedores e ausência de energia elétrica da região pantaneira. Quando complementada por caça, frutos silvestres e pesca, torna-se rica e variada. Ingredientes muito comuns incluem a carne seca, a mandioca e seus derivados[21]. Apesar de alguns estudiosos afirmarem que tal culinária não pode ser considerada típica, por ser formada por preparações que não são exclusivas da região, deve-se levar em consideração que a constante repetição de receitas, formas de preparo e rituais, resistentes às alterações ambientais e à passagem do tempo, formaram uma tradição culinária local. Ou seja, alguns hábitos alimentares foram incorporados pelos habitantes, tornando-se parte da cultura local.

Já a culinária urbana – mais presente no estado do Mato Grosso do Sul – é plural, tendo recebido influências de diversos povos, desde mineiros e italianos até bolivianos e libaneses. Em Campo Grande, por exemplo, é possível encontrar mulheres paraguaias com cestos na cabeça, comercializando alimentos típicos do Paraguai[21]. Por esse rol de influências, a cidade vem sendo considerada o pólo gastronômico da região.

## Região Sudeste

A culinária da Região Sudeste é mais difícil de ser caracterizada em âmbito regional do que aquela das demais regiões brasileiras. Por um lado, a região congrega uma cozinha rica e tradicional: a mineira. Por outro lado, é formada por cozinhas pouco representativas, sem relações entre si, segundo a visão coletiva dos brasileiros: as cozinhas paulista, fluminense e capixaba.

Entretanto, ao mesmo tempo em que uma região parece congregar culinárias tão diferenciadas e sem representatividade, ao estudar mais a fundo o processo histórico de formação dessas culinárias e sua manutenção ao longo

85-7241-572-6

do tempo, nota-se o afloramento de características comuns a algumas delas. O caso mais representativo é da relação entre as cozinhas paulista e mineira. Há uma característica peculiar a ser analisada nesse caso específico. Apesar de parecerem cozinhas distintas, percebe-se que a relação histórica entre elas é bastante significativa. Parte do que é hoje conhecido como culinária mineira provém dos hábitos alimentares dos paulistas nos primórdios da colonização – os bandeirantes e, posteriormente, os tropeiros. Estes, ao entrarem no sertão brasileiro, deixaram marcas na cozinha das regiões por eles exploradas, como o feijão tropeiro, por exemplo.

Por todas essas dificuldades e diferenciações entre as culinárias desses estados, tratar-se-á de forma mais específica da culinária de cada estado dessa região.

A culinária capixaba pode ser caracterizada como simples, artesanal e tradicional. É uma culinária que nasceu entre a praia e a serra, associando frutos do mar e da terra e misturando temperos[22]. Por isso, apresenta características um pouco diferentes entre as preparações feitas na região da serra e no litoral. É marcante a influência indígena e do mar, o qual fornece a maioria dos ingredientes para a culinária local. O estado também é influenciado pelos estados vizinhos, tanto da Região Nordeste quanto da própria Região Sudeste. Entretanto, realmente marcante é a presença de alguns grupos étnicos imigrantes, sobretudo italianos e alemães. Na região serrana do estado, a colonização feita por esses imigrantes foi maciça e até hoje existem vilas formadas apenas por descendentes, os quais mantêm fielmente suas tradições, principalmente no âmbito alimentar.

Dentre os pratos típicos, merecem destaque a moqueca capixaba, conhecida em todo o país, e a torta capixaba, ambas bastante procuradas pelos turistas[23]. Além disso, é importante citar os pratos imigrantes, como a polenta, o vinho e os pratos típicos da cozinha alemã, ainda muito comuns nas localidades colonizadas por imigrantes. O café colonial talvez seja o produto mais procurado pelos turistas na região serrana do estado.

A culinária mineira, por sua vez, é considerada por muitos como a cozinha tipicamente brasileira. Conforme citam Priore *et al.*[24], "a culinária das Gerais encanta não somente porque é a mais característica do Brasil, mas, principalmente, porque é bastante rica em sabor e cheia de histórias próprias, da época dos escravos, do ciclo do ouro e das pedras preciosas". Os hábitos alimentares dos mineiros se formaram essencialmente durante o período da mineração. Nessa época, havia grande dificuldade em se obter alimentos do

85-7241-572-6

norte ou do sul do país e os mineiros tiveram que adaptar sua alimentação àquilo que plantavam e criavam. Foi assim que o feijão, o angu e a couve se tornaram a tríade dessa culinária[24]. Quando a extração de minério entra em decadência no estado, a agricultura de subsistência ganha expressão, desenvolvendo a pecuária e a indústria de laticínios, dando origem ao famoso queijo de minas. O leite, o queijo, o doce de leite e o pão de queijo são os legítimos representantes das regiões onde a criação de gado foi mais intensiva[24]. Dentre estes, vale ressaltar o tombamento do pão de queijo e do queijo mineiro como patrimônios intangíveis pela Unesco (Organização das Nações Unidas para a Educação, a Ciência e a Cultura).

Há, nesse estado, diversas cidades conhecidas por seus produtos alimentícios, como Conceição dos Ouros e Cachoeira de Minas, ambas consideradas "capitais nacionais do polvilho". Isso também acontece em Lagoa Dourada, a "capital nacional do rocambole". A cidade de Araxá, por sua vez, é conhecida pela produção de doces.

Em Minas Gerais, nota-se certa peculiaridade em relação à alimentação nas festas. Ao contrário dos demais estados brasileiros, nos quais é costume exibir os traços tradicionais na alimentação nessas ocasiões, em Minas os momentos de festa são aqueles que apresentam a culinária mais aculturada[24].

Os estados do Rio de Janeiro e de São Paulo não possuem culinária tradicional tão visível e arraigada quanto aquela dos demais estados da região. Atualmente, ambos são estados cosmopolitas que, à primeira vista, parecem não ter tradições. Alguns autores, como Leal[7], consideram a falta de tradição da culinária desses estados marcante, afirmando não ser possível dizer que ambas as culinárias sejam tradicionais. Entretanto, talvez seja mais correto afirmar que as cozinhas tradicionais paulista e carioca escondem-se no cosmopolitismo dos grandes centros urbanos desses estados.

O Rio de Janeiro, apesar da importância histórica para o país, inclusive no âmbito da culinária – vale lembrar que era nesse estado que chegavam os modismos europeus, direto para a Corte –, ficou conhecido apenas como o estado da feijoada e da caipirinha. Além disso, também é conhecido como o estado que sempre importou, inventou e impôs modas culinárias e regras de etiqueta ao resto do país[25].

O estado de São Paulo, por sua vez, é marcado pela "[...] incrível mistura de raças, tradições, modernidade e, principalmente, sabores e prazeres". A gastronomia paulista típica é pouco vista em restaurantes, porém mantém-se

85-7241-572-6

ativa na mesa caseira, por meio de diversas preparações tradicionais, principalmente no interior do estado, como arroz, feijão, couve e ovo frito[26]. A cidade de São Paulo diferencia-se do interior do estado. Uma característica marcante da capital é ser considerada o principal pólo gastronômico do país. Ali, é possível encontrar uma imensa variedade de restaurantes, com diversos tipos de culinária – local, regional ou internacional[26]. Um dos programas favoritos do paulistano é comer fora, hábito que lhes foi legado por imigrantes europeus. Os paulistanos são conhecidos justamente por esse hábito, que se tornou uma das principais formas de entretenimento na cidade.

Além de toda a diversidade dos restaurantes representativos de cozinhas brasileiras tradicionais e mesmo de tendências gastronômicas, a cidade ainda possui redutos de diversos grupos imigratórios, os quais mantêm algumas de suas características originais, sobretudo em termos culinários. São japoneses, italianos, libaneses e tantos outros povos que aqui se fixaram. O bairro da Liberdade, tipicamente japonês, caracteriza-se pela fartura não apenas de restaurantes típicos japoneses, mas também de lojas, festas e feiras tradicionais. Redutos italianos, como o bairro da Bela Vista, possuem grande diversidade de restaurantes típicos, além de duas festas já tradicionais na cidade: Nossa Senhora Achiropita e San Gennaro, que atraem milhares de visitantes em função das preparações culinárias[26]. Também é importante ressaltar, nesse estado, as peculiaridades da culinária do litoral e do Vale do Paraíba, este último mantendo tradições culinárias tropeiras ainda vivas em diversas cidades.

## Região Sul

Os três estados da Região Sul apresentam culinária amplamente influenciada por imigrantes europeus. Até hoje é comum a existência de colônias de imigrantes que mantêm suas características culturais, inclusive em relação à alimentação. Alguns estados ainda foram influenciados por indígenas, negros e povos dos países fronteiriços. O estado do Paraná, por exemplo, foi influenciado nos primórdios de sua colonização por descendentes de índios, portugueses, espanhóis e negros. Heyde *et al.*[27] afirmam que cada um desses grupos legou algumas características aos hábitos alimentares da população desse estado. Assim, percebe-se a cozinha paranaense como uma culinária bastante diversificada. Os pratos que vieram junto com cada povo foram adap-

85-7241-572-6

tados; alguns passaram a ser compostos por novos ingredientes, mas muitos preservaram suas características iniciais.

Essa grande diversidade de raças e culturas fez com que os pratos típicos do estado fossem diferentes em cada região, de acordo com suas características de colonização. Assim, apesar de não haver um prato representativo de todo o estado, existe no Paraná a peculiaridade de haver pratos típicos diferentes nas várias regiões do estado. O "porco no rolete", por exemplo, é considerado o prato típico da cidade de Toledo; já o "pintado na telha", da cidade de Guaíra. O "barreado", prato preparado com carne de vaca, é considerado o único prato de origem tipicamente paranaense, apesar de se especularem influências portuguesas e indígenas, e é tradicional na cidade de Morretes.

As culinárias tradicionais dos imigrantes também mantêm suas tradições no estado. Na cidade de Curitiba, por exemplo, destaca-se o bairro Santa Felicidade, de colonização italiana. Os descendentes de italianos residentes no bairro guardam características peculiares de sua alimentação, tanto que os restaurantes ali existentes são muito procurados pela população local e por turistas[27].

O estado de Santa Catarina, por sua vez, é formado majoritariamente por descendentes de europeus de diversas origens – italianos, alemães, libaneses, austríacos e poloneses, dentre outros. À época da colonização, cada grupo imigratório se estabeleceu em regiões específicas do estado, o que levou à característica atual da culinária do estado. A região norte do estado, por exemplo, foi povoada principalmente por alemães e italianos, e seus hábitos de vida e de alimentação baseiam-se nessas culturas. Já na região litorânea houve forte influência portuguesa e espanhola, havendo preferência por frutos do mar e frituras. O sul catarinense, por sua vez, foi influenciado pelas colonizações italiana, alemã e cabocla; o oeste do estado, por povos italianos e alemães, além de influências oriundas da Argentina e do Rio Grande do Sul[28].

Já a cozinha gaúcha diferencia-se um pouco das demais da região sul. Os pratos da culinária do Rio Grande do Sul foram trazidos, em épocas diversas, por vários grupos étnicos que povoaram a região. Além disso, também foi influenciada por povos de países fronteiriços, como os argentinos, influência nitidamente percebida pelo hábito de churrasquear espetos de carne, criando o churrasco. Os indígenas também deixaram sua marca por meio da incorporação do chimarrão no cotidiano dos gaúchos. Outros fatores, além dos próprios colonizadores, também influenciaram essa cozinha: os períodos de guerra, por exemplo, levaram ao surgimento do charque e, como conseqüência, do arroz de carreteiro, prato típico gaúcho. Uma preparação marcante da culinária do Rio Grande do Sul, que inclusive já é utilizada pelo turismo em algumas localidades, é o café colonial, influência de imigrante alemães[29].

## Referências Bibliográficas


1. LIMA, C. *Tachos e Panelas: historiografia da alimentação brasileira.* 2. ed. Recife: Editora do Autor, 1999.
2. LANCELOTTI, S. *500 Anos de Gastronomia em Terra Brasilis.* São Paulo: L&PM, 2000.
3. FERNANDES, C. *Viagem Gastronômica através do Brasil.* São Paulo: Senac/Sonia Robatto, 2000.
4. FRANCO, A. *De caçador a Gourmet.* São Paulo: Senac, 2001.
5. CASCUDO, L. C. *História da Alimentação no Brasil.* São Paulo: Edusp, 1983.
6. HOUAISS, A. *Minhas Receitas Brasileiras.* São Paulo: Art Editora, 1990.
7. LEAL, M. L. M. S. *A História da Gastronomia.* Rio de Janeiro: Senac Nacional, 1998.
8. ORNELLAS, L. H. *A Alimentação através dos Tempos.* Florianópolis: Editora da UFSC, 2000.
9. ZARVOS, N.; DITADI, C. A. S. *Multissabores: a formação da gastronomia brasileira.* Rio de Janeiro: Senac, 2000.
10. HECK, M.; BELUZZO, R. *Cozinha dos Imigrantes: memórias e receitas.* São Paulo: DBA Melhoramentos, 1999.
11. DIAS, M. *Pratos Típicos: cozinha nordestina.* São Paulo: Senac, 1992.
12. PINTO, C. B. *Brazilian Cooking.* Nova Jersey: Chartwell Books, 1998.
13. YUYAMA, L. K. O. et al. Amazonas. In: FISBERG, M. et al. *Um, Dois, Feijão com Arroz: a alimentação no Brasil de norte a sul.* São Paulo: Atheneu, 2002.
14. TUMA, R. B. et al. Pará. In: FISBERG, M. et al. *Um, Dois, Feijão com Arroz: a alimentação no Brasil de norte a sul.* São Paulo: Atheneu, 2002.
15. ALVES, M. M. *A Culinária Baiana no Restaurante do Senac Pelourinho.* Senac, 2000.
16. MARREIRO, D. N. et al. Piauí. In: FISBERG, M. et al. *Um, Dois, Feijão com Arroz: a alimentação no Brasil de norte a sul.* São Paulo: Atheneu, 2002.
17. WAINSTEIN, B. G. et al. Bahia. In: FISBERG, M. et al. *Um, Dois, Feijão com Arroz: a alimentação no Brasil de norte a sul.* São Paulo: Atheneu, 2002.
18. SOARES, B. A.; OLIVEIRA, K. E. S. Distrito Federal. In: FISBERG, M. et al. *Um, Dois, Feijão com Arroz: a alimentação no Brasil de norte a sul.* São Paulo: Atheneu, 2002.
19. NAVES, M. M. V. et al. Goiás. In: FISBERG, M. et al. *Um, Dois, Feijão com Arroz: a alimentação no Brasil de norte a sul.* São Paulo: Atheneu, 2002.
20. BRUNKEN, G. S. Mato Grosso. In: FISBERG, M. et al. *Um, Dois, Feijão com Arroz: a alimentação no Brasil de norte a sul.* São Paulo: Atheneu, 2002.
21. RIBAS, D. L. B. et al. Mato Grosso do Sul. In: FISBERG, M. et al. *Um, Dois, Feijão com Arroz: a alimentação no Brasil de norte a sul.* São Paulo: Atheneu, 2002.


85-7241-572-6

22. PACHECO, R. J. C. *Dos Comes e Bebes do Espírito Santo: a culinária capixaba no Hotel Ilha do Boi.* Rio de Janeiro: Senac, 1997.
23. SILVA, C. L. F. et al. Espírito Santo. In: FISBERG, M. et al. *Um, Dois, Feijão com Arroz: a alimentação no Brasil de norte a sul.* São Paulo: Atheneu, 2002.
24. PRIORE, S. E. et al. Minas Gerais. In: FISBERG, M. et al. *Um, Dois, Feijão com Arroz: a alimentação no Brasil de norte a sul.* São Paulo: Atheneu, 2002.
25. Cozinha Brasileira: 224 receitas de todas as regiões do Brasil, suas origens e suas histórias. *Cláudia Cozinha,* São Paulo, Editora Abril, 1996.
26. PHILIPPI, S. T.; COLUCCI, A. C. A. São Paulo. In: FISBERG, M. et al. *Um, Dois, Feijão com Arroz: a alimentação no Brasil de norte a sul.* São Paulo: Atheneu, 2002.
27. HEYDE, M. E. D. V. D. Paraná. In: FISBERG, M. et al. (orgs.). *Um, Dois, Feijão com Arroz: a alimentação no Brasil de norte a sul.* São Paulo: Atheneu, 2002.
28. PIRES, M. M. S.; MAFRA, D. Santa Catarina. In: FISBERG, M. et al. *Um, Dois, Feijão com Arroz: a alimentação no Brasil de norte a sul.* São Paulo: Atheneu, 2002.
29. CASTILHO, C. *Fogão Campeiro: receitas gaúchas.* Porto Alegre: Martins Livreiro, 1998.

85-7241-572-6

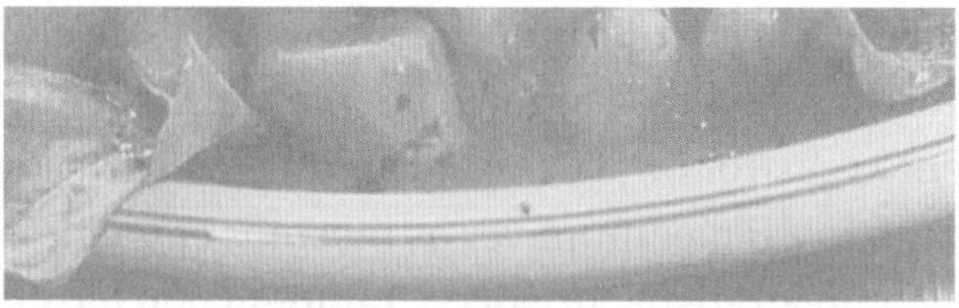

Capítulo 6

# TURISMO E ALIMENTAÇÃO NO BRASIL: PANORAMA ATUAL

Pôde-se notar, pelo panorama fornecido no capítulo anterior, a grande riqueza do patrimônio gastronômico brasileiro. Aliado a isso, percebe-se o incremento contínuo da atividade turística no país. Mas será que, atualmente, elementos gastronômicos são utilizados como atrativos turísticos no Brasil? Caso sejam, como se dá tal utilização?

É praticamente impossível encontrar pesquisas que abordem a relação entre alimentação e turismo no Brasil de forma profunda e detalhada. Muitos dos achados são frutos de observação empírica ou de pesquisas direcionadas a outras áreas que acabam por fornecer dados sobre tal relação. Isso torna a sistematização de dados nessa área bastante complicada. Fernandes[1] acredita que o país apresenta grande potencialidade gastronômica e que, por isso, esse tipo de atrativo deve ser incentivado em todos os destinos e agregado a todos os pacotes de viagem. Lima[2] confirma tal afirmação, relatando que as características e variações da cozinha brasileira fazem com que algumas regiões do país sejam capazes de se inserir no mercado turístico tão somente pela riqueza de seu cardápio e de suas tradições alimentares. Ribeiro[3], por sua vez, afirma que os turistas vêem a culinária como um atrativo turístico em qualquer destino, fazendo-o de forma mais ou menos consciente. Por isso é tão comum a associação de um prato ou ingrediente a um país ou localidade.

85-7241-572-6

Apesar dessa potencialidade ser tão latente, percebe-se que o uso de elementos gastronômicos pelo turismo no Brasil ainda é incipiente. É comum verificar a utilização de elementos gastronômicos como oferta técnica de localidades turísticas; entretanto, não é tão comum ver os mesmos elementos sendo promovidos e visitados como atrativos turísticos. Também não há, no país, o hábito de viajar pela boa mesa.

As afirmações dos estudiosos e a potencialidade da cozinha brasileira levam a crer que a pouca utilização do patrimônio gastronômico brasileiro pelo turismo não se dá por falta de potencial, e sim por falta de sensibilização e incentivo a empreendedores e gestores e, também, pela falta de conhecimento desse segmento por parte dos turistas. Apesar de haver indícios de algumas iniciativas nesse campo, tanto pela gestão pública quanto por empreendimentos privados, muitas delas não apresentam a devida profissionalização.

Apesar de escassas, já vêm sendo tomadas algumas iniciativas concernentes ao uso da alimentação como atrativo para a atividade turística. Percebe-se o desenvolvimento dessas iniciativas em diversos setores: órgãos governamentais, empresas privadas, entidades ou associações de classe e, também, na Academia.

Em nível federal, há uma iniciativa do Ministério da Cultura, que vem trabalhando no intuito de institucionalizar o tombamento do patrimônio imaterial. Está em curso o processo de tombamento do processo de fabricação de queijos da cidade de Serro, em Minas Gerais. O registro funciona como um atestado da importância da tradição culinária. Na mesma linha, também está em processo de tombamento a Feira de São Joaquim, em Salvador.

Em nível governamental estadual, o Plano de Governo da cidade de Londrina, no Paraná, por exemplo, engloba dentre os objetivos para o setor de turismo o incentivo ao turismo gastronômico, de modo a aproveitar de forma turística a riqueza étnica da cidade.

O Instituto Estrada Real (IER), órgão do terceiro setor, por sua vez, promove roteiros relacionados à Estrada Real com enfoques específicos, sendo encontrados tanto roteiros de cunho inteiramente gastronômico quanto atrativos gastronômicos com papel complementar em outros roteiros. Já a Agência de Desenvolvimento Tietê-Paraná acredita na potencialidade dos elementos gastronômicos como geradores de receita e instrumentos de fomento à atividade turística no estado de São Paulo. De acordo com a entidade, a melhor estruturação e divulgação dos pólos gastronômicos paulistas poderia ampliar significativamente a demanda turística nos municípios do

85-7241-572-6

estado[4]. A crença nesses elementos é tamanha que a entidade acredita no desenvolvimento da gastronomia como atrativo turístico principal das localidades. Entretanto, faz ressalvas com relação ao público que poderia ser captado com tal estratégia, restringido a pessoas que moram a curta ou média distância do destino.

Uma pesquisa realizada na cidade de São Paulo, tratando da relação entre alimentação e turismo*, constatou que vida noturna e gastronomia estão entre os atrativos mais procurados e apreciados pelos turistas que visitam a cidade[5]. Baseando-se nos dados obtidos pela pesquisa, a Associação de Bares e Restaurantes Diferenciados (Abredi) criou o "Calendário Oficial da Gastronomia e Vida Noturna da Cidade de São Paulo". Lançada em 2002, essa iniciativa surgiu com o intuito de instituir, durante todo o ano, uma programação de "semanas de cozinhas típicas"; com isso, pretendia-se estimular ainda mais a vinda, aumentar a satisfação e o tempo de permanência dos turistas na cidade, assim como incrementar o movimento dos restaurantes, sobretudo em períodos de baixa estação.

É interessante notar que, em alguns casos, como ocorre com a Agência de Desenvolvimento Tietê-Paraná, o turismo gastronômico já vem sendo considerado um segmento do turismo passível de desenvolvimento. Essa percepção facilita o desenvolvimento dos próprios atrativos gastronômicos, uma vez que dá maior importância a essa relação. Dessa forma, a inserção da alimentação no planejamento estratégico do turismo no Brasil é facilitada e acontece de forma mais efetiva.

Tendo em vista tal situação, este capítulo tentou fornecer um panorama da utilização atual da alimentação pelo turismo no Brasil, sistematizando, de forma abrangente, tanto os elementos que vêm sendo trabalhados quanto as localidades que os vêm desenvolvendo.

## Destinos

É difícil falar em destinos gastronômicos no Brasil. Apesar de algumas localidades estarem trabalhando no sentido de desenvolver atrativos com esse cunho e de alguns destinos serem informalmente reconhecidos por essa característica, ainda não há destinos formalmente organizados com tal enfoque no Brasil.

---

* Pesquisa realizada em parceria pela Folha de São Paulo, São Paulo *Convention & Visitors Bureau*, Sebrae (Serviço Brasileiro de Apoio às Micro e Pequenas Empresas) e Embratur (Instituto Brasileiro de Turismo).

85-7241-572-6

Em vista dessa situação, optou-se, neste capítulo, por inicialmente fornecer um panorama geral do nível de uso da alimentação pelo turismo e do tipo de elementos gastronômicos desenvolvidos em cada região brasileira. Os elementos gastronômicos pelos quais as localidades são conhecidas dependem muito do potencial de cada localidade. Entretanto, também são bastante influenciados pelo contexto turístico de tal localidade.

Existe um perfil comum a quase todas as regiões no que diz respeito à relação entre grandes centros urbanos turísticos e alimentação. Percebe-se que essas localidades, em geral, se tornam pólos gastronômicos em função da grande quantidade e diversidade de bares, restaurantes e similares que apresentam. Em alguns casos, esses estabelecimentos acabam servindo a um público mais local e regional. Em outros, a abrangência do público é maior. Essa diversidade de abrangência depende das funções primordiais da cidade – negócios, lazer, agricultura, etc. –, da oferta de serviços de alimentação existente e do fluxo de visitantes recebido. De qualquer forma, apresentam o perfil comum de pólos gastronômicos.

A Região Norte do Brasil é pouco desenvolvida em termos turísticos. Apesar de possuir alguns destinos reconhecidos internacionalmente, de maneira geral o turismo é bem pouco trabalhado na região. Conseqüentemente, os atrativos gastronômicos da área são, também, incipientes. Em termos dos elementos gastronômicos desenvolvidos, de modo geral, apresentam destaque produtos e pratos típicos e, em menor escala, feiras, mercados e similares.

A cidade de Belém constitui uma exceção ao restante da região. Alguns dos principais atrativos da localidade apresentam cunho gastronômico, como o Mercado Ver-o-Peso, que se tornou um complexo turístico-gastronômico da localidade.

Na Região Nordeste, os atrativos gastronômicos também não são amplamente utilizados como atrativos turísticos. Entretanto, os órgãos governamentais estaduais vêm promovendo esses elementos como parte da cultura local e, conseqüentemente, como atrativos. Algumas localidades estão tendando, inclusive, se promover como destinos gastronômicos. Esse é o caso de Canavieiras, onde se promove o turismo gastronômico com um único atrativo: a "Festa do Caranguejo". É praticamente impossível desenvolver uma localidade com apenas um atrativo, especialmente um atrativo tão específico quanto esse. Percebe-se, assim, que apesar do desejo de explorar melhor esse segmento específico, muitas localidades ainda não sabem como fazê-lo.

85-7241-572-6

Fortaleza, Recife e Olinda possuem o panorama típico dos grandes centros, de pólos gastronômicos. Nessas localidades, entretanto, a presença da cozinha tradicional local é marcante e sua mistura com a cozinha internacional cria uma certa atratividade e possibilita a existência de um cardápio variado. Nota-se que os grandes centros nordestinos conseguiram manter algumas de suas tradições intactas. Em Recife e Olinda, por exemplo, ainda há diversas preparações feitas como antigamente, como os filhoses (doce português).

De forma geral, pode-se dizer que a Região Nordeste trabalha muito com bares e restaurantes, tentando ampliar sua oferta com a promoção e a comercialização de pratos e produtos típicos, além de locais de produção. Estes últimos estão sendo desenvolvidos principalmente na Bahia, estado que apresenta maior desenvolvimento de atrativos gastronômicos que os demais dessa região.

Há dois motivos principais que levam a esse maior desenvolvimento da Bahia. Em primeiro lugar, o estado apresenta um panorama de desenvolvimento turístico mais adiantado que os demais estados, em função da administração estadual. Além disso, o estado possui um atrativo gastronômico reconhecido internacionalmente, o acarajé, que é utilizado como atrativo complementar em praticamente todas as localidades turísticas do estado. Aliado ao acarajé ainda há toda a culinária baiana, também conhecida em âmbito mundial.

A Região Centro-Oeste possui poucos destinos turísticos, o que também a leva a ter menor volume de atrativos gastronômicos desenvolvidos. As cidades de Campo Grande e Brasília constituem dois pólos gastronômicos regionais. Apresentam destaque não apenas por sua culinária tradicional local, mas por possuírem estabelecimentos representativos de diversas cozinhas regionais e internacionais[6,7], como muitas das grandes cidades brasileiras. Além dos bares e restaurantes, também apresentam certo grau de desenvolvimento na região elementos como feiras e mercados.

A Região Sudeste apresenta um desenvolvimento maior comparado às demais regiões brasileiras, com exceção do sul do país. O desenvolvimento de atrativos gastronômicos na região é acompanhado, em alguns casos, por planos e outras ações de planejamento, o que dá maior consistência ao atrativo desenvolvido. Mesmo elementos gastronômicos simples são trabalhados de forma mais complexa e atrativa. Isso se deve, em parte, ao fato dessa região receber um fluxo turístico representativo, tanto de turistas domésticos

85-7241-572-6

quanto internacionais. O panorama de desenvolvimento de cada estado apresenta maior diferenciação que nas demais regiões, mesmo porque a oferta de cada estado é trabalhada de forma bem diferente. Entretanto, os dois principais centros urbanos da região – São Paulo e Rio de Janeiro – constituem pólos gastronômicos, assim como as demais grandes cidades abordadas nesta publicação.

No estado do Espírito Santo, por exemplo, os elementos mais trabalhados são os pratos e produtos típicos, além dos locais de produção. Os municípios de Venda Nova do Imigrante e Domingos Martins merecem destaque em virtude de sua experiência bem-sucedida, feita com planejamento e visando complementar a oferta principal das localidades: os atrativos rurais. Os municípios passaram por um processo de planejamento para definir a melhor forma de inserir os elementos gastronômicos na oferta já existente. Foram definidas ações como a oferta de refeições caseiras em propriedades rurais, a criação de um selo de qualidade dos produtos locais, o desenvolvimento de estabelecimentos para venda de produtos locais, dentre outros. Além de conseguir incrementar o turismo na região, essa experiência está permitindo o resgate e a preservação da herança dos imigrantes da área[8].

No estado do Rio de Janeiro, a região da Serra Fluminense se destaca em termos de aproveitamento do potencial gastronômico. Os elementos trabalhados no local são, primordialmente, os restaurantes, seguidos por alguns locais de produção, pratos e produtos locais e experiências de rotas e roteiros. É interessante notar que essa região vem tentando trabalhar não apenas o atrativo gastronômico, mas o segmento do turismo gastronômico como um todo, apresentando-se, juntamente com o sul do país, como a área de maior desenvolvimento de atrativos gastronômicos.

Os municípios da região serrana que mais trabalham com esse tipo de atrativo são: Petrópolis, Teresópolis, Nova Friburgo e Visconde de Mauá. Em todas as localidades, o uso da alta gastronomia é predominante em detrimento da culinária local, e justamente esse diferencial atrai visitantes. Em Petrópolis, destaca-se o Bairro de Itaipava, onde se localiza o Vale dos *Gourmets*, área em que há grande diversidade de restaurantes gastronômicos[9]. Visconde de Mauá, por sua vez, possui maior especificidade em seus atrativos, trabalhando com dois gêneros alimentícios principais em sua oferta: o pinhão e a truta[8]. Percebe-se, assim, a criação de uma tradição no local.

Em Minas Gerais, a culinária local é o elemento mais forte em termos de promoção e de procura pelos turistas. A cozinha mineira é conhecida em todo

85-7241-572-6

o país, tendo inclusive se disseminado para outras regiões. Entretanto, também se destacam as diversas localidades mineiras que trabalham pratos e/ ou produtos típicos, como Lagoa Dourada, considerada a "capital nacional do rocambole". Apesar de o alcance de grande parte dessas localidades ser regional, assim como sua promoção, é inegável a importância dessas iniciativas para o desenvolvimento de atrativos gastronômicos no país.

Ainda em Minas Gerais, é notável a variedade de bares em Belo Horizonte. Principais locais de entretenimento da cidade, os bares já são mais de 13 mil, constituindo atrativos da localidade justamente pela grande quantidade, comparativamente maior que a de qualquer outra cidade brasileira.

No estado de São Paulo, são desenvolvidos primordialmente atrativos relacionados a festas, pratos e produtos típicos, além de alguns locais de produção. Na região circunvizinha a São Paulo há um panorama um tanto peculiar. Enquanto a capital do estado constitui um pólo gastronômico para os turistas pela diversidade de serviços de alimentação disponíveis, as pequenas cidades em um raio de 100km da capital constituem pólos gastronômicos menores voltados ao público paulistano. Em Atibaia, por exemplo, há uma diversidade de estabelecimentos, de cozinhas variadas, muitos dos quais complementam a refeição com danças típicas, música ao vivo ou outros. Esses estabelecimentos tentam atrair os paulistanos que querem fugir da capital por um dia, no fim-de-semana. Isso acontece, por exemplo, em São Roque.

Os eventos, principalmente aqueles relacionados a um produto específico, também são muito comuns nas diversas cidades do estado. Festas da uva, do morango, do milho e outras são bastante usuais, algumas delas constituindo-se em eventos de grande porte que recebem mais de 100 mil visitantes a cada ano.

A Região Sul possui desenvolvimento mais organizado e complexo dos atrativos gastronômicos. Nessa região, o desenvolvimento das grandes cidades, em termos turístico-gastronômicos, é um pouco diferente dos demais grandes centros brasileiros. Apesar de as localidades apresentarem variedade e diversidade de estabelecimentos, destacam-se por alguns elementos específicos: no caso de Florianópolis, pela cozinha açoriana; no caso de Curitiba, pela culinária italiana. Enquanto as influências imigrantes nos demais centros foram variadas e dividem espaço entre si, nessas duas cidades a influência de um grupo específico foi preponderante. Em Florianópolis, especificamente, o turismo gastronômico é parte de uma nova tendência que surgiu com a necessidade de atualizar os serviços e profissionais para atender os turistas[10].

85-7241-572-6

Além do panorama dos grandes centros na região, destacam-se as rotas gastronômicas que estão começando a ser estruturadas na região, assim como os locais de produção, produtos e pratos típicos já desenvolvidos. Vale ressaltar que a culinária dos imigrantes – sobretudo italianos e alemães – é muito forte em todos os atrativos desenvolvidos, caráter que se manifesta nitidamente nos eventos gastronômicos dos estados.

A região da Serra Gaúcha destaca-se no desenvolvimento de atrativos gastronômicos. O forte significado da gastronomia, aliado ao desenvolvimento de locais de produção, fez com que esse elemento se tornasse um atrativo de peso na região. Assim, os atrativos gastronômicos são considerados hoje de extrema relevância para a região. É nela que vem se desenvolvendo parte considerável dos roteiros e das rotas gastronômicas de que se tem notícia no Brasil: em Caxias do Sul e Bento Gonçalves, apostando na produção de vinho; em Garibaldi, enfatizando as produções de champanhe, *brandy* e uísque.

Percebe-se que as regiões brasileiras, em geral, trabalham com os elementos gastronômicos mais simples, como produtos e pratos típicos amplamente promovidos no país. Há algumas exceções, em que atrativos mais complexos são desenvolvidos. Entretanto, confirma-se o fato de que o país ainda tem um desenvolvimento incipiente de seus atrativos gastronômicos.

A alta gastronomia, assim como a cozinha contemporânea, aliadas à diversidade de opções gastronômicas, também constituem um bom atrativo complementar para localidades que recebem um público de classe alta e/ou de estrangeiros. Em Paraty (Rio de Janeiro), por exemplo, a gastronomia é um complemento aos atrativos da localidade. Além de ter uma culinária local tradicional parcialmente preservada, a cidade ainda dispõe de diversos restaurantes de culinária regional nacional e internacional. Em geral, esse público procura, nos destinos que visita, boas opções e experiências gastronômicas, e não apenas um serviço de alimentação padrão. Os destinos alternativos brasileiros também apresentam esse panorama. Geralmente possuem alguns estabelecimentos mais simples de culinária tradicional local e diversos estabelecimentos de cozinhas regionais de várias partes do Brasil e do mundo. Isso acontece em Barra Grande (Bahia) e Jericoacoara (Ceará), por exemplo, e está intimamente ligado às características do público que procura as localidades.

# Elementos Gastronômicos

## Bares e Restaurantes

Os bares e restaurantes são utilizados como atrativos turísticos no Brasil, em todas as regiões. Para isso, utilizam diversas estratégias, dentre aquelas apresentadas no Capítulo 3.

A tematização é a estratégia mais utilizada por bares e restaurantes brasileiros como diferencial para atratividade. Algumas localidades destacam-se pela quantidade de estabelecimentos tematizados. Em Santos, por exemplo, a grande procura por cerveja ou chope levou à grande disseminação de bares na cidade e fez com que alguns comerciantes começassem a investir em bares temáticos como forma de diferenciar seu estabelecimento. O Moby Dick Café, por exemplo, é um bar localizado dentro de uma baleia de concreto, cuja decoração interna também tem como tema o mar. O bar Barão do Café, por sua vez, serve drinques à base de café e é decorado com imagens da época áurea do café na cidade. O Menphis, bar com o tema anos 50, possui, além de elementos decorativos como *jukebox*, discos de cantores da época e outros elementos, um cardápio representativo da cozinha daquele tempo.

Em São Vicente, também é comum o uso da tematização como estratégia de diferenciação de bares e restaurantes. O estabelecimento de maior destaque na localidade é o *Radio City Cafe*, cuja decoração lembra a fase áurea do rádio no Brasil, reproduzindo um antigo estúdio de rádio. No piso superior, funciona a Rádio Litoral, que é aberta à visitação e dá um ar ainda mais real à decoração.

A tematização de bares de acordo com a cozinha típica servida também é bastante comum. O restaurante Tigela de Barro, no Rio Grande do Norte, por exemplo, tem decoração rústica feita com peles de bode, chocalhos, bancos de madeira e lampiões, representando a culinária nordestina que serve. Restaurantes indianos, por sua vez, geralmente possuem decoração que remete a essa cultura. Esse tipo de decoração pode ser feito, em maior ou menor grau, de acordo com a disponibilidade financeira de cada empreendimento.

O caráter histórico dos estabelecimentos também é utilizado no Brasil, porém em menor escala, seja pelo uso de personalidades históricas, tradições, representatividade histórica, entre outros. No Rio de Janeiro, por exemplo, o Restaurante Assírio, localizado no Teatro Municipal, tem um papel histórico na cidade. Projetado como um café, virou museu e hoje é

85-7241-572-6

restaurante. Assim, além de ter passado pela história carioca com uma série de funções diferenciadas, atuando, conseqüentemente, de formas diversas ao longo do tempo, ainda tem uma curiosa decoração com elementos persas e bizantinos.

O restaurante Ponto Chic, em São Paulo, possui como principal estratégia de atratividade o fato de ter sido palco da criação do sanduíche bauru, hoje muito disseminado em lanchonetes de todo o país. Promovendo o "bauru original", juntamente com a história de sua criação, consegue criar um diferencial interessante para o estabelecimento sem muitos gastos adicionais.

A criação de uma tradição também pode ser utilizada como estratégia de diferenciação em estabelecimentos de alimentação. Os restaurantes pertencentes à Associação da Boa Lembrança, por exemplo, trabalham com essa estratégia. São todos restaurantes gastronômicos, das mais diversas especialidades, que escolhem uma refeição especial do estabelecimento, cujo desenho é pintado em uma louça especial com o nome do restaurante e o nome do prato. Esses pratos são fornecidos aos clientes que pedem tal refeição. Assim, a associação espera que seja criada uma tradição de que os visitantes busquem os restaurantes associados para degustar a preparação e levar o prato de louça para casa como recordação.

As apresentações são outra forma fácil e barata de incrementar a atratividade de um estabelecimento de alimentação. Podem ser apresentações de dança, música, interpretação, entre outras. Em Fortaleza, por exemplo, o restaurante Boi do Sertão, que trabalha com cozinha típica cearense, contratou um ator que se passa por sertanejo – vestindo roupas típicas –, distraindo os clientes e contando histórias. Já o restaurante Marenosso, em Natal, para fazer com que o turista tenha mais contato com a cultura local, promove o Forró com Turistas, todas as semanas, no qual a presença da população local é um atrativo a mais. Em São Paulo, o restaurante Brooklin possui uma estratégia mais complexa. Os garçons do local são todos cantores que, durante toda a noite, fazem apresentações de musicais famosos da Broadway e do cinema.

A fama de freqüentadores dos estabelecimentos de alimentação também pode constituir um atrativo. O Café Cancun de Florianópolis, por exemplo, ganhou fama por ser freqüentado pelo tenista Gustavo Kuerten. Mesmo ficando em um casarão histórico e tendo decoração típica, o *boom* da procura do estabelecimento se deu após passar a ser freqüentado pelo esportista.

A conjugação de diversas estratégias também é utilizada em âmbito nacional. Em Brasília, por exemplo, vem sendo trabalhado um novo conceito

85-7241-572-6

de equipamento de alimentação que une gastronomia à área rural, denominado "gastronomia rural". Essa iniciativa consiste em propriedades rurais próximas à capital cujo foco está em servir pratos tradicionais locais[7]. Ou seja, une a estratégia da localização com o tipo de culinária oferecida.

No bairro Santa Felicidade, em Curitiba, conjugou-se o tamanho do estabelecimento com o tipo de culinária utilizada. Conhecido como bairro dos megarrestaurantes, Santa Felicidade possui estabelecimentos que comportam de 400 a 4.645 pessoas. Todos os restaurantes servem comida italiana, no sistema de rodízio de polenta frita, frango, saladas e massas. O potencial de atratividade do bairro é tamanho que se estima que cerca de 40% dos turistas que visitam a cidade passem por lá[11].

A multiplicidade de funções em um mesmo empreendimento também é uma forma interessante de atrair a atenção dos visitantes. Na cidade de São Paulo, por exemplo, foi criado um centro gastronômico italiano denominado *Villa Tavola*. No mesmo local do centro, pretende-se agregar ainda um Centro da Culinária e Cultura Italiana, um empório de produtos italianos importados e uma doceria. Assim, será formado um complexo gastronômico que terá como tema principal a cozinha italiana. Em um mesmo local será possível conhecer a cultura gastronômica do local, aprender a fazer pratos típicos, degustá-los ou adquirir gêneros alimentícios específicos. Ou seja, diversos atrativos em um só.

A conjugação com outros tipos de atrativos é uma estratégia utilizada por alguns estabelecimentos. Cafés e restaurantes agregados a atrativos culturais são muito comuns, como acontece na Pinacoteca do Estado e no Museu Casa Brasileira, ambos na cidade de São Paulo. As vinícolas, principalmente aquelas localizadas no Vale dos Vinhedos (Rio Grande do Sul), também vêm agregando estabelecimentos de alimentação a suas propriedades, como forma de agregar valor aos locais de produção de vinho.

Há o caso de localidades que utilizam a variedade de estabelecimentos de alimentação para tornarem-se atrativas, a ponto de serem consideradas pólos gastronômicos. A diversidade é o ponto-chave dessa estratégia. Isso acontece em muitos dos grandes centros urbanos brasileiros, em destinos alternativos e em alguns destinos próximos a grandes centros. Um exemplo disso é o litoral norte de São Paulo, que está se tornando uma extensão da capital, de onde provém grande parte de seu público, em sua maior parte de classe média alta. Esses turistas, em geral, procuram opções de entretenimento parecidas com as de sua cidade de origem, porém em um local mais agradável. Assim, per-

85-7241-572-6

cebeu-se que a variedade de bares e restaurantes poderia ser um diferencial para a localidade, por constituírem uma opção de lazer muito procurada pelos paulistanos.

Há, ainda, casos de estabelecimentos que poderiam ter outro cunho e optam pela alimentação como oferta principal. Isso acontece, muitas vezes, em propriedades rurais que passam a utilizar a alimentação como oferta principal em detrimento do processo produtivo, da hospedagem ou de outro elemento. A Fazenda Pinhal, no interior do estado de São Paulo, por exemplo, utiliza essa estratégia. O principal atrativo da fazenda são as refeições, as quais provêm tanto de receitas tradicionais da fazenda quanto de receitas deixadas pelos hóspedes. Essa estratégia permite maior interação entre hóspede e atrativo, o que é um importante diferencial para o local.

A discussão sobre o tipo de culinária que deve ser utilizado por estabelecimentos de alimentação no Brasil é muito parecida com aquela abordada no Capítulo 3, ao tratar de forma geral sobre bares e restaurantes. Cada estabelecimento, de acordo com seu público-alvo e com o tipo de localidade em que está inserido, optará por utilizar certo tipo de culinária. Da mesma forma que a culinária tradicional local pode ser a melhor opção para pequenas cidades interioranas e propriedades rurais, a culinária internacional pode ser interessante para alguns estabelecimentos de grandes centros urbanos. Em Recife, por exemplo, há restaurantes representativos da cozinha européia que atraem turistas regionais e internacionais. Há, também, um restaurante especializado em *fondue* – o primeiro de Pernambuco – que é muito procurado por turistas regionais.

## Produtos e Pratos Típicos

A venda de pratos e produtos típicos sempre é uma forma interessante de gerar divisas e incrementar a oferta turística diferencial de uma localidade. Em geral, tais elementos são utilizados no Brasil como atrativos complementares a uma oferta diferencial principal que normalmente não se relaciona à alimentação. Localidades com os mais diferentes enfoques – ecológico, cultural, pedagógico – vêem nesses elementos importantes complementos para seu produto turístico.

Em Minas Gerais, a presença de produtos alimentícios como atrativo turístico complementar é muito forte. Alguns deles se tornaram ícones do estado, como o doce de leite, o queijo mineiro e o pão de queijo. Além disso,

85-7241-572-6

também são promovidos como atrativos produtos como doces caseiros de frutas (goiabada, doce de laranja, doce de mamão, etc.), cachaça e rocamboles, dentre outros.

O estado de São Paulo também possui alguns pratos e produtos típicos que se tornaram ícones de localidades, como o filé do Alemão de Itu, o frango com polenta de São Bernardo do Campo, o chope do Pingüim de Ribeirão Preto, o vinho de São Roque, o *fondue* e os chocolates de Campos do Jordão e os frutos do mar do litoral[4]. A cidade de Morretes, no Paraná, por sua vez, é conhecida em âmbito nacional pelo barreado, o prato típico local, que funciona como um dos principais atrativos da cidade.

No Mato Grosso do Sul, o ícone é o tereré, uma versão gelada do mate gaúcho, o qual também é amplamente procurado por turistas em decorrência de sua imagem como produto de consumo típico da população local. Tanto no caso do tereré quanto do mate, deve-se considerar, ainda, o cerimonial envolvido com a degustação das bebidas.

Em geral, bebidas tornam-se ícones de localidades com facilidade. Assim como o tereré e o mate ou chimarrão, a pinga é o ícone de Minas Gerais e o vinho é o ícone do sul do país. A caipirinha, por sua vez, é considerada o drinque típico brasileiro.

Em alguns casos, a importância atribuída a tais produtos é tamanha que existem leis e outros instrumentos legais para protegê-los. Exemplo disso é a atitude da deputada Leila Fetter, que integrou os doces artesanais de Pelotas e o acervo de receitas portuguesas e açorianas ao patrimônio cultural do Rio Grande do Sul por meio de uma lei. Com esse tipo de proteção, espera-se que as alterações nesses produtos sejam minimizadas.

## Mercados, Feiras e Lojas

Mercados, feiras e lojas são atrativos gastronômicos muito relacionados ao cotidiano das comunidades tradicionais. Em muitos dos casos em que funciona como atrativo turístico, esse tipo de elemento não deixa de ser utilizado como oferta técnica tanto para turistas quanto para a população local. A atratividade desses elementos está, justamente, nessa confluência entre população local e turistas. O visitante costuma almejar, mesmo que inconscientemente, ter um contato mais próximo com a população local, o que pode fazer visitando esse tipo de atrativo.

Em geral, mercados, feiras e lojas constituem atrativos complementares à oferta diferencial. Para tornarem-se atrativos, podem utilizar as mais varia-

85-7241-572-6

das estratégias. É muito comum, entretanto, que surja um fluxo espontâneo para visitação desses atrativos. Além disso, esses elementos podem se tornar atrativos em função da existência de gêneros alimentícios típicos do local, de gêneros alimentícios diferenciados e de outros produtos, dentre outros.

Em função da grande diversidade de lojas existentes, optou-se por tratar mais particularmente das feiras e mercados, que consistem em elementos mais específicos. As feiras e os mercados são bastante parecidos. Diferenciam-se, em geral, pelo tipo de instalação em que se inserem. Entretanto, sua função é a mesma: a comercialização de gêneros, em grande parte alimentícios. No Brasil, diversas feiras são promovidas como atrativos turísticos. Em Campo Grande, por exemplo, a feira livre central é considerada um ponto turístico da cidade por dois motivos principais. Em primeiro lugar, por acontecer aos sábados à noite, horário bastante peculiar. Além disso, por ter uma praça de alimentação ampla, em que se destacam as barracas de comida japonesa[6].

Na cidade-satélite de Guará, no Distrito Federal, acontece a "Feira do Guará", que se tornou conhecida por oferecer produtos alimentícios de todo o Brasil[7]. Em Belo Horizonte, por sua vez, a feira de comestíveis Tom Jobim oferece pratos de cozinhas tradicionais locais e regionais, além de dispor de algumas barracas de culinárias tradicionais internacionais.

Em Venda Nova do Imigrante e Domingos Martins, no Espírito Santo, há a Feira do Agroturismo. É a única feira de que se tem notícia no Brasil voltada especificamente para turistas, vendendo artigos produzidos nas fazendas da região, sobretudo gêneros alimentícios. Funciona como um centro de distribuição para os produtores locais. Vale citar ainda a Feira de São Joaquim, em Salvador, que está inclusive em processo de tombamento pela União, em função da diversidade de produtos tradicionais vendidos no local.

Da mesma forma, os mercados muitas vezes são considerados atrativos de interesse turístico. Em Itaipava, por exemplo, o Mercado do Horto é promovido como um "ponto de turismo gastronômico" na cidade[9]. O Mercado Municipal de São Paulo, por sua vez, atrai um grande fluxo de turistas em função da variedade de frutas, verduras e legumes que congrega, assim como acontece com o Ceagesp (Companhia de Entrepostos e Armazéns Gerais de São Paulo).

Já o Mercado Central de Belo Horizonte é muito procurado por turistas em função da diversidade de barracas de cachaça que possui e ao fato de, no local, poderem ser agendadas visitas aos alambiques da região. O Mercado

85-7241-572-6

Ver-o-Peso, em Belém, por sua vez, é considerado um dos principais símbolos da cidade, oferecendo grande diversidade de produtos típicos da região amazônica espalhados nas duas mil barracas do complexo, que engloba a casa do Ver-o-Peso, os mercados de peixe e carne, da Feira do Açaí, o mercado municipal e o mercado de ferro[12].

## Locais de Produção e Rotas Gastronômicas

Os locais de produção são bastante comuns no Brasil. Apesar de estarem disseminados por ampla área geográfica, concentram-se nas Regiões Nordeste, Sudeste e Sul. Em função do desenvolvimento dos atrativos gastronômicos no país, percebe-se que as rotas gastronômicas não se encontram inteiramente estabelecidas no Brasil e que a grande maioria delas provém dos locais de produção existentes. Ou seja, as rotas, ou melhor dizendo, os roteiros gastronômicos existentes no Brasil são claramente uma evolução dos locais de produção. Por isso, optou-se por trabalhar com esses dois elementos em conjunção.

Há poucos locais de produção passíveis de visitação turística no Brasil, quando comparado à quantidade existente nos principais países que desenvolvem esse tipo de atrativo. Entretanto, é relevante a variedade desses processos. São, principalmente, locais de produção de bebidas, com ênfase no vinho e na cachaça. Entretanto, há também locais de produção de outras bebidas, como champanhe, e de gêneros alimentícios, como farinha e queijo, entre outros. Existem, ainda, locais de produção de gêneros peculiares, como macadâmia.

Os locais de produção de cachaça passíveis de visitação turística localizam-se principalmente em Minas Gerais e na cidade de Paraty, no estado do Rio de Janeiro. As vinícolas, por sua vez, localizam-se na Região Sul, primordialmente no estado do Rio Grande do Sul. A cidade de Garibaldi tem ainda outro diferencial que agrega valor a esses locais de produção, que é a possibilidade de oferecer visitação a três tipos de processos produtivos diferentes: de champanhe, *brandy* e uísque.

No município de Limeira, em São Paulo, a Fazenda Citra tem como carro-chefe a produção de macadâmia, cujo local de produção pode ser visitado. O fato de ser um produto raro no país garante um diferencial adicional para a propriedade. Aproveitando a produção de macadâmia, a fazenda ainda explora os processos produtivos de algumas outras árvores frutíferas.

85-7241-572-6

Ainda no estado de São Paulo, a cidade de Campos do Jordão possibilita a visita aos processos produtivos de cerveja e chocolate, dois produtos amplamente consumidos no local. Já em Nova Friburgo, no Rio de Janeiro, uma queijaria-escola permite que o turista acompanhe todo o processo de fabricação do queijo.

Na Bahia, principalmente na região próxima ao litoral, algumas fazendas mantiveram sua produção original e abriram suas portas aos turistas. Assim, ainda é possível observar, na propriedade, o local de produção dos gêneros alimentícios produzidos no local, assim como equipamentos e instalações, como a casa de farinha e o alambique, antigamente utilizados nas fazendas. Em Santa Catarina, é possível visitar locais de produção de farinha de mandioca. Também está se tornando muito comum, atualmente, a visita a locais de produção de alimentos orgânicos.

A visita guiada e a degustação são dois elementos de extrema importância para o sucesso de um local de produção. O primeiro elemento é importante para que o visitante interprete a visita da maneira correta, ou seja, consiga compreender o que está sendo passado a ele. Sem o guia, a visita pode se tornar incompreensível, perdendo sua atratividade. É possível, entretanto, utilizar outras estratégias de interpretação, como *audio-tours* ou placas explicativas. A degustação, por sua vez, assim como a participação na colheita, é uma forma de aproximar o visitante ainda mais do local de produção, fazendo com que se sensibilize e ache sua visita mais interessante. Nesse sentido, em Campos do Jordão, a fábrica de cerveja Baden Baden permite que os visitantes criem sua própria cerveja. Apesar de demorar até 20 dias para ficar pronta e ter um custo de R$ 180 por 70 garrafas, é um chamariz importante para os visitantes, principalmente considerando o alto poder aquisitivo dos visitantes da localidade.

Outros elementos ainda podem ser utilizados para chamar a atenção dos visitantes. Na Fazenda Citra, em Limeira, por exemplo, são vendidas mudas das árvores frutíferas, inclusive de macadâmia, e gêneros alimentícios artesanais produzidos com matérias-primas locais. É importante sempre criar essa relação entre o local de produção e o que é vendido no local e mesmo entre o local e as atividades propostas. Nesse sentido, em Paraty os produtores de cachaça vêm tentando combinar a rica história da região à gastronomia e ao local de produção.

É importante, também, saber onde está o público do atrativo. Às vezes é mais difícil atingi-lo diretamente, já que o processo produtivo tem seu local

85-7241-572-6

preestabelecido e fixo. Entretanto, é possível descobrir formas de atingir o público-alvo de maneira mais eficaz. O engenho Vamos Nessa, em Paraty, por exemplo, cujo alambique ficava próximo à rodovia Rio-Santos, local de grande afluxo de turistas, instalou uma loja à beira dessa rodovia. Abriu uma lanchonete junto ao alambique e, assim, chama mais a atenção dos passantes, conseguindo captar dois públicos distintos: aqueles particularmente interessados na cachaça e aqueles interessados na lanchonete, que acabam tendo contato com a cachaça.

Esses locais de produção deram origem às rotas que começam a se organizar atualmente no Brasil. Talvez, no momento, fosse até mais correto falar em circuitos e roteiros gastronômicos, já que a organização destes ainda não alcançou aquela demandada pelas rotas.

Há pouca notícia da existência de roteiros e circuitos gastronômicos em âmbito nacional. Daqueles existentes, a maioria consiste em itinerários enogastronômicos, voltados para visita a vinícolas e degustação de vinho. Todos os itinerários encontrados localizam-se na região da Serra Gaúcha, no sul do país. Essa região apresenta o maior nível de desenvolvimento de elementos gastronômicos voltados para o turismo e, por isso, é normal que seja a única com esse tipo de atrativo, já que estes demandam um nível de desenvolvimento e organização maior para se estabelecerem.

É interessante notar que na região da Serra Gaúcha há, inclusive, projetos de planejamento voltados para o desenvolvimento de rotas gastronômicas. O Projeto Roteiros de Turismo Rural e Patrimônio da Imigração Italiana, iniciado e coordenado pelo município de Caxias do Sul (Rio Grande do Sul), deu origem a diversos circuitos, que devem ser estruturados em rotas, como o Caminhos da Colônia (1997), Estrada do Imigrante (1998), Rota dos Tropeiros (2000), Rota Vale Trentino e Roteiro da Criúva[12].

Nessa região, há também a rota Caminhos de Pedra, na região de Bento Gonçalves, a qual une atrativos arquitetônicos com a venda de produtos artesanais, incluindo alimentos e bebidas, como vinho, embutidos, massas e artesanato. O turista passa por residências antigas e restauradas e tem contato com a cultura tradicional daquelas comunidades.

Há, ainda, um roteiro denominado Vale dos Vinhedos, na região de mesmo nome, que tem como atrativos principais as adegas, as vinícolas e as cooperativas. A rota da Quarta Colônia, no Rio Grande do Sul, engloba os municípios de Silveira Martins, São João do Polêsino, Ivorá, Nova Palma, Faxinal do Soturno, Dona Francisca e Pinhal Grande. Nas propriedades que

85-7241-572-6

compõem a rota são servidos pratos e bebidas tradicionais, os quais são complementados por atrativos culturais de outro cunho.

Os objetivos dessas rotas são os mais variados. No caso das rotas propostas pelo projeto Roteiros de Turismo Rural e Patrimônio da Imigração Italiana, foram planejadas com o intuito de utilizarem a gastronomia como elemento de recuperação cultural. A rota Caminhos da Colônia tem como objetivo complementar mostrar como era a vida dos imigrantes no final do século XIX.

Ainda na Região Sul, em Colombo, estado do Paraná, está se consolidando o Circuito Italiano de Turismo Rural. A área fica próxima à cidade de Curitiba e, por isso, tem a possibilidade de compartilhar os visitantes recebidos por essa localidade. A rota é composta por 20 propriedades que produzem, majoritariamente, hortaliças e uvas por meio da agricultura orgânica. São todas pequenas propriedades que utilizam como atrativo principal seus processos produtivos, vendas dos gêneros produzidos e refeições.

Na região de Joinville, em Santa Catarina, o roteiro rural da Estrada Bonita é composto por minifúndios, que oferecem atrativos e hospedagem. Os turistas podem ver processos produtivos de gêneros alimentícios que também são vendidos nas propriedades rurais. Em geral, são produtos tradicionais da fazenda, com toques da colonização alemã.

Há, inclusive, iniciativas bastante peculiares, como o Circuito Ponte Branca, instituído em Nova Friburgo, Rio de Janeiro. É um roteiro informal, organizado para ser feito a pé. Contou com o auxílio do Sebrae para seu planejamento e foi inspirado em experiências francesas.

Apesar das experiências arroladas, há locais onde iniciativa pública e privada ainda não conseguiram trabalhar parcerias de forma efetiva no sentido de instituir rotas, roteiros ou mesmo circuitos. Os cinco engenhos de Paraty, por exemplo, ainda trabalham de forma isolada, cada um atuando em seus pontos fortes, na tentativa de aumentar sua própria atratividade. Ainda não conseguem perceber que o trabalho em parcerias poderia incrementar o fluxo de visitantes de todos os engenhos. Assim como Paraty, inúmeras outras localidades turísticas brasileiras passam por essas dificuldades.

## Eventos

Existe uma forte relação entre festas, alimentação e turismo. A ligação entre festas e comida é bastante antiga. De acordo com Cascudo[13], os indí-

85-7241-572-6

genas, à época do descobrimento, já tinham festas ligadas a alimentos; festejavam a colheita de diversas frutas, por exemplo. Hoje também há uma grande diversidade de festas relacionadas com alimentos, como a Festa da Uva, no Rio Grande do Sul, ou a Festa do Caju, em Natal. Entretanto, a conotação desses eventos mudou, não mais objetivando agradecer a colheita, e sim visando incentivar o consumo dos produtos[13]. Além disso, atualmente juntou-se à festa e à gastronomia também o turismo, pois se descobriu o potencial que esses eventos possuem para atrair visitantes de fora das localidades em que ocorrem.

Nos dias de hoje, nota-se no Brasil uma variedade de festas, festivais e similares, tanto de caráter popular quanto religioso, em que a presença da alimentação é marcante. Barreto e Senra[8] afirmam que as festas populares do Nordeste no período junino, por exemplo, têm suas motivações intimamente ligadas à gastronomia, sendo momentos em que o consumo de produções culinárias atinge seu ápice.

Em alguns casos, as festas giram ao redor de um único gênero alimentício, tendo como cunho principal a gastronomia e como motivo principal de sua existência a comercialização do produto em questão. Sobre as festas relacionadas a um único gênero alimentício, como uva, morango, trigo, etc., vale ressaltar que são provenientes das festas de agradecimento pela colheita. Pode-se citar como outro exemplo desse tipo de evento a Festa da Uva de Louveira, cidade localizada no interior do estado de São Paulo. O evento ocorre há cerca de 30 anos. Nessa festa, tudo gira em torno da uva e de seus subprodutos, que são vendidos em grandes quantidades[14].

Ainda, pode-se citar como exemplo a Festa Nacional do Frango e do Peru, que acontece em Chapecó; a Festa Brasileira da Maçã, em Fraiburgo; e a Festa do Pinhão, em Lages, todas no estado de Santa Catarina[15].

As festas relacionadas a um gênero alimentício, em geral, possuem organização e características bastante similares. Da mesma forma, sua visitação é, em muitos casos, bastante expressiva. A Festa da Uva de Vinhedo, por exemplo, recebe cerca de 200 mil visitantes, anualmente. A Festa da Uva de Caxias do Sul, no Rio Grande do Sul, por sua vez, congrega anualmente cerca de 600 mil visitantes. A Festa das Flores e do Morango de Atibaia recebe cerca de 100 mil visitantes por ano.

As festas voltadas a um único prato são bastante parecidas com os eventos de um único gênero alimentício. Em Venda Nova do Imigrante, no Espírito Santo, por exemplo, a Festa da Polenta é o principal evento da cidade. Em

85-7241-572-6

Domingos Martins, no mesmo estado, acontece anualmente o Festival Internacional do Vinho.

Esses eventos podem ter maior ou menor preparo para receber visitantes. O Festival do Morango, em Monte Alegre do Sul, por exemplo, acontece em uma pousada. Se, por um lado, restringe-se o público recebido pelo evento, por outro, é possível incrementar as atividades desenvolvidas, como os passeios pela plantação, e facilitar a estada dos visitantes.

Tais eventos podem agregar diversos tipos de atrativos relacionados à gastronomia e, mais especificamente, ao produto que dá nome a ela. Essa diversidade de atrativos tem a capacidade de atrair muitos visitantes e fazer com que permaneçam por um período maior na localidade.

Há, ainda, eventos que se dividem entre eventos de produto único e festivais gastronômicos. Na região de Agulhas Negras, no Rio de Janeiro, mais precisamente no município de Visconde de Mauá, acontece todos os anos a Festa do Pinhão, considerada pelos gestores de turismo um "evento gastronômico". Para eles, esse tipo de evento, que tem cunho gastronômico principal, funciona como modo complementar de atrair turistas para a região, principalmente após ter se tornado uma tradição local. Nessa festa há, entre outras atividades, um concurso gastronômico que premia as melhores e mais originais receitas que tenham o pinhão como ingrediente. Esse evento fez com que a localidade se consagrasse como pólo turístico, garantindo o aumento do fluxo de visitantes.

Em Ilhabela, no litoral paulista, acontece o Festival do Camarão, cuja tônica principal é uma programação que trabalha com aspectos gastronômicos como parte da cultura da ilha, aliando-os a outros elementos culturais locais[16]. O Festival do Camarão é promovido por uma parceria entre a Associação Comercial e Industrial, a Secretaria de Turismo e a Prefeitura de Ilhabela. Já acontece há quase 10 anos e o ponto alto do festival é a presença de renomados *chefs* de São Paulo, que preparam pratos à base de camarão nos estabelecimentos locais, os quais podem ser adquiridos por preços mais acessíveis do que seriam em seus restaurantes, em São Paulo. Estima-se a participação de, aproximadamente, 100 mil visitantes em cada edição da festa.

Os festivais relacionados a um único prato ou produto são bastante variados. Há, por exemplo, o Festival da Pinga de Paraty, que tem por objetivo divulgar e resgatar o produto, tradicional do local. Em Penedo, no Rio de Janeiro, acontece anualmente o Festival do Chocolate e, em Florianópolis, o Festival da Tainha. Em Lages, Santa Catarina, é muito tradicional a Festa do Pinhão, evento que dura dez dias.

Todos esses eventos contam com atrativos complementares para incrementar sua atratividade. É muito comum a existência de diversos pratos preparados à base do produto-tema do evento. Na Festa da Uva de Louveira, por exemplo, são disponibilizados roteiros para os visitantes, em que é possível ir até uma propriedade agrícola, colher uvas e visitar adegas[14]. O Festival do Camarão de Ilhabela, por sua vez, agrega elementos como degustação de vinho e cachaça e *workshops* de cozinha, entre outros. A Chocofest, que tem um tema diferente a cada ano, sempre relacionado a chocolate, possui atrativos complementares interessantes que mudam a cada ano, como o maior boneco de chocolate do mundo e uma língua própria feita para a festa. Na Festa da Pinga de Cabreúva é montado um museu da pinga, que conta histórias do produto. É muito comum a existência de atrativos não relacionados ao produto, como parques de diversão, *shows* musicais, eventos esportivos e outros.

Em termos de uso turístico de festas relacionadas a um produto específico, destacam-se aquelas que têm no chope seu produto principal e acontecem no sul do Brasil. A cidade de Blumenau, por exemplo, é conhecida em todo o país como sede da Oktoberfest, em que o chope é a principal atração, complementado, porém, pela culinária germânica[15]. As festas de outubro de Santa Catarina, incluindo a Oktoberfest, são dez, acontecendo em diferentes cidades do estado. A curta distância entre as cidades (de 35 a 170 km) e o período de realização das festas permitem que os turistas passem por mais de uma festa em uma mesma viagem, incrementando o fluxo de visitantes dos eventos.

Também é comum a existência de festas relacionadas com pratos ou tipos de culinária específicos. Esse é o caso da Festa do Porco no Rolete, que acontece em Peruíbe. Ainda, pode-se citar o Festival do Carneiro no Buraco, que acontece em Campo Mourão, no Paraná e os diversos Festivais do *Fondue*, que acontecem no inverno em cidades como Penedo e Campos do Jordão.

Com panorama um pouco diferente, as diversas Festas das Nações e dos Quitutes que acontecem Brasil afora também têm como enfoque principal promover culinárias tradicionais locais, regionais e internacionais.

Devem ser considerados, ainda, os eventos que utilizam a gastronomia como elemento complementar. Exemplos são as festas que têm como objetivo principal o resgate de tradições culturais. Em geral, essas festas utilizam a gastronomia como elemento cultural complementar para atingir seu objetivo. É o que acontece na Bauernkfest, a Festa do Colono Alemão, em Petrópolis (Rio de Janeiro), onde uma das principais atrações está relacionada com a alimentação: é um concurso de bebedores de chope em metro. A Feira Popular de Bananal, em Bananal, também é um exemplo, tendo como objetivo promover os produtos típicos da roça, em especial os alimentos.

As Festas de Nossa Senhora Achiropita e de San Gennaro, na cidade de São Paulo, são dois exemplos de eventos que visam manter uma tradição religiosa. A alimentação é, nesses eventos, o principal atrativo complementar. Na realidade, a conotação gastronômica vem se sobressaindo cada vez mais à conotação religiosa da festa.

Para citar outro exemplo, em Joinville foi instituída a Fenachope, com o objetivo de resgatar as tradições germânicas da cidade. Nessa festa, a culinária ganhou destaque a ponto de os dois produtos mais procurados serem o chope e um prato tradicional germânico, o marreco com repolho roxo. Em Brusque, o evento mais famoso da cidade, o Fenarreco, nasceu da mesma forma, com o intuito de resgatar tradições locais e de fomentar o turismo, e acabou por dar destaque à culinária tradicional. Nessa festa, especificamente, um fato bastante interessante é que a culinária acabou sendo resgatada com mais ênfase do que outros elementos culturais.

A procissão do Círio de Nazaré, em Belém, que se tornou uma atração de turismo religioso, mostra o papel complementar da alimentação em festas populares e/ou religiosas. A procissão, acompanhada por mais de um milhão de pessoas, é seguida pelo pato ao tucupi, prato típico servido nessa ocasião, e consumido por todos como um complemento da festa.

Está se mostrando cada vez mais comum, também, a realização de festivais gastronômicos em municípios turísticos. Esses festivais vêm sendo empregados tanto por municípios que já têm algum elemento gastronômico utilizado pelo turismo quanto por aqueles que não possuem esse foco, mas desejam agregar valor a seu produto. Esse tipo de evento gastronômico apresenta menor relação com a culinária típica local, utilizando-se muitas vezes de outros tipos de culinária, sobretudo da alta gastronomia.

Por exemplo, em Ubatuba, litoral norte de São Paulo, acontece o festival gastronômico denominado "FestMar", complementado por atividades com esportes náuticos e seminários sobre o meio-ambiente marinho. Em Camburi, também no litoral norte de São Paulo, acontece o "Festival Camburi Gastronômico", em que cada semana um dos restaurantes participantes oferece um *menu* exclusivo do festival, com tema específico. Além disso, esse festival foi a forma encontrada pelo município para manter os restaurantes abertos durante toda a semana em um período da baixa estação pois, nessa

85-7241-572-6

época, os restaurantes funcionam apenas nos finais de semana. Eis uma forma interessante de incrementar o fluxo turístico durante esse período do ano.

Na cidade de Tiradentes, em Minas Gerais, acontece o "Festival Internacional de Cultura e Gastronomia". É um dos festivais gastronômicos mais famosos do Brasil, congregando *chefs* famosos, nacionais e internacionais. Dura dez dias e acontece durante a baixa estação, possuindo algumas peculiaridades com relação a suas iniciativas, como um clube de fidelidade para seus freqüentadores. Além disso, promove *workshops*, palestras, jantares, degustações, concertos e exposições de arte. Ou seja, eventos culturais de elite junto às atrações gastronômicas.

Em Teresópolis e Friburgo acontece o "Festival Sabores de Inverno", no qual há cardápios especiais e apresentação de palestras de *chefs* e *somelliers*. Na cidade de Petrópolis ocorre o "Circuito Gastronômico", que congrega os restaurantes gastronômicos da região e também o "Petrópolis Gourmet".

A cidade de Fortaleza promove um festival com objetivo diferenciado, o "Fortaleza Sabor", que surgiu de um projeto lançado pela Associação Brasileira de Restaurantes e Empresas de Entretenimento do Ceará (Abrasel-CE) com o objetivo de divulgar a riqueza da culinária brasileira, além de verificar a qualidade dos serviços oferecidos em cidades turísticas, apresentando assim um objetivo bastante diferente dos demais eventos[3].

Festivais gastronômicos em hotéis no Brasil, principalmente nas grandes cidades, são bastante comuns. Como mencionado no Capítulo 3, funcionam como forma de o estabelecimento criar um diferencial e incrementar sua demanda. Em São Paulo, por exemplo, o Sofitel promoveu o Festival Gastronômico de New Orleans, em 2001, e o Festival da Cozinha Light, em 2000. O Sheraton Mofarref, por sua vez, promoveu a Semana Gastronômica Portuguesa, em 2000.

Pode haver, ainda, eventos gastronômicos complementares a outros eventos. O Hotel Mazzaropi, em Taubaté, promoveu a 6ª Semana Mazzaropi, no Museu Mazzaropi. Ao mesmo tempo, foi realizado o Festival Gastronômico do Mazza, com os pratos preferidos do ator.

A maioria das festas acontece com o intuito de incrementar a demanda, promover um prato ou gênero alimentício específico e/ou diversificar a oferta turística da localidade. As festas voltadas a um produto específico costumam acontecer nos períodos de safra. Os festivais gastronômicos, por sua vez, acontecem na baixa temporada, tendo como objetivo principal incrementar a visitação a uma localidade turística. Em muitos casos, essa localidade nem

85-7241-572-6

mesmo possui cunho gastronômico, como Camburi e Ubatuba; entretanto, isso não chega a ser um inibidor para esse tipo específico de evento. Nesses casos, muitas vezes há parcerias entre a entidade organizadora do evento e os meios de hospedagem da localidade, a fim de oferecer preços promocionais aos visitantes. Há, ainda, casos de festivais gastronômicos que acontecem durante a alta estação, normalmente quando se deseja agregar valor a seu produto turístico usual e/ou já possuem cunho gastronômico, como acontece na Serra Fluminense.

Na realidade, quase toda localidade tem pelo menos um evento com um desses cunhos, que utilize a alimentação de forma principal e complementar. O problema está justamente na promoção feita.

## Outros Elementos Gastronômicos

Não há grande diversidade de outros elementos gastronômicos utilizados como atrativos turísticos no Brasil, além daqueles citados neste capítulo. Isso acontece em função do nível inicial de desenvolvimento desse tipo de atrativo no país. Observa-se a existência de um museu e um trem voltados para aspectos gastronômicos. Foram excluídos os museus montados apenas durante eventos, por não serem atrativos permanentes.

O Museu da Ypióca localiza-se em Maranguape, Fortaleza, onde fica a fábrica da cachaça de mesmo nome. O museu abriga documentos, pequeno alambique de cerâmica, o maior tonel do planeta e uma casa grande, além de cachaças envelhecidas por várias décadas. É feito um roteiro com instrumentos de interpretação patrimonial para que o museu consiga contar a história da cachaça. Alguns espaços reconstituem situações de época, como uma área em que há dois bonecos em tamanho natural encenando o trabalho de escravos em uma moenda. Em uma plantação de cana-de-açúcar também é possível ouvir as vozes dos trabalhadores que fazem a colheita. O museu ainda abriga a sala da linha de produção, em que é possível ter uma idéia de todo o processo. Agregando ainda mais valor ao atrativo, foi montado um botequim de época, onde é feita a degustação no final do passeio.

Em termos de meios de transporte, há notícia do Trem do Vinho, que vai de Bento Gonçalves até Carlos Barbosa, no Rio Grande do Sul. O meio de transporte comporta até 250 passageiros e faz um passeio de algumas horas pela Ferrovia do Vinho. Há degustação de vinho na estação de partida e du-

85-7241-572-6

rante todo o percurso, que é animado por uma banda italiana. Também há degustação de outros produtos típicos das localidades que fazem parte do roteiro do trem, como champanhe.

# Promoção dos Elementos Gastronômicos no Brasil

## Publicações Especializadas

Uma das principais formas de promoção de atrativos gastronômicos, não só no Brasil mas em todo o mundo, são as publicações especializadas. Nessa tipologia incluem-se jornais, revistas, guias de viagem e guias específicos relacionados à gastronomia.

O público-alvo dessas publicações é bastante variado. Jornais mais populares, por exemplo, atingem um público de classe média baixa e até baixa, assim como revistas de menor preço de venda. Por outro lado, guias de viagem e revistas mais custosas direcionam-se a um público de classe média alta e alta. Guias específicos de gastronomia, por sua vez, conseguem chegar ao público interessado especificamente nesse tema. Não se deve esquecer, ainda, dos guias de viagem internacionais que tratam do Brasil, voltados para turistas estrangeiros. Assim, a importância dessas publicações está justamente na grande diversidade de públicos que podem ser captados por elas.

Por isso, analisou-se as formas como o tema gastronomia é tratado em cada tipo de publicação. Não foi possível analisar todas as publicações existentes, pois além de ser uma quantidade demasiadamente grande, o acesso à totalidade delas não seria possível. De qualquer forma, foi possível traçar um panorama bastante fiel das formas de promoção de cada instrumento de comunicação.

De maneira geral, constatou-se que jornais, revistas e guias especializados em turismo não deixam de promover roteiros, destinos ou elementos considerados gastronômicos. Nem sempre o enfoque dado é de atrativo turístico; entretanto, o tema é abordado em todos eles. Todos esses instrumentos de comunicação são desenvolvidos não apenas com o objetivo de informar os potenciais turistas, mas também de aguçar sua curiosidade. Nesse sentido, constituem um importante meio de promoção para os elementos gastronômicos.

85-7241-572-6

Os jornais de circulação diária sempre abrigam um caderno específico de turismo, no qual sempre há algum tipo de informação relacionando turismo à alimentação, algumas vezes com enfoque de oferta técnica e outras com enfoque de atrativo turístico. Em alguns casos, chegam até a possuir uma seção específica sobre gastronomia, dentro ou fora da seção de viagens. O jornal "Gazeta Mercantil", por exemplo, possui uma seção denominada "uma refeição inesquecível" dentro do caderno de turismo. De acordo com Queiroz[17], isso demonstra o crescente interesse do público por manter-se informado sobre onde comer e beber bem.

No que diz respeito às revistas, há duas tipologias que devem ser analisadas separadamente: revistas de turismo e revistas de gastronomia. As revistas de turismo brasileiras apresentam um panorama bastante diversificado de promoção de elementos gastronômicos. As revistas "Viagem e Turismo" e "Próxima Viagem", por exemplo, sempre tratam de alimentação em suas reportagens. Apesar de normalmente isso ser feito a partir da promoção de bares e restaurantes em seções "onde comer", sempre se tenta dar um ar atrativo aos estabelecimentos arrolados. Isso é feito, também, nos textos, nos quais, por vezes, as publicações tentam dar um ar atrativo a outros elementos gastronômicos, principalmente pratos e produtos típicos do local abordado. Já na revista "Os Caminhos da Terra", tenta-se dar um ar atrativo a elementos como pratos e produtos típicos. Entretanto, isso é feito apenas nas reportagens e de forma discreta, o que acontece também na revista "Viaje mais por menos". Há, entretanto, casos de revistas em que a alimentação é tratada com enfoque principal de oferta técnica. É o caso da revista "Horizonte Geográfico", na qual esse tipo de elemento dificilmente ganha enfoque de atrativo.

As revistas especializadas em gastronomia e culinária também percebem o potencial atrativo desses elementos durante as viagens. A revista "Cláudia Cozinha", publicação específica de maior abrangência nacional, possui a seção "Gourmet Tour", que apresenta informações sobre restaurantes, bares e outros estabelecimentos gastronômicos peculiares ao redor do mundo. Geralmente traz reportagens sobre produtos típicos, locais de produção e outros elementos afins, nas quais por vezes chega a montar um "roteiro informal de viagem" para o leitor. As combinações feitas entre culinária, regionalização e história funcionam para aguçar a curiosidade dos leitores de conhecerem os locais abordados na publicação. A revista "Gula" apresenta um panorama bastante parecido. Também possui reportagens que entremeiam viagem e gastronomia, tratando em geral de locais de produção e gêneros alimentícios.

85-7241-572-6

Muitas vezes chama atenção, durante as reportagens, para outros tipos de atrativos dos locais abordados.

Nos guias de turismo brasileiros, a alimentação costuma ser tratada sob dois enfoques. Por um lado, é abordada como oferta técnica, já que os guias têm função informativa primordial. Entretanto, normalmente também se apresentam informações em que a alimentação é tratada como um atrativo turístico do local, trabalhando, nesses casos, principalmente com pratos e produtos típicos do local abordado. Os guias de turismo estrangeiros, por outro lado, tratam da alimentação como um elemento cultural atrativo, focando-se em gêneros alimentícios, pratos e bebidas típicos da localidade.

Os guias temáticos sobre gastronomia em geral tratam do assunto como forma de entretenimento e, conseqüentemente, dos elementos como atrativos. Direcionam-se tanto para pessoas da cidade-tema como para visitantes de fora. Alguns deles trabalham com elementos bastante específicos, mas a maior parte trata de diversos elementos gastronômicos. Os guias "Comer e Beber", da Veja São Paulo, e "Guia Josimar Melo", ambos voltados para a oferta gastronômica na cidade de São Paulo, tratam não apenas de bares e restaurantes, mas de uma diversidade de elementos gastronômicos, como lojas especializadas e até mesmo cursos de gastronomia. Há publicações que possuem enfoque mais específico, como o "Guia Hum", de Rubens Filho, que tem como tema central pratos pitorescos e tradicionais da cidade de São Paulo. Existem diversas outras localidades que possuem guias desse tipo.

É interessante notar, em todas essas publicações, que mesmo quando não se trata dos elementos gastronômicos como tipos de atrativos, sempre se tenta utilizá-los como chamarizes para os turistas. O caráter do prazer à mesa e de comer e beber bem no destino estão constantemente presentes nas abordagens das publicações.

Para os destinos e atrativos, as publicações de turismo apresentam grande importância, pois disseminam informações sobre eles para o grande público. Para os turistas, a citação de uma localidade ou um atrativo nessas publicações inspira confiança, especialmente em se tratando de jornais e revistas de grande circulação.

## Órgãos Gestores de Turismo

Os órgãos gestores de turismo brasileiros também constituem importantes instrumentos de promoção, não apenas para os atrativos gastronômicos, mas para todos os tipos de atrativos. A promoção oficial, feita pelo órgão oficial da atividade, sempre apresenta maior credibilidade junto ao público. Por isso, foi analisada a percepção dos órgãos gestores no que tange à promoção de elementos gastronômicos no *sites* oficiais de turismo. Para isso, foram analisados os *sites* estaduais de turismo brasileiros.

Foram escolhidos para análise os *sites* oficiais de turismo por serem o instrumento de promoção mais completo e consistente existente em nível oficial e, além disso, por congregarem grande quantidade de informações, ao contrário de *folders*, por exemplo. A abrangência definida foram os *sites* estaduais porque, por um lado, apresentam um volume de informação maior e mais específico que o *site* federal. Por outro, garantem análise mais uniforme que os *sites* municipais de turismo, os quais, além de serem mais frágeis e heterogêneos, existem em quantidade demasiado grande.

A análise da promoção oficial dos elementos gastronômicos tem, ainda, outro aspecto. Nos países onde os atrativos gastronômicos apresentam alto grau de desenvolvimento, a participação e o apoio dos órgãos gestores é importante para a organização e o desenvolvimento desses atrativos. Assim, é necessário analisar a importância atribuída para esse tema pelos órgãos oficiais brasileiros para compreender seu posicionamento e traçar estratégias de desenvolvimento mais coerentes.

Grande parte dos *sites* estaduais oficiais de turismo fazem algum tipo de referência ao tema alimentação. Em geral, os órgãos estaduais oficiais de turismo tratam do assunto alimentação em mais de um item do *site*, o que demonstra certa preocupação com relação a esse assunto. Ou seja, esse elemento, independentemente do enfoque com o qual é abordado, é visto como relevante para o desenvolvimento da atividade turística pelos órgãos gestores da atividade.

Existe grande diversidade de termos ao se tratar da temática alimentação nessas páginas eletrônicas. Se, por um lado, isso pode demonstrar uma diversidade de enfoques no tratamento do tema, por outro pode representar certa confusão no uso de termos. O termo mais utilizado nas páginas eletrônicas é "gastronomia", seguido pelas terminologias "culinária" e "bares e restaurantes". Há poucos casos em que se utiliza o termo mais específico "turismo gastronômico". Outros termos usados pelos órgãos gestores são: "alimentação", "bebidas", "comidas típicas", "o que se bebe" e "onde comer". Alguns desses termos são utilizados como sinônimos, como "bares e restaurantes", "onde comer" e "alimentação", nunca sendo utilizados em duplicidade pela mesma unidade federativa.

85-7241-572-6

O uso do termo "turismo gastronômico" é bastante interessante, já que, ao menos em teoria, deveria tratar especificamente desse segmento do turismo. Julga-se, portanto, que os órgãos gestores que utilizam o termo possuem certo conhecimento desse segmento turístico e da possibilidade de utilizá-lo para incrementar sua oferta diferencial.

O nível hierárquico dos itens relativos à gastronomia reflete a posição dos elementos gastronômicos na estrutura de organização do *site*; quanto maior o nível hierárquico, maior importância é atribuída ao item. Cada item do *site* pode ser classificado de acordo com três níveis de destaque: maior**, igual*** ou menor****. Os itens referentes à gastronomia apresentam, predominantemente, destaque igual àquele atribuído aos atrativos turísticos e serviços principais, o que indica uma importância semelhante àquela atribuída a esses itens para os elementos gastronômicos, independentemente de seu enfoque.

Nos *sites*, as informações referentes a elementos gastronômicos são colocadas, na maioria dos casos, na seção relativa aos aspectos culturais da unidade federativa. Ainda, são arroladas em seções que tratam do turismo de maneira geral e na parte destinada aos serviços. É interessante notar que, em diversos casos, o item apresenta-se isolado de outras seções, compondo por si só um assunto específico do *site*. Em menor escala, o tema alimentação é observado em seções como municípios/pólos turísticos, atrativos turísticos, planejamento, informações gerais e entretenimento.

Considerando esse panorama, nota-se que a percepção dos órgãos gestores com relação ao papel da alimentação na atividade turística é bastante variada. Além disso, verifica-se que os órgãos gestores de turismo vêem o tema alimentação mais como forma de entretenimento ou elemento que pode despertar interesse no visitante do que como oferta técnica.

É interessante notar que, em alguns casos, a alimentação já é percebida e utilizada como atrativo turístico. Em três estados – Bahia, Ceará e Rio de Janeiro –, elementos gastronômicos são classificados como atrativos turísticos, lado a lado com atrativos mais tradicionais, como culturais e naturais.

---

** Itens referentes à gastronomia que se localizam em nível hierárquico maior que atrativos e principais serviços.

*** Itens referentes à gastronomia que se localizam em nível hierárquico igual àqueles dos atrativos e principais serviços.

**** Itens referentes à gastronomia que se localizam em nível hierárquico menor que atrativos e principais serviços.

85-7241-572-6

O tema alimentação pode, ainda, estar integrado a outros conteúdos do *site*, de maneira complementar, como, por exemplo, com a menção de elementos gastronômicos no texto de atrativos. Essa temática encontra-se presente, de forma complementar, em outros conteúdos da maioria dos *sites* pesquisados. Do total de menções, cerca de metade localiza-se em partes informativas sobre municípios e/ou atrativos turísticos, estando o restante das inserções espalhadas por diversas partes do *site*. A presença de informações sobre elementos gastronômicos nas seções de atrativos turísticos é um fato positivo, pois reforça sua importância como atrativo para a atividade turística.

O enfoque é um dos elementos mais importantes a serem analisados nos *sites*, pois mostra claramente a forma de utilização dos elementos gastronômicos pelos órgãos gestores ou que percepção têm dos elementos. Foram considerados quatro enfoques principais sob os quais poder-se-ia trabalhar os elementos gastronômicos: elemento cultural, oferta técnica, atrativo turístico ou atividade turística organizada. Nos casos em que o tema alimentação é tratado de forma principal, em itens próprios, predomina o enfoque de oferta técnica, seguido pelos enfoques de atrativo turístico e elemento cultural. Mesmo com a menor presença de itens com enfoque de atrativo turístico, é interessante notar que grande parte dos itens principais dos *sites* não são tratados como oferta técnica, e sim como elemento cultural ou atrativo turístico.

Verifica-se que determinados termos apresentam certo consenso com relação à sua forma de utilização nesse *sites*. Os termos "bares e restaurantes", "onde comer" e "alimentação" são utilizados como oferta técnica. O emprego do item "turismo gastronômico" também é consensual, sendo sempre utilizado como um atrativo turístico.

Os termos com maior divergência quanto ao enfoque de utilização são "gastronomia" e "culinária". O item "culinária" é majoritariamente utilizado com enfoque de elemento cultural e, em menor escala, de atrativo turístico. O item que apresenta maior diversidade de tipos de uso é "gastronomia", utilizado majoritariamente como atrativo turístico, mas também como elemento cultural e oferta técnica. Esse fato demonstra o baixo nível de consenso existente em relação ao significado desses termos.

Nos casos em que o tema alimentação é tratado de forma complementar, dentro de outro item, ele é tratado mais como um elemento cultural ou atrativo da oferta diferencial do local. Fica evidente que os órgãos gestores consideram o enfoque de elemento cultural e atrativo importante, porém, mais como item complementar do que principal. O ponto negativo desse

85-7241-572-6

fato é que, apesar de os elementos gastronômicos serem bastante citados de forma complementar, certamente não têm o mesmo destaque de um item principal.

Os *sites* ainda não tratam os elementos gastronômicos como atividade turística organizada. Isso se caracterizaria, por exemplo, pela promoção de visitas guiadas, roteiros e rotas gastronômicas. É comum que esse enfoque apareça em locais onde os atrativos gastronômicos apresentam-se bem desenvolvidos. O fato de não haver nada parecido nos *sites* estaduais de turismo brasileiros mostra que, apesar de haver certo aproveitamento da gastronomia pelo turismo, seu nível de planejamento, organização e promoção ainda não é tão apurado.

A análise do tipo de texto que compõe os itens relativos à alimentação mostra a percepção que o órgão gestor de turismo tenta passar ao visitante. Vale ressaltar, entretanto, que um mesmo tipo de linguagem pode ter diferentes significados, de acordo com o enfoque do item analisado. Por exemplo, um texto informativo no item "atrativos" tem enfoque diferente de um texto informativo em "serviços".

Dois tipos de texto são utilizados para tratar do tema alimentação: informativos e persuasivos. Os informativos geralmente usam linguagem mais direta, apenas citando e explicando aspectos referentes à alimentação com objetivo primordial de informar o leitor. Já os textos persuasivos são mais trabalhados em termos literários e têm como objetivo primordial induzir o turista a visitar ou usar o que está sendo promovido.

Muitas unidades federativas possuem textos informativos para tratar de aspectos da alimentação; entretanto, boa parte delas possui também textos persuasivos. Os textos informativos, em geral, são compostos por dados sobre o tipo de culinária do local, informações sobre pratos, comidas e produtos tradicionais, relação de restaurantes e informações de cunho histórico. Percebe-se que o conteúdo desse tipo de texto varia muito, dependendo do enfoque do item. Fica evidente, por exemplo, que a relação de restaurantes geralmente faz parte de um item do *site* que tem enfoque de oferta técnica.

Os textos persuasivos, por sua vez, tratam de informações históricas, ressaltam a variedade culinária, as peculiaridades da culinária tradicional e os pratos típicos do estado, majoritariamente, demonstrando maior homogeneidade no tratamento dado ao tema alimentação.

A predominância no uso de textos com caráter informativo nesses *sites* é notável. Em grande parte dos casos, esse tipo de texto está em um item com

85-7241-572-6

enfoque de oferta técnica. Entretanto, os itens sobre atrativos turísticos também possuem mais textos informativos que persuasivos. Já no caso de elementos culturais, os textos com caráter persuasivo predominam. Isso pode ser explicado pelo fato de, ao tratar de atrativos turísticos, o órgão gestor lidar com elementos que já apresentam atratividade para o visitante, devendo informá-lo sobre condições técnicas do atrativo. Ao tratar de um item como elemento cultural, entretanto, é necessário mais persuasão, pois não se está falando diretamente de um atrativo "consolidado", mas de um elemento que pode ou não se tornar atraente para o visitante.

O tipo de culinária promovida no *site*, assim como o enfoque dado a cada tipologia, demonstra também um importante elemento relativo à promoção da alimentação. A culinária tradicional do estado é, sem dúvida, a mais promovida nos *sites* estaduais oficiais de turismo, em todos os enfoques: oferta técnica, elemento cultural e atrativo turístico. Os demais tipos de culinária são promovidos em menor escala, na maioria dos casos como oferta técnica. A exceção a esse panorama é o estado de São Paulo, que promove todos os tipos de culinária – tradicional local, tradicional regional, tradicional internacional e variada – com enfoque de atrativo turístico.

Isso demonstra claramente que, na maioria dos casos, os órgãos gestores de turismo percebem apenas a culinária tradicional local como elemento passível de uso turístico. Os demais tipos de culinária são vistos apenas como elementos da oferta técnica, sem maior potencial de utilização. Essa visão é um pouco distorcida, pois, apesar de a culinária tradicional local ser mais comumente utilizada como atrativo turístico, os outros tipos de culinária também podem apresentar potencial.

No que diz respeito aos elementos gastronômicos promovidos nos *sites*, predominam os estabelecimentos de alimentação. Pratos e bebidas típicos também são promovidos por uma quantidade expressiva de *sites*, seguidos pelos produtos típicos. Elementos menos promovidos com o enfoque turístico são: eventos, locais de produção e venda de produtos e museus específicos de algum produto gastronômico. Os elementos promovidos novamente evidenciam o desenvolvimento incipiente desse tipo de recurso no mercado turístico brasileiro.

De maneira geral, percebe-se que há interesse por parte dos órgãos gestores em promover a alimentação como elemento cultural ou atrativo turístico para seus potenciais visitantes. Os visitantes dos *sites* podem, em alguns casos, virem a se interessar pelas informações passadas, muitas vezes interessantes e

85-7241-572-6

indutivas. Entretanto, parece faltar conhecimento, por parte dos gestores de turismo, do próprio potencial e das formas adequadas de desenvolver e promover elementos gastronômicos como atrativos turísticos.

## Roteiros Organizados

No Brasil, a existência de operadoras de turismo especializadas em um nicho de mercado específico não é comum. Esse tipo de empreendimento é mais comum para segmentos com maior volume de vendas, como ecoturismo e turismo pedagógico. Na área do turismo cultural como um todo, é mais difícil encontrar operadoras especializadas, apesar de muitas operadoras não especializadas oferecerem roteiros com esse cunho. No caso das viagens gastronômicas, essa situação é ainda mais complicada por se tratar de um segmento muito específico, com muitas peculiaridades e público relativamente restrito.

Entretanto, há no Brasil a oferta de roteiros organizados cujo tema principal é a gastronomia. Quem os comercializa normalmente são operadoras de turismo não especializadas que, dentre sua oferta de produtos, possuem alguns roteiros gastronômicos.

A maioria das grandes operadoras turísticas concentra-se no eixo Rio – São Paulo, com algumas expansões para a cidade de Belo Horizonte. O mesmo acontece com as poucas operadoras que trabalham com roteiros gastronômicos: a maioria se localiza no Rio de Janeiro ou em São Paulo. Essas operadoras em geral oferecem pacotes muito especializados, com diversas peculiaridades.

A Françatur, por exemplo, sediada no Rio de Janeiro, trabalha com roteiros tradicionais, mas vende um único roteiro gastronômico que é, entretanto, bastante específico. Consiste em um cruzeiro fluvial na França, em que se desfruta de jantares gastronômicos oferecidos por renomados *chefs* de cozinha.

A Nob Hill, por sua vez, é uma operadora turística de alto padrão especializada em roteiros temático-culturais e gastronômicos, que tenta oferecer programas diferenciados para os apreciadores da boa mesa e dos vinhos de qualidade. Seus roteiros normalmente destinam-se a localidades européias, como França e Portugal, sendo compostos por visitas aos principais produtores dos produtos-tema, a restaurantes e a outros elementos gastronômicos. Todas as viagens gastronômicas são acompanhadas por especialistas. No

85-7241-572-6

roteiro "A Boa Mesa do Alentejo e o Antiquarius", em Portugal, o acompanhante foi o proprietário do renomado restaurante português Antiquarius.

A Eyon Turismo é uma agência que opera roteiros de turismo gastronômico acompanhados por renomados *chefs* do circuito Rio – São Paulo. Em geral, os roteiros propostos direcionam-se a países europeus considerados tradicionais em termos do uso de atrativos gastronômicos em sua oferta turística. A operadora Finnegan's Travel, de São Paulo, por outro lado, geralmente trabalha com produtos mais alternativos, como um roteiro pelas destilarias da Escócia e um roteiro no Maine, Estados Unidos.

Há, ainda, a iniciativa de uma operadora turística que optou pelo desenvolvimento de roteiros gastronômicos no Brasil. A RS Tour, que trabalha primordialmente com pacotes-padrão, também desenvolve roteiros gastronômicos na região da Serra Gaúcha, no Rio Grande do Sul.

Outra iniciativa que foge um pouco do âmbito das operadoras, mas que está relacionada ao desenvolvimento de pacotes gastronômicos, é uma parceria feita entre a Abaga (Associação Brasileira de Alta Gastronomia) e a S3 Turismo. As duas instituições estabeleceram um contrato de parceria para operação, comercialização e divulgação de pacotes gastronômicos sob o título de "Passaporte Gourmet". Por força desse contrato, a S3 Turismo desenvolve roteiros e pacotes gastronômicos juntamente com a Abaga[18].

Um tipo de viagem de cunho gastronômico que vem se disseminando no mundo, e também no Brasil, são aquelas que unem viagem com enfoque gastronômico e cursos, as quais costumam ser oferecidas por agências de intercâmbio. A Connection Line, por exemplo, oferece um curso de italiano acompanhado por atividades gastronômicas, como cursos de degustação de vinho e aulas de culinária. A CI, a STB e a Friends in the World também trabalham nesse sentido, na maioria das vezes optando por roteiros tradicionais, como Itália, França e Espanha.

Os roteiros gastronômicos oferecidos por operadoras brasileiras equiparam-se, em termos de valor, àqueles oferecidos em âmbito internacional. Um roteiro pela região de Borgonha, na França, com duração de nove dias, com o renomado *chef* Emmanuel Bassoleil, por exemplo, custava, em 2000, cerca de US$ 3.500 por pessoa, com parte aérea e algumas refeições. Já um roteiro de oito dias de curso de culinária na Toscana foi oferecido pela Tereza Peres Tour pelo valor de US$ 1.835, excetuando-se a parte aérea.

Nota-se que, dentre as operadoras de turismo que comercializam roteiros gastronômicos internacionais, predominam os destinos europeus tradicionais,

85-7241-572-6

como França, Portugal e Itália, além de destinos alternativos, como a Escócia. Já em âmbito internacional, a única iniciativa de que se tem notícia desenvolve roteiros para a região da Serra Gaúcha, o que seria esperado considerando o maior desenvolvimento dessa região em termos de atrativos gastronômicos.

## Referências Bibliográficas


1. FERNANDES, C. *Viagem Gastronômica através do Brasil.* São Paulo: Senac/Sonia Robatto, 2000.
2. LIMA, C. *Tachos e Panelas: historiografia da alimentação brasileira.* 2. ed. Recife: Editora do Autor, 1999.
3. RIBEIRO, L. Turismo gastronômico. *No Olhar.com,* 30/maio/2002. Disponível em: http://www.noolhar.com/opovo/colunas/turismo/pagina_1.html. Acesso em: 30/set./ 2002.
4. ADTP – Agência de Desenvolvimento Tietê-Paraná. *Novos Negócios.* Disponível em: http://www.adtp.org.br/visao/v10_07.asp. Acesso em: 30/set./2002.
5. ABAGA. Calendário Oficial da Gastronomia e Vida Noturna da Cidade de São Paulo. *ABAGA,* mar. 2000. Disponível em: http://www.abaga.com.br. Acesso em: 24/set./2002.
6. RIBAS, D. L. B. et al. Mato Grosso do Sul. In: FISBERG, M. et al. *Um, Dois, Feijão com Arroz: a alimentação no Brasil de norte a sul.* São Paulo: Atheneu, 2002.
7. SOARES, B. A.; OLIVEIRA, K. E. S. Distrito Federal. In: FISBERG, M. et al. *Um, Dois, Feijão com Arroz: a alimentação no Brasil de norte a sul.* São Paulo: Atheneu, 2002.
8. BARRETO, R. L. P.; SENRA, A. V. A Gastronomia e o turismo. In: ANSARAH, M. G. R. (org.). *Turismo: como aprender, como ensinar.* São Paulo: Senac, 2001. v. 2.
9. BOBADILHA, D. Petrópolis: o império dos gourmets. *Próxima Viagem,* São Paulo, ano 4, n. 32, p. 40-51, jun. 2002.
10. SANTOS, R. I. C.; ANTONINI, B. O. La gastronomía típica de la isla de Santa Catarina – Brasil. Su identidad como atractivo para el turismo cultural. In: LACANAU, G. C.; NORRILD, J. A (orgs.). *Gastronomía y Turismo: cultura al plato.* Buenos Aires: CIET, 2003.
11. FADEL, E. O bairro dos megarestaurantes curitibanos. *Estado de São Paulo,* São Paulo, caderno V, p. 11, 25/abr./2000.
12. SCHLÜTER, R. G. *Gastronomia e Turismo.* São Paulo: Aleph, 2003.
13. CASCUDO, L. C. *História da Alimentação no Brasil.* São Paulo: Edusp, 1983.
14. SANTOS, M. Colheita de outono. *Revista Veja São Paulo,* São Paulo, p. 19, 03/abr./2002.
15. PIRES, M. M. S.; MAFRA, D. Santa Catarina. In: FISBERG, M. et al. *Um, Dois, Feijão com Arroz: a alimentação no Brasil de norte a sul.* São Paulo: Atheneu, 2002.
16. ABAGA. VIII Festival do Camarão de Ilhabela – SP. *ABAGA,* 23/ago./2002. Disponível em: http://www.abaga.com.br. Acesso em: 24/set./2002.


85-7241-572-6

17. QUEIROZ, M. J. A comida e a cozinha: iniciação à arte de comer. Rio de Janeiro: Forense-Universitária, 1988.
18. ABAGA. Contrato de parceria S3 Turismo. *ABAGA*, 14/ago./2002. Disponível em: http://www.abaga.com.br. Acesso em: 24/set./2002.

85-7241-572-6

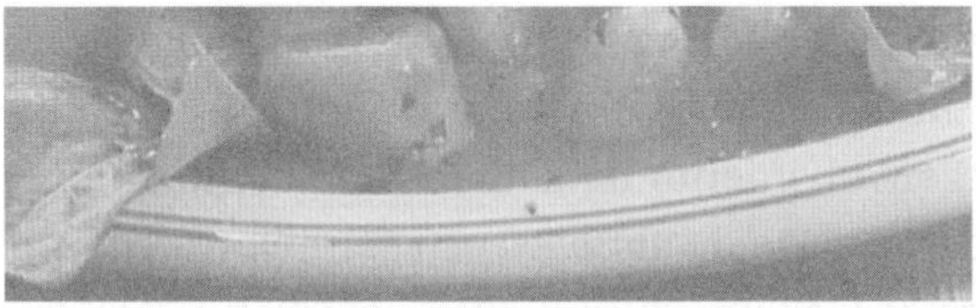

# Capítulo 7

# PERSPECTIVAS E SUGESTÕES

## TENDÊNCIAS NO DESENVOLVIMENTO DE ATRATIVOS GASTRONÔMICOS

Pode-se constatar, a partir dos dados apresentados, a importância dos atrativos gastronômicos e, também, do próprio segmento do turismo gastronômico, assim como seu potencial de crescimento e desenvolvimento diante das novas tendências mundiais do turismo. A informação da Biteg (Bolsa do Turismo Enogastronômico)[1] de que, em 1997, o segmento do turismo gastronômico movimentou cerca de 2,5 milhões de turistas em todo o mundo, confirma tal afirmação. Deve-se considerar, também, que esse número aumentaria significativamente se fossem computados os turistas que visitam atrativos gastronômicos durante suas viagens de maneira complementar.

Deve-se considerar, inicialmente, a importância que a alimentação possui enquanto oferta técnica para os turistas, a qual pode e deve ser trabalhada juntamente com seu caráter atrativo. Constatou-se que os turistas gastam cerca de 25% da verba total destinada à sua viagem com alimentação. Ou seja, já existe um gasto significativo para a alimentação como oferta técnica, o que leva a crer que o desenvolvimento dos elementos relacionados à alimentação como atrativos poderia incrementar ainda mais esse gasto dos turistas.

85-7241-572-6

A percepção da alimentação como forma de prazer e lazer, que vem se disseminando na sociedade moderna, também é outro motivo que dá indícios da possibilidade de desenvolvimento da alimentação como atrativo turístico, inclusive pelo fato dessa visão da alimentação como forma de entretenimento se estender para as viagens, durante as quais os turistas, em geral, procuram locais interessantes e peculiares para fazer suas refeições, além de pratos típicos para experimentar.

A importância da alimentação nas viagens é verificada em pesquisas que atestam o interesse de turistas com relação a esse tipo de elemento. Em 1985, uma pesquisa alemã demonstrou que, para 35% dos turistas, "comer bem" era um motivo para viajar. Mesmo que por observação direta, sem dados numéricos exatos, é possível perceber a importância da alimentação nas viagens. É bastante comum, por exemplo, ouvir comentários referentes a pratos degustados ou restaurantes visitados durante uma viagem por turistas que retornam de suas férias. Percebe-se que os momentos de alimentação ficam marcados na memória do turista e, assim, comer passa a ter um significado especial nessas situações.

Há diversos outros motivos que levam a crer na potencialidade de desenvolvimento dos atrativos gastronômicos na atualidade, tanto no que diz respeito ao perfil dos turistas quanto às características desse tipo de atrativo. Os turistas, por exemplo, gostam de experimentar pratos novos e diferentes daqueles que estão acostumados a consumir em seu cotidiano. Os elementos gastronômicos, por sua vez, por fazerem parte do cotidiano das comunidades, podem ser criados facilmente e trabalhados em conjunto com a população local.

Outro fator que mostra essa potencialidade é a mudança comportamental dos turistas pós-modernos. Parte desses viajantes busca localidades e tipos de atrativos específicos em detrimento de destinos massificados. Para esses turistas, o fato de os atrativos terem um diferencial é essencial para que o destino seja considerado interessante. Nesse panorama, os atrativos gastronômicos podem funcionar como um elemento complementar diferencial interessante para diversos destinos. Em alguns casos específicos, esse tipo de atrativo pode ter papel de oferta diferencial principal, mesmo porque há uma parcela de turistas que tem interesse gastronômico principal em suas viagens. Entretanto, em geral, esse tipo de atrativo é trabalhado como oferta complementar, diferenciando destinos turísticos.

Aliás, o fato de cada atrativo gastronômico possuir especificidades que os diferenciem de outros, mesmo que sejam similares, é um importante trunfo

85-7241-572-6

para o desenvolvimento de atrativos gastronômicos. É muito difícil que dois atrativos gastronômicos sejam exatamente iguais. Sempre há alguma peculiaridade que os diferencia, como modo de produção ou ingredientes.

Os atrativos gastronômicos e o próprio segmento do turismo gastronômico também se relacionam com algumas tendências do turismo, como a promoção de relações culturais entre turistas e comunidade receptora. Essa atividade pode servir como forma de sensibilizar os turistas, fazendo com que entrem em contato e conheçam a cultura local de forma mais descontraída. Um dos grandes benefícios dos atrativos gastronômicos é que, como todos os tipos de atrativo que envolvem elementos culturais, se bem planejados, podem auxiliar na preservação de elementos culturais de cunho gastronômico da localidade em que se inserem. Em diversos casos, o uso de elementos gastronômicos e de outros tipos de elementos culturais pelo turismo faz com que eles voltem a ser valorizados pela população local, que muitas vezes menospreza sua própria cultura.

Quando planejados e organizados corretamente, os atrativos gastronômicos também têm a capacidade de evitar ou minimizar o problema da sazonalidade. Os festivais gastronômicos, por exemplo, vêm sendo utilizados nesse sentido. São realizados por destinos turísticos durante o período de baixa estação e utilizam os preços mais baixos do destino e o caráter diferencial do evento para atrair uma demanda que, em outros casos, não visitaria a localidade.

Os atrativos gastronômicos ainda apresentam outras facilidades de implantação. Em muitos casos, esses atrativos já existiam na forma de recursos ou mesmo de oferta técnica nos destinos turísticos. Toda localidade possui, por exemplo, restaurantes e pratos típicos, sem necessariamente ter um fluxo de turistas. Além disso, diversos elementos gastronômicos existentes nas localidades turísticas lidam com turistas – sobretudo no caso de estabelecimentos de alimentação – mesmo sem serem atrativos; assim, devem ser trabalhados no sentido de se tornarem atrativos turísticos e captarem a demanda com outro enfoque, que não somente de oferta técnica.

Além disso, diversos elementos gastronômicos podem ser desenvolvidos em atrativos com pouco investimento. Isso se deve, em parte, ao fato de muitos elementos já existirem com outra função, como é o caso de produtores, que já têm uma estrutura montada para trabalhar seu produto, ou de restaurantes, que já funcionam servindo à comunidade local ou mesmo a turistas. A possibilidade de requererem menos investimento torna seu desenvolvi-

85-7241-572-6

mento mais viável, tanto pela iniciativa pública quanto pela privada – mesmo por pequenos empreendedores.

Outra característica interessante dos atrativos gastronômicos é a possibilidade de integração das comunidades tradicionais. Como grande parte desses atrativos integra o cotidiano das localidades turísticas e faz parte do conhecimento dos habitantes locais, é mais fácil envolver a população local em seu desenvolvimento e manutenção. Em muitos casos, membros da própria comunidade trabalham com algum tipo de elemento gastronômico, são proprietários de algum estabelecimento ou possuem conhecimento de atividades relacionadas à gastronomia local, como a preparação de um prato típico. Aliás, o conhecimento empírico relacionado a esses atrativos deve vir da própria comunidade, já que ela é detentora deles. Assim, a comunidade local pode ter participação efetiva no desenvolvimento, na organização e na administração dos atrativos gastronômicos da localidade, podendo inclusive ser proprietária de tais elementos. Essa situação vai ao encontro dos objetivos do turismo pós-moderno, que visa a ações participativas junto à comunidade local, de modo que esta seja responsável pelo desenvolvimento da atividade em sua localidade e, com isso, a maior beneficiada com os frutos do turismo.

Pelo fato de a quase-totalidade dos turistas consumir produtos de alimentação durante suas viagens, considera-se que os atrativos gastronômicos possuem ampla gama de consumidores potenciais. Todos os turistas que consomem produtos alimentícios podem ser considerados consumidores potenciais de atrativos gastronômicos, principalmente daqueles que envolvem estabelecimentos de alimentação e compra de produtos. Apesar de cada tipo de turista ter demandas e exigências diferentes com relação à alimentação e mesmo com relação à percepção do fator atrativo nesse tipo de elemento, é um grande trunfo ter a capacidade de atrair desde ecoturistas até turistas de negócio com um mesmo atrativo, pois isso confere grande amplitude de uso aos atrativos gastronômicos, de forma complementar.

Diversos elementos gastronômicos podem ser utilizados como atrativos. A gama de elementos transcende os estabelecimentos de alimentação, elementos mais comumente considerados. Ao planejar o desenvolvimento de atrativos gastronômicos, devem ser considerados, ainda, locais de produção, produtos alimentícios tradicionais, festas e festivais, rotas gastronômicas, escolas de gastronomia, lojas e mercados, entre outros. Cada tipo de elemento deve ser trabalhado no sentido de oferecer serviços e infra-estrutura coeren-

85-7241-572-6

tes com o tipo de turista que se deseja atingir e também de acentuar suas peculiaridades. Os restaurantes, por exemplo, podem utilizar pratos peculiares ou tradicionais do local ou mesmo uma história pitoresca para se tornarem atrativos. Os mercados, por sua vez, podem trabalhar personagens folclóricos ou arquitetura interessante em conjunto com os produtos vendidos no local para despertar o interesse do turista. As estratégias de desenvolvimento dos atrativos variam muito, não havendo um padrão estabelecido para isso. Devem ser consideradas todas as variáveis que influenciam o êxito do atrativo gastronômico, da mesma maneira que se faz com outros tipos de atrativos turísticos.

Entretanto, deve-se tomar cuidado especial com a escolha dos elementos gastronômicos a serem utilizados pelo turismo. Como esses elementos em geral fazem parte do cotidiano da comunidade, pode haver certa dificuldade em definir quais elementos têm ou não potencial para se tornarem atrativos turísticos. Por isso, é sempre necessária a orientação de um planejador turístico ou de outro profissional especializado para definir a atratividade turística dos elementos gastronômicos de uma localidade.

Ao pensar no desenvolvimento de atrativos gastronômicos, deve-se também levar em consideração a dificuldade proveniente do fato desse tipo de atrativo gerar experiências muito subjetivas, que dependem muito da percepção sensorial do indivíduo, de seus gostos, etc. Assim, a visita a um mesmo atrativo constitui uma experiência diferente para cada consumidor.

Em função das características dos elementos gastronômicos e de seu potencial de desenvolvimento enquanto atrativos, esses elementos são vistos como um tipo de atrativo com grande potencial de crescimento futuro, tanto por gestores quanto por estudiosos da atividade em todo o mundo. A questão que permanece, entretanto, é: será que o Brasil está inserido nessa nova tendência?

## Situação e Perspectivas para o Brasil

Tendo em mente o panorama favorável de uso dos elementos gastronômicos como atrativos turísticos, especula-se qual a posição do Brasil em relação ao desenvolvimento de atrativos gastronômicos. O Brasil é um país com uma diversidade gastronômica incrível. Em decorrência de sua colonização, feita inicialmente por portugueses e africanos e, depois, por imigrantes provenientes de outras partes do mundo, a culinária brasileira adquiriu peculiaridades em cada região do país. A grande extensão geográfica também auxiliou para que essa variedade fosse tamanha, pois fez com que os povos de cada região precisassem adaptar seus costumes alimentares às condições locais; impediu que alguns costumes se disseminassem por todo o país e possibilitou a fixação de um grande número de imigrantes no país, dentre outros motivos.

Esses fatores levaram ao "multiculturalismo culinário" que o Brasil apresenta hoje, caracterizando-se como um dos únicos países do mundo a possuir cinco cozinhas regionais, cada qual com suas peculiaridades, e por contar ainda com diversas cozinhas imigrantes que se mantiveram intactas ou pouco alteradas em razão dos fechados grupos imigrantes e seus descendentes.

Esse panorama da culinária brasileira é um ponto bastante positivo para o desenvolvimento de atrativos gastronômicos no país, pois possibilita a existência de uma oferta ampla e diversificada. Além disso, a diversidade do país em termos culinários faz com que os atrativos gastronômicos interessem não apenas a turistas estrangeiros, mas também aos próprios brasileiros, que muitas vezes desconhecem costumes e tradições de outros estados ou regiões.

Apesar de haver poucos estudos feitos especificamente sobre o desenvolvimento desse tipo de atrativo no Brasil, seu potencial é atestado por diversos autores, como Lima[2], Fernandes[3] e Ribeiro[4]. De acordo com esses estudiosos, algumas regiões possuem características importantes para trabalhar não apenas atrativos gastronômicos, mas também o turismo gastronômico como segmento da atividade turística, como fluxo turístico estabelecido, diversidade na oferta gastronômica e tradições alimentares, por exemplo.

Apesar de tamanho potencial para o desenvolvimento dos atrativos gastronômicos e dos benefícios que eles poderiam trazer para a oferta turística de destinos brasileiros, o Brasil apresenta uma situação visível de má utilização dos elementos gastronômicos pelo turismo.

Há algumas iniciativas sendo realizadas no sentido de desenvolver esse tipo de atrativo por parte de diversos segmentos: órgãos governamentais e não governamentais, empresas privadas, entidades e associações de classe. Há, inclusive, experiências bem-sucedidas de planejamento turístico voltadas para o desenvolvimento de atrativos gastronômicos, como a dos municípios de Domingo Martins e Venda Nova do Imigrante, no Espírito Santo.

Percebe-se, entretanto, que essas iniciativas são escassas e não representam o universo brasileiro. Em geral, ao contrário, tais atrativos são utilizados

85-7241-572-6

de maneira incipiente pelo setor do turismo. Se, por um lado, predomina o uso da alimentação como oferta técnica na oferta turística de localidades, por outro, é notável a sua caracterização como elemento cultural de forma complementar, o que demonstra uma percepção do potencial de promoção desse elemento como parte da oferta diferencial de uma localidade.

Nessas tentativas de desenvolvimento, existe uma variedade de elementos gastronômicos sendo trabalhados para fins turísticos. Há, entretanto, um predomínio de restaurantes e outros estabelecimentos de alimentação, além de mercados e feiras, locais de produção e eventos. Ou seja, os elementos gastronômicos mais promovidos como atrativos turísticos no Brasil são também aqueles de desenvolvimento mais simples. Dentre as formas de utilização de tais atrativos, alguns apresentam estratégias de desenvolvimento complexas; porém, a maior parte deles opta pela simplicidade. Se, por um lado, isso demonstra a realidade do mercado do turismo no Brasil, formado por pequenos empreendedores e com pouca verba para o desenvolvimento de atrativos, por outro, não deixa de evidenciar o baixo nível de desenvolvimento desse tipo de atrativo no Brasil. Entretanto, percebe-se um novo panorama nesse sentido, com o desenvolvimento de atrativos gastronômicos mais complexos, como rotas gastronômicas, em algumas regiões do país.

Promove-se, em grande parte dos atrativos gastronômicos brasileiros, o uso da culinária tradicional local. Em geral, esse tipo de culinária é mais simples de ser trabalhado pelo turismo, pois apresenta peculiaridades que chamam mais a atenção dos turistas. Entretanto, dependendo de seu público-alvo e das características gastronômicas da localidade, pode ser vantajoso promover outro tipo de culinária também, como vem sendo feito por alguns destinos turísticos, como São Paulo e algumas localidades do litoral norte paulista.

Os elementos gastronômicos vêm sendo divulgados como atrativos por diversos organismos estaduais oficiais de turismo. Além disso, vêm sendo promovidos com esse enfoque por empresas privadas e meios de comunicação. Isso demonstra que esses elementos vêm sendo considerados importantes não apenas pelos gestores públicos da atividade, mas também por outros tipos de organismos. É interessante notar a presença desses elementos em jornais e revistas especializados das áreas de turismo e gastronomia ou culinária. Na maioria das reportagens, há citação de algum tipo de elemento gastronômico, em alguns casos como oferta técnica e em outros como atrativo turístico. É marcante que, mesmo quando promovidos como oferta técnica,

85-7241-572-6

os elementos gastronômicos são apresentados com algum grau de atratividade pelas reportagens turísticas.

De maneira geral, percebe-se que há grande dificuldade em promover os elementos gastronômicos como atrativos turísticos. Em muitos casos, nota-se uma preocupação em considerar o turismo gastronômico como parte integrante no desenvolvimento estratégico da atividade turística; porém, em muitos casos, não se consegue trabalhar a alimentação como um atrativo de fato, pois falta organização e conhecimento sobre o assunto.

Outro problema enfrentado por esse tipo de turismo no país é a falta de integração com relação às iniciativas tomadas para desenvolver a atividade, por entidades públicas e privadas. No Rio Grande do Sul, por exemplo, há certa discordância entre o que é promovido no *site* governamental estadual e as ações que vêm sendo tomadas por outros organismos no sentido de desenvolver o turismo gastronômico. Em âmbito estadual, a gastronomia não é colocada como atrativo turístico em momento algum e os atrativos gastronômicos na região não são citados. Em contrapartida, as iniciativas tomadas por organismos municipais, não governamentais e/ou privados, mostram claramente que a região da Serra Gaúcha apresenta um nível de organização de seus atrativos gastronômicos relativamente apurado, inclusive com a existência de rotas gastronômicas. Ou seja, parece haver grande descompasso, em alguns casos, entre as iniciativas tomadas por regiões ou municípios e aquelas tomadas e incentivadas pelo estado.

Acredita-se, pelas evidências, que uma das maiores limitações para o desenvolvimento dos atrativos gastronômicos atualmente não está na falta de potencial ou na má vontade de órgãos gestores ou outras entidades que visam ao desenvolvimento do turismo, e sim na falta de conhecimento sobre o assunto. Apesar de parecer um problema isolado e único, o desconhecimento acaba acarretando uma série de problemas adicionais, principalmente ao planejar atrativos, pois é essencial conhecer aquilo com que se pretende trabalhar para desenvolver a atividade da maneira correta.

Em termos acadêmicos, existem poucos estudos que relacionam os temas turismo e alimentação. Essa carência de pesquisas também está intimamente ligada à falta de conhecimento sobre o tema. Esse fato precisa ser revertido, pois a Academia trabalha conceitos teóricos que são importantes para o planejamento e a execução da parte prática dessa atividade. Além disso, pesquisas aplicadas também são importantes para obtenção de dados referentes ao local que se deseja desenvolver. Ademais, pesquisas internacionais, apesar de servirem de base para a construção de um conhecimento teórico nacional, não podem ser utilizadas integralmente para casos brasileiros, pois a realidade de cada país é específica.

A situação de subutilização apresentada pelos atrativos gastronômicos no Brasil pode e deve ser revertida, já que tais atrativos podem ser utilizados de forma interessante no país, gerando divisas e fornecendo uma oferta diferenciada para turistas estrangeiros e brasileiros. Por suas características, os atrativos gastronômicos podem ser desenvolvidos com pouco investimento, trabalham com recursos geralmente já existentes nas localidades e com os quais a população local é familiar, e geram atratividade complementar para os turistas.

Para isso, entretanto, é necessário que se pense em meios de desenvolver e trabalhar com atrativos gastronômicos em um país com essas características: grande potencial e conhecimento empírico dos elementos, pouca possibilidade de investimento e necessidade de geração de emprego e renda para as comunidades, além de desconhecimento sobre o tema. Tendo em vista tal panorama, foram estabelecidos alguns pontos-chave que podem ser trabalhados para tentar reverter a situação atual dos atrativos gastronômicos no Brasil.

## Pesquisa

Um dos maiores problemas concernentes ao desenvolvimento de atrativos gastronômicos no Brasil na atualidade é o desconhecimento sobre esses elementos. Percebe-se que o material existente sobre as relações entre turismo e alimentação é bastante escasso. Tal escassez de informações leva a um desconhecimento dessa atividade por parte de grupos e pessoas que poderiam – e deveriam – estar envolvidos no desenvolvimento desse tipo de atrativo.

Por isso, uma iniciativa importante para o desenvolvimento efetivo de atrativos gastronômicos no país está na realização de pesquisas, tanto acadêmicas quanto mercadológicas, voltadas para a situação brasileira. O intuito dessas pesquisas deve ser a formação de um panorama do potencial de utilização da gastronomia pelo turismo no país e também a congregação de dados mais detalhados sobre as potencialidades da atividade e as iniciativas que vêm sendo tomadas nesse sentido. Essas pesquisas podem ser realizadas em nível federal, estadual ou municipal.

85-7241-572-6

Há necessidade de diversos tipos de pesquisa, tanto acadêmicas quanto mercadológicas, sobre temas mais abrangentes ou detalhados. O desenvolvimento de pesquisas acadêmicas pode ser incentivado junto às faculdades de turismo, as quais possuem corpo docente e discente qualificados para desenvolvê-las. Para incrementar o volume de pesquisas com esse cunho, os órgãos oficiais de turismo, assim como as associações, entidades de classe e agências de fomento à pesquisa, como Fapesp (Fundação de Amparo à Pesquisa do Estado de São Paulo) e CNPq (Conselho Nacional de Desenvolvimento Científico e Tecnológico), podem oferecer incentivos aos pesquisadores, como prêmios ou auxílio financeiro.

As pesquisas aplicadas, voltadas para situações específicas, geralmente possuem cunho mercadológico mais forte, podendo ser desenvolvidas tanto pelo meio universitário quanto por empresas de consultoria turística ou empresas de pesquisa de mercado. Outra forma de obter pesquisas mais direcionadas é conceder incentivos para associações e entidades de classe relacionadas a essa área, que poderiam se interessar em desenvolver pesquisas sobre esse tema.

## Sensibilização

A pesquisa é necessária para que alguns grupos-chave adquiram maior conhecimento sobre o assunto. Entretanto, enquanto ainda não se dispõe de materiais mais específicos a respeito do uso de atrativos gastronômicos pelo turismo no Brasil, é necessário que gestores, planejadores e outras entidades relacionadas com o desenvolvimento da atividade turística procurem se informar sobre essa atividade e as iniciativas que vêm sendo tomadas nesse sentido, no mundo. A disseminação de informações, em um primeiro momento, deve vir de grupos-chave do desenvolvimento turístico que acreditem na potencialidade dos atrativos gastronômicos.

Os gestores de turismo devem se conscientizar da dificuldade de tentar desenvolver uma atividade sem ter conhecimento sobre seu funcionamento e sobre outras experiências. Assim, deve-se sensibilizar, primeiramente, gestores, planejadores e executores do turismo no Brasil. Esses grupos, por sua vez, devem disseminar seu conhecimento para três segmentos também bastante importantes para o desenvolvimento bem-sucedido da atividade turística:

85-7241-572-6

- *Empresariado do turismo:* deve conhecer as possibilidades e o potencial de desenvolvimento desse tipo de atrativo turístico, dominando tanto as possibilidades de investimento quanto de financiamento disponíveis nessa área.
- *População local:* deve ter conhecimento acerca dos elementos gastronômicos passíveis de aproveitamento turístico e dos benefícios e alterações que eles poderiam trazer para a localidade e o cotidiano da comunidade. Além disso, a população local apresenta grandes chances de se inserir na atividade. A colaboração da população é essencial para o desenvolvimento de muitos atrativos com esse cunho, já que ela possui conhecimento da culinária local.
- *Turistas:* devem ter conhecimento, primeiramente, da existência desse tipo de atrativo, para que então criem interesse por ele, passando a procurar destinos que disponham de atrativos com esse cunho ou buscando esses atrativos de forma complementar em suas viagens. Isso pode ser alcançado principalmente por meio da promoção, seja ela feita por órgãos oficiais de turismo, meios de comunicação, ou outro fator.

## Planejamento

O planejamento é essencial para o desenvolvimento adequado do turismo. Apenas com um planejamento fundamentado em estudos e pesquisas, a atividade turística pode ser desenvolvida de maneira organizada, de forma a buscar sua sustentabilidade.

Com os atrativos gastronômicos, isso não é diferente. Apesar de, em algumas situações, o estabelecimento de atrativos com cunho gastronômico, principalmente com papel complementar, parecer simples, é essencial que seu desenvolvimento seja bem planejado. Por isso, é preciso pensar na inserção desses elementos em projetos mais abrangentes ou na realização de projetos específicos com esse foco. Deve-se considerar o desenvolvimento de atrativos gastronômicos e mesmo do turismo gastronômico nos planos de desenvolvimento turístico das localidades, por exemplo. Ainda, é especialmente importante planejar esses atrativos pelo fato de se tratar de um elemento cultural, cujo uso pelo turismo não deve causar danos à cultura local.

85-7241-572-6

Deve-se trabalhar esse planejamento de forma que seja feito de maneira integrada entre todos os níveis do governo – federal, estadual e municipal –, assim como entre órgãos governamentais, não governamentais, comunidade e iniciativa privada, para que todos trabalhem no mesmo sentido e haja um foco principal no desenvolvimento de atrativos gastronômicos.

## Apoio Governamental

Há muito pouco incentivo governamental para o desenvolvimento de atrativos gastronômicos no Brasil. Esse apoio é importante para que a atividade crie fôlego e adquira credibilidade junto aos turistas, ao empresariado, à população local e perante outros tipos de turismo.

Em países onde os atrativos gastronômicos apresentam bom grau de desenvolvimento, a presença do Estado no processo de planejamento e fomento da atividade existe e é importante para que se alcancem bons resultados. O setor público, em geral, cumpre o papel de auxiliar no planejamento, organização e fomento da atividade, por meio de disponibilização de recursos, instituição de leis, desenvolvimento de pesquisas, formação de associações, entre outros.

A criação de programas de fomento voltados para atrativos gastronômicos é uma forma de o governo incentivar esse tipo de turismo, assim como dar suporte a ele. A iniciativa tomada pelo órgão governamental de turismo de Porto Rico, dos "Mesones Gastronômicos", é um bom exemplo de como o governo poderia atuar no desenvolvimento de atrativos gastronômicos.

Para o caso brasileiro, apesar de o desenvolvimento de atrativos gastronômicos parecer mais fácil e viável em nível local, pelo menos em princípio seu fomento e incentivo deveriam ser feitos em nível estadual e federal. Esse tipo de atrativo deveria constar no planejamento estratégico do turismo no Brasil, por todas as características e possibilidades de desenvolvimento que apresenta. Pode-se, inclusive, trabalhar o turismo gastronômico como segmento da atividade turística no planejamento turístico de destinos. Além disso, o fato desse tipo de atrativo ser considerado importante pelos órgãos governamentais facilita a introdução de programas e linhas de crédito para seu desenvolvimento.

Vale ressaltar, ainda, a importância do apoio de outros setores ao desenvolvimento de atrativos gastronômicos. Se, por um lado, o governo tem o papel de fomentar e planejar essa atividade, outros segmentos da sociedade – como terceiro setor, entidades privadas, etc. – têm o papel de colocar as ações em prática.

85-7241-572-6

## Posicionamento dos Elementos Gastronômicos na Atividade Turística

Os órgãos governamentais que promovem a alimentação como atrativo turístico o fazem de forma complementar a outros tipos de atrativos. Esse é um panorama comum, já que, em função das peculiaridades dos atrativos gastronômicos, ainda é muito difícil, em âmbito mundial, promover uma localidade ou região como um destino exclusivamente gastronômico.

Por que é tão difícil desenvolver tais atrativos de forma principal no Brasil? Primeiramente, deve-se considerar que a população brasileira não tem o costume de viajar apenas para desfrutar de elementos gastronômicos. Pode existir uma pequena parcela de turistas brasileiros que tenham esse perfil, porém não seria viável desenvolver uma localidade com cunho exclusivamente gastronômico, pois esta não conseguiria se sustentar apenas com esse tipo de turista. Além disso, apesar de haver grupos de turistas estrangeiros cujo maior interesse é fazer viagens gastronômicas, acredita-se que apenas uma pequena porcentagem deles estaria disposta a viajar para o Brasil exclusivamente por motivos gastronômicos, pois é uma viagem longa e custosa para um destino que não tem tradição gastronômica. Novamente, o pequeno volume de turistas inviabilizaria tal estratégia.

Fazer dos atrativos gastronômicos a oferta diferencial principal de uma localidade se torna ainda mais complicado ao considerar a dificuldade enfrentada por localidades tradicionais em termos de desenvolvimento de atrativos gastronômicos em se consolidarem como destino exclusivamente gastronômico. Esse é o caso da região de Champagne, na França, que possui esse tipo de atrativo bem consolidado e muito procurado por visitantes, mas mesmo assim ainda tem necessidade de agregar outros tipos de atrativos à sua oferta.

Assim, ao pensar no desenvolvimento de atrativos gastronômicos no Brasil, deve-se ter em mente que essa atividade terá, na maior parte dos casos, caráter complementar na oferta turística de uma localidade. Apesar desse caráter complementar dos atrativos gastronômicos ser inegável, isso não diminui a importância da atividade ou seu potencial de desenvolvimento. Como atrativo complementar, os elementos gastronômicos podem ser um instrumento bastante eficaz, pois possuem uma gama de consumidores potenciais e possuem sempre alguma peculiaridade.

85-7241-572-6

Além de pensar no desenvolvimento de atrativos gastronômicos de maneira complementar, deve-se atentar para a possibilidade de desenvolver esse tipo de atrativo em localidades turísticas que já sejam bem estabelecidas, pois isso facilita a aceitação dos visitantes a novos tipos de atrativos e também aumenta a probabilidade desses atrativos serem bem-sucedidos.

## Inserção da População Local

Conforme citado anteriormente, é de extrema importância que a população local seja sensibilizada sobre o potencial de desenvolvimento de elementos gastronômicos em atrativos turísticos. Entretanto, essa não é a única informação que deve ser passada às comunidades tradicionais.

Os atrativos gastronômicos podem, em muitos casos, ser geridos pela comunidade local. Assim, durante o processo de planejamento, desenvolvimento e organização dos atrativos gastronômicos de uma localidade, deve-se garantir que a participação da comunidade nesse processo seja efetiva.

A comunidade local detém parte do conhecimento necessário para a implantação desses atrativos, tais como formas de preparação de um prato ou de um produto tradicional. Além disso, muitas vezes, pessoas da comunidade já trabalham com algum tipo de elemento gastronômico, como restaurante, fábrica, mercado, etc., e podem mudar ou agregar outro enfoque ao seu empreendimento, direcionando-o também para o turismo.

Assim, os elementos gastronômicos podem viabilizar a geração de postos de trabalho e renda para a comunidade em que estão sendo desenvolvidos. Nesse sentido, pode-se tentar trabalhar especificamente com a parcela da população menos favorecida economicamente.

O intuito dos gestores de turismo deve ser de maximizar os benefícios trazidos por esse tipo de atrativo para a comunidade local, de modo que ela seja beneficiada nesse processo de desenvolvimento e implantação. Para isso, é preciso que seja oferecida à comunidade capacitação e assessoria para desenvolver os elementos gastronômicos locais em atrativos.

Assim, a intervenção do planejador deve ser bem pensada, para que a comunicação entre as diferentes partes aconteça e para que o patrimônio e as tradições não sejam perdidos ou transformados durante o processo de instituição de um atrativo turístico de cunho gastronômico. Além disso, deve-se ter como objetivo principal o benefício e a melhoria da qualidade de vida da comunidade local.

85-7241-572-6

# DESENVOLVIMENTO DE ATRATIVOS

Não basta ter um conjunto de elementos gastronômicos em uma localidade e tentar promovê-los como atrativos. É necessário que tais elementos tenham algum tipo de atratividade, além de infra-estrutura e serviços disponíveis para receber os turistas. Isso é percebido com freqüência, seja em material promocional de órgãos oficiais de turismo, meios de comunicação ou outro. Por isso, é necessário que os atrativos sejam desenvolvidos pensando nas diversas variáveis que influenciam seu sucesso. Para que isso seja feito, alguns fatores devem ser levados em consideração, conforme segue.

## Análise do Potencial dos Elementos Gastronômicos

Deve-se considerar, ao trabalhar o desenvolvimento de atrativos gastronômicos no Brasil, que nem todos os elementos relacionados à alimentação têm potencial para serem desenvolvidos em atrativos turísticos. O tipo de elemento e a infra-estrutura existente devem estar de acordo com o público-alvo do destino. Por outro lado, também deve-se considerar que, em muitos casos, o que não parece atrativo para a população local acaba sendo para os turistas. Por isso, é importante que cada localidade reconheça e identifique, com auxílio de pesquisas e técnicos capacitados, o que possui de mais interessante, mais característico e mais fácil de despertar a curiosidade e o interesse dos turistas que se deseja prospectar ou que já existem na localidade.

## Conjugação de Enfoques nos Atrativos

Um item importante a ser levado em consideração durante o planejamento de atrativos gastronômicos é a conjugação de enfoques, principalmente de oferta técnica com atrativo turístico. Dessa forma, o público potencial para o atrativo aumenta, pois o estabelecimento passa a ter duas funções. No caso de um restaurante, por exemplo, algumas pessoas podem procurar o estabelecimento apenas para fazer uma refeição, enquanto outras podem procurá-lo pelo caráter atrativo que possui. Se o estabelecimento souber trabalhar bem esses dois enfoques, pode captar os dois tipos de cliente.

85-7241-572-6

## Definição do Público

A definição do público para o qual o atrativo gastronômico será direcionado é um item muito relevante para o desenvolvimento desse tipo de atrativo. Deve-se ter em mente que, dependendo do público para o qual o atrativo for direcionado, este deverá ser trabalhado de forma particular. No caso de atrativos em localidades com cunho ecoturístico, por exemplo, a infra-estrutura e o conceito dos atrativos gastronômicos será bem diferente do que em localidades que recebem turistas culturais.

Deve-se considerar, primeiramente, o perfil do público que já visita o destino, pois, como os atrativos gastronômicos normalmente são utilizados como oferta complementar, é necessário atrair os turistas que já visitam a localidade, em primeiro lugar.

O público de proximidades também deve ser considerado pois, ao pensar em fazer com que o turista visite a localidade apenas em função de um atrativo gastronômico, como um evento ou um restaurante, é mais provável que se consiga captar esse público nas proximidades da localidade turística do que em distâncias mais longas. Uma pesquisa realizada por Charters e Ali-Knight[5] em vinícolas na Austrália, por exemplo, mostrou que visitantes que moravam até 30 minutos de distância (de carro) do atrativo viajavam exclusivamente para visitar vinícolas, constituindo o público principal das vinícolas australianas.

## Tipo de Culinária Utilizada

O Brasil possui uma variedade culinária muito grande, tanto em termos de diferentes cozinhas quanto de produtos e modos de produção. Entretanto, o tipo de culinária a ser promovido com cunho turístico está intimamente relacionado ao tipo de público que se pretende atrair para o estabelecimento.

Em geral, a culinária tradicional local é a mais adequada para ser trabalhada como atrativo gastronômico, pois apresenta características próprias e faz parte do cotidiano da comunidade local. Tanto é assim que, na maioria dos casos internacionais, tem-se sempre a utilização da culinária tradicional local.

Entretanto, em alguns casos, outros tipos de culinária, como a regional ou a internacional, podem ser interessantes também. Na cidade de São Paulo, por exemplo, a cozinha tradicional, apesar de existente, é pouco reconhecida. Em contrapartida, a cidade possui uma gama de cozinhas regionais típicas,

85-7241-572-6

representativas de diversas partes do Brasil e do mundo. Pelo tipo de turistas que a localidade recebe e por esse potencial, a cidade começou a trabalhar com o segundo tipo de culinária existente, e foi bem-sucedida. A experiência de São Paulo também pode ser interessante para outras localidades. Por isso, é preciso que se considere a existência de todos os tipos de culinária, antes de optar por uma delas de forma distorcida e estereotipada.

Ao escolher o tipo de culinária a ser promovida pelo atrativo gastronômico, deve-se considerar, ainda, que a necessidade de atender às preferências do turista deve ser conjugada com a manutenção da autenticidade dos elementos culturais. O ponto até o qual é "permitido" alterar a culinária tradicional para agradar ao turista varia muito de acordo com estudiosos e com a concepção que se tem dos elementos culturais. O importante é utilizar o bom senso para tentar delimitar o ponto no qual a culinária com a qual se deseja trabalhar começa a se descaracterizar.

## Formas de Organização dos Atrativos

Atualmente, percebe-se uma predominância no uso de restaurantes e outros estabelecimentos de alimentação e de eventos como elementos gastronômicos de uso turístico. O uso de locais de produção, rotas gastronômicas e mercados existe, porém, em menor grau. Os atrativos gastronômicos podem ser trabalhados de diversas formas, dependendo do contexto em que estão inseridos – desenvolvimento da cidade, propriedade do atrativo, tipo de público e tempo para desenvolvimento, entre outros. Algumas iniciativas internacionais podem ser tomadas como exemplo para que se dê início ao desenvolvimento desse tipo de atrativo no Brasil. Por isso, foram relacionadas algumas iniciativas condizentes com a atual situação de desenvolvimento dos atrativos gastronômicos no Brasil, que podem ser utilizadas em um primeiro momento para o desenvolvimento da atividade.

- *Parceria:* é uma forma bastante interessante de trabalhar os atrativos gastronômicos no Brasil. As parcerias entre entidades públicas e privadas, por exemplo, na forma de uma associação, demandam menores investimentos individuais e dão mais força e visibilidade ao atrativo que se deseja desenvolver e mesmo às entidades participantes. Assim, o retorno com relação ao objetivo de captarem visitantes costuma ser maior do que trabalhando individualmente. A associação italiana *Città del Vino,* por exemplo, reúne 400 municípios e os promove como destinos enogastronômicos. Como todos os municípios estão reunidos, seus atrativos gastronômicos passam a ter visibilidade bem maior, assim como as localidades turísticas, que dão a impressão de serem mais importantes. O *Club di Prodotto*, também na Itália, é uma associação que trabalha não apenas municípios da região em que se insere, como também outras instituições de cunho gastronômico e turístico. Essa associação não apenas promove os municípios como localidades turísticas, mas também produtos típicos, roteiros e rotas que os envolvam.

- *Selos de identificação:* uma forma de incentivar os estabelecimentos de cunho gastronômico a se desenvolverem como atrativos turísticos é a criação de selos de identificação de tipos de atrativos. Na Espanha, por exemplo, foi criado o selo de "restaurante gastronômico regional", recebido apenas por estabelecimentos que atendem a certos padrões de qualidade e tipicidade das instalações, serviços e produtos oferecidos, e proporciona certo *status* ao estabelecimento que o possui. A *Red Patrimonio Gastronómico*, por sua vez, possui um selo que identifica os pratos e produtos típicos da região em que se localiza. A partir do momento que esse selo é criado por uma instituição de renome do turismo – no primeiro caso, pelo órgão oficial de turismo de uma província; no segundo, por uma associação – e essa iniciativa é promovida aos turistas, o retorno tende a ser bom para os participantes, pois propicia confiabilidade ao turista.

- *Atribuição de cunho gastronômico a atrativos variados:* os elementos gastronômicos podem ser unidos a outros tipos de atrativos, porém fazendo com que prevaleça o cunho gastronômico da visita. Isso acontece no *Napa Valley*, nos Estados Unidos, em que o "Trem do Vinho" faz um percurso turístico pela região, porém com um objetivo gastronômico, parando para degustações e piqueniques. No Brasil, já há uma iniciativa semelhante, também de um trem do vinho, no sul do país, o qual, entretanto, remete também às tradições dos colonizadores locais, no caso os italianos, com música típica, além de comida e bebida durante o trajeto. São iniciativas com grande probabilidade de sucesso, pois unem dois tipos de atrativos em um só passeio, tendo potencial de atrair um público mais amplo. Ainda nesse sentido, a cidade de Basel, na Suíça, possui um restaurante interessante, o *Devil's Court*, que combina em um mesmo empreendimento hotel, restaurante, teatro, café, bar e adega, em prédios historicamente relevantes para o local.

- *Calendários temáticos da gastronomia local:* a iniciativa realizada pela Abredi (Associação de Bares e Restaurantes Diferenciados) mostra-se bastante interessante para ser utilizada por localidades turísticas que possuam grande variedade de culinárias tradicionais. No caso da iniciativa feita em São Paulo, havia um calendário com semanas de comida típicas, ao longo de um período do ano. Essa iniciativa, além de aumentar o fluxo turístico na localidade (em geral proveniente das proximidades), ainda incrementa a procura de restaurantes por parte da própria população local, pois oferece produtos diferenciados de outras épocas do ano.

- *Aulas de gastronomia:* as aulas de gastronomia, geralmente oferecidas como atividade complementar em alguns atrativos gastronômicos, também são um modo interessante de atrair turistas. Na região de Turismo do Oeste, em Portugal, por exemplo, há o Armazém 43, local onde os vitivinicultores deixam seus vinhos estocados, e que acabou se constituindo em um atrativo por fazer parte da rota do vinho existente na região. Entretanto, para aumentar a atratividade do local, começou-se a oferecer aulas de gastronomia e enologia, cuja iniciativa foi denominada "Laboratório de Sabores". Esse tipo de iniciativa ainda tem o benefício de atrair não apenas o turista interessado em visitar o local, mas também pessoas interessadas em fazer o curso, mas que não necessariamente visitariam o atrativo por outro motivo.

- *"Fermes-aubergues":* esquema de aproveitamento de recursos rurais, desenvolvido na França, que permite aos fazendeiros aumentar seus rendimentos, oferecendo aos turistas refeições à base de gêneros alimentícios produzidos na região. Na cidade de Brasília já existe uma iniciativa parecida, denominada "gastronomia rural". Também é um tipo de aproveitamento dos atrativos que não demanda grande investimento para o proprietário rural, é fácil de ser implantado e pode gerar muitas divisas, caso sua localização seja adequada.

- *Criação de rotas turísticas:* tipo interessante de aproveitamento de atrativos gastronômicos; entretanto, é bem mais complexo, demandando relações apuradas e consistentes entre iniciativa pública, privada e terceiro setor para sua instituição. De qualquer forma, a partir do momento

85-7241-572-6

em que se começa a desenvolver parcerias para atrativos gastronômicos, também se pode pensar em iniciar o desenvolvimento de rotas, como vem sendo feito na região da Serra Gaúcha. Essas rotas, geralmente compostas por produtores, além de maximizar o fluxo turístico para os atrativos turísticos envolvidos, ainda permitem que o produtor venda seu produto diretamente aos clientes, sem depender de intermediários, maximizando também seus lucros. Ao instituir as rotas gastronômicas, deve-se pensar na possibilidade de ter atrativos complementares, com cunho ecológico e cultural, entre outros, para aumentar o potencial de visitação e o público interessado.

- *Locais de produção:* os locais e modos de produção podem ser trabalhados com maior intensidade no Brasil. O país possui inúmeras empresas e trabalhadores que produzem alimentos com processos historicamente relevantes ou interessantes, e que poderiam abrir seus locais de produção para a visitação turística. Ao trabalhar esse tipo de atrativo, entretanto, é interessante oferecer recursos inovadores nas visitas, principalmente quando o local de produção possui "concorrentes" similares. Na França, por exemplo, algumas caves, para se diferenciar das demais, estruturaram um pequeno museu sobre a empresa e o produto oferecido. Em algumas vinícolas, inclusive no Brasil, o turista não apenas visita o modo de produção, mas também participa dele, por meio da pisa das uvas ou da colheita da fruta.

## Promoção de Atrativos

Além de planejar e desenvolver os atrativos, é necessário pensar no modo de promoção dos atrativos gastronômicos, o que pode ser feito de formas variadas, levando em consideração alguns aspectos essenciais.

- *Uso das palavras corretas para promover os atrativos gastronômicos:* esse é um dos aspectos essenciais para a boa promoção desse tipo de turismo. Ao pensar em um elemento gastronômico, a palavra alimentação, por exemplo, dá um enfoque de oferta técnica, enquanto o termo gastronomia tem um poder atrativo bem maior. Em geral, termos como culinária e gastronomia conferem ar de atrativo ao elemento gastronômico. Em contrapartida, deve-se tentar evitar o uso de termos como "comer e beber", "alimentação", "bares e restaurantes", que possuem forte conotação de oferta técnica.

- *Promoção da imagem do destino relacionada a um prato principal:* esse tipo de promoção pode ser interessante para diversas localidades, pois fixa a imagem da destinação junto à do prato. Isso foi feito na Espanha, com a *paella* e na Itália, com a pasta.

- *Promoção do destino e/ou dos atrativos pelo órgão governamental:* o fato de o órgão governamental incentivar e promover o turismo gastronômico como segmento da atividade turística permite que esse tipo de turismo seja visto de forma mais séria e interessante, tanto pelo empresariado do turismo quanto pelos turistas.

- *Promoção do destino pelos meios de comunicação:* os meios de comunicação acreditam que determinados destinos tenham potencial gastronômico ou já sejam consolidados como destinos gastronômicos. Entretanto, em muitos casos, não há qualquer organização ou planejamento desse tipo de atrativo nos destinos. Apesar de induzir as pessoas a viajarem para determinadas localidades e/ou usarem elementos gastronômicos promovidos, em alguns casos essas iniciativas passam a ser ruins, pois os turistas acabam indo para locais sem infra-estrutura e sem qualquer tipo de organização nesse sentido. Isso acaba fazendo com que a localidade seja vista como um destino mal planejado. Por isso, deve-se tomar cuidado com as reportagens publicadas por jornais, revistas, *sites* e outros, de modo que os problemas do destino sejam minimizados, e não maximizados. O ideal é que se trabalhe o desenvolvimento dos atrativos e sua promoção de forma integrada. Apesar de haver esse ponto relativamente negativo dos meios de comunicação, deve-se levar em consideração que a promoção por meio deles – seja revista, jornal, *site* ou outro – tem grande poder de indução e, de forma integrada, pode trazer muitos benefícios para as localidades.

As sugestões de ações e estratégias a serem tomadas para o desenvolvimento de atrativos gastronômicos abordadas nesse capítulo são bastante amplas e genéricas. Certamente há outros elementos a serem considerados, assim como ações diferenciadas para cada elemento abordado. O intuito dessas sugestões é incitar ao desenvolvimento de novas pesquisas, propiciando amplas perspectivas de formas como a relação entre turismo e

85-7241-572-6

alimentação poderia ser trabalhada. Cada elemento abordado nesta obra pode e deve ser destrinchado em pesquisas posteriores, as quais são de extrema importância para o desenvolvimento desse tema no Brasil.

## Referências Bibliográficas

1. BITEG. *BITEG 2000: il turismo enogastronomico sará il turismo del terzo millennio.* Disponível em: http://www.palacongressi.it/biteg/. Acesso em: 28/ago./2001.
2. LIMA, C. *Tachos e Panelas: historiografia da alimentação brasileira.* 2. ed. Recife: Editora do Autor, 1999.
3. FERNANDES, C. *Viagem Gastronômica através do Brasil.* São Paulo: Senac/Sonia Robatto, 2000.
4. RIBEIRO, L. Turismo gastronômico. *No Olhar.com,* 30/maio/2002. Disponível em: http://www.noolhar.com/opovo/colunas/turismo/pagina_1.html. Acesso em: 30/set./2002.
5. CHARTERS, S.; ALI-KNIGHT, J. Who is the wine tourist? *Tourism Management,* New Zealand, v. 23, n. 3, p. 311-319, June 2002.

85-7241-572-6

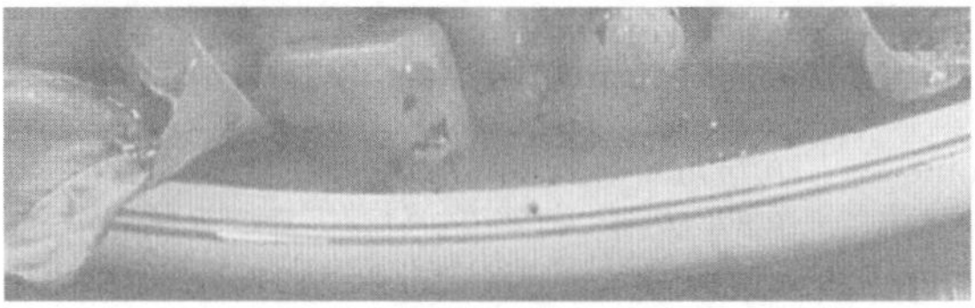

# APÊNDICE

## Atrativos gastronômicos

| | |
|---|---|
| Alimentarium | *www.alimentarium.ch* |
| Bubba Gump | *www.bubbagump.com* |
| Cadbury World | *www.cadburyworld.co.uk* |
| Café Tortoni | *www.cafetortoni.com.ar* |
| Cervejaria Samuel Adams | *www.samadams.com* |
| Cervejaria Harpoon | *www.harpoonbrewery.com* |
| Favela Chic | *www.favelachic.com* |
| Foreign Cinema | *www.foreigncinema.com* |
| Hard Rock Cafe | *www.hardrock.com* |
| Le Procope | *www.procope.com* |
| Ludlow Marches Food & Drink Festival | *www.foodfestival.co.uk* |
| Mr. Mate | *www.mrmate.com.ar* |
| Museu do Vinagre | *www.vinegarman.com* |
| Nos Ancêtres Les Gaulois | *www.nosancetreslesgaulois.com* |
| Old Original Bakewell Pudding Shop | *www.bakewellpuddingshop.co.uk* |
| Pharmacy | *www.pharmacybar.com* |
| Planet Hollywood | *www.planethollywood.com* |
| Russian Tea Room | *www.russiantearoom.com* |
| Scotch Whisky Heritage Centre | *www.whisky-heritage.co.uk* |
| The World of Coca-Cola | *www.theworldofcocacola.com* |
| Union Oyster House | *www.unionoysterhouse.com* |

## Rotas gastronômicas

| | |
|---|---|
| Alto Adige Strada del Vino | *www.gruppoocchiosvelto.it/territorio/newsterritorio.htm* |
| Le Vie del Latte | *www.mozzarellacostanzo.com/slow.htm* |

85-7241-572-6

| | |
|---|---|
| Niagara Wine Route | *www.wineroute.com* |
| Russian River Wine Route | *www.wineroad.com* |
| Rutas del Vino | *www.rutasdevino.com* |
| Strada dell'Olio d'Oliva Castel del Monte | *http://www.canusium.it/Pages/olio/olio.htm* |
| Strada dei vini e dei sapori delle Colline di Scandiano e di Canossa | *www.stradaviniesapori.re.it* |

## Associações

| | |
|---|---|
| Associazione Cittá del Pane | *www.cittadelpane.it* |
| Associazione Wineland | *www.winelandnews.it* |
| Consorzio Brunello | *www.consorziobrunellodimontalcino.it* |
| CLUB di Prodotto – Promozione Turística Reggio Tricolore | *www.reggiotricolore.com/database/reggiotricolore/reggiotricolore.nsf* |

## Publicações especializadas

| | |
|---|---|
| Cláudia Cozinha | *claudiacozinha.abril.uol.com.br* |
| Guia 4 Rodas | *guia4rodas.abril.com.br* |
| Gula | *www2.uol.com.br/gula* |
| Próxima Viagem | *www.proximaviagem.com.br* |
| Touring and Tasting | *www.touringandtasting.com* |
| Viagem e Turismo | *www.viagemturismo.abril.uol.com.br* |
| Viaggi e Sapori | *www.viaggiesapori.it* |

## *Sites*

| | |
|---|---|
| CaminosdelVino.com | *www.vinosdeargentina.com/* |
| Castello Banfi | *www.castellobanfi.com* |
| Compostela Virtual | *www.compostelavirtual.com* |
| Cultura Gastronomica Italiana | *www.culturagastronomicaitaliana.it* |
| Guia gastronômico da Serra Gaúcha | *www.guiagastronomicosul.hpg.ig.com.br* |
| Ischia Market | *www.ischiamarket.com* |
| Itinerari Piemonte | *www.itinerari-piemonte.it/* |
| Napa Valley | *www.napavalley.com* |
| Ocioteca | *62.22.83.133/20011101/principal.asp* |
| Sabor a Castilla y León | *www.patrimonio-gastronomico.com* |
| Sapori del Piemonte | *www.saporidelPiemonte.it* |
| Tasting Places | *www.tastingplaces.com* |
| Trentinovillage | *www.trentinovillage.it* |
| Turistinet | *www.turistinet.it* |

## Operadoras

| | |
|---|---|
| A Question of Taste | *www.aqot.com* |
| Arblaster & Clarke | *www.arblasterandclarke.com* |
| Around and About Tour and Food | *www.aroundabout.it/html/prima.htm* |
| Eyon Turismo | *www.eyon.com.br* |
| Fine Wine Travel | *www.finewinetravel.com/index.htm* |
| Françatur | *www.francatur.com.br* |

85-7241-572-6

| | |
|---|---|
| Gourmet on Tour | *www.gourmetontour.com* |
| Kitty Morse Tours | *www.kittymorse.com* |
| Mama Margaret Italian Cooking Holidays | *www.italycookingschools.com* |
| Mycologue | *www.mycologue.co.uk* |
| Niagara Wine Tours | *www.niagarawinetours.com* |
| Nob Hill | *www.nobhill.com.br* |
| Piacenza Turismo | *www.piacenzaturismi.net* |
| RS Tour | *www.saochico.com.br/rstour/default.htm* |
| Syr Viajes | *www.viajessyr.com/index.htm* |
| Wine Country Safari | *www.winecountrysafari.com* |

85-7241-572-6

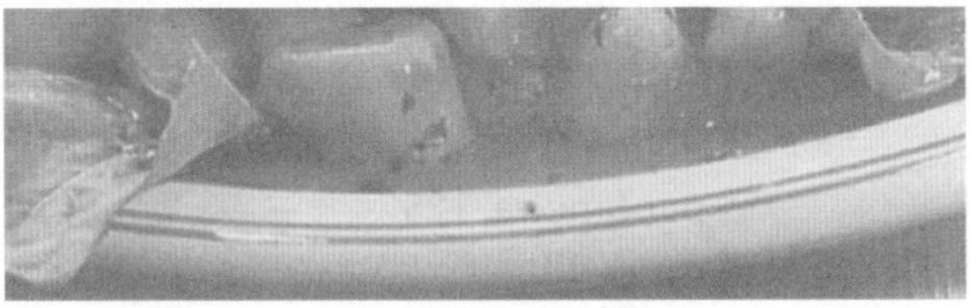

# ÍNDICE REMISSIVO



85-7241-572-6

**D**



**E**



**F**

85-7241-572-6

85-7241-572-6

85-7241-572-6